全國高等院校古籍整理研究工作委員會

直接資助項目

行間紀遇
清威略將軍吳英事略

【清】吳英 撰
李祖基 點校

厦门大学出版社
XIAMEN UNIVERSITY PRESS
国家一级出版社
全国百佳图书出版单位

图书在版编目(CIP)数据

行间纪遇·清威略将军吴英事略/李祖基点校. —厦门:厦门大学出版社，2016.5
ISBN 978-7-5615-5841-6

Ⅰ.①行… Ⅱ.①李… Ⅲ.①吴英(1637～1712)—回忆录②吴英(1637～1712)—人物研究 Ⅳ.①K825.2

中国版本图书馆 CIP 数据核字(2015)第 299667 号

出 版 人 蒋东明
责任编辑 高 健
装帧设计 李嘉彬
责任印制 许克华

出版发行 厦门大学出版社
社 址 厦门市软件园二期望海路 39 号
邮政编码 361008
总 编 办 0592-2182177 0592-2181253(传真)
营销中心 0592-2184458 0592-2181365
网 址 http://www.xmupress.com
邮 箱 xmupress@126.com
印 刷 厦门集大印刷厂

开本 787mm×1092mm 1/16
印张 18.75
插页 2
字数 280 千字
版次 2016 年 5 月第 1 版
印次 2016 年 5 月第 1 次印刷
定价 70.00 元

厦门大学出版社
微信二维码

厦门大学出版社
微博二维码

總目錄

前言

吳英，字爲高，號愧能。[一]其先泉州人，後入籍莆田。康熙二年，以平金、廈功，授都司。康熙十三年，耿精忠叛，英爲浙江提標左營遊擊，參與平亂。水陸數十戰，身先士卒，戰功卓著，累遷提標中軍參將、處州副將。十七年，隨浙江提督石調聲統兵入閩援剿，屢出奇兵，敗明鄭軍隊於陳三壩、觀音山、江東橋，所向披靡。十八年，擢同安總兵，隨率師復平金、廈，尋移鎮興化。二十二年，施琅率師平臺，英統陸師爲副，誓衆登舟，在澎湖海戰中，立下赫赫戰功。鄭氏既降，施琅班師，吳英留台鎮守一年有餘，平定明鄭殘餘勢力動亂，爲臺灣順利收歸大清版圖作出了貢獻。次年，凱旋入覲，康熙皇帝溫旨褒嘉，賜鞍馬衣袍，調任浙江舟山。甫閱月，擢四川提督，凡十一年。三十五年，又以閩海巖疆，非宿將莫能鎮壓，調英任福建陸路提督，旋改水師提督。殫力經畫，凡關國計民生者無不悉力舉行。在任期間，康熙皇帝閱視河工，數度南巡，吳英三赴江南接駕隨扈。康熙帝御書『作萬人敵』匾額以賜，復加授『威略將軍』，優以世職。請老，不許。五十一年，卒于任，贈太子少保。

關於吳英所撰自傳體著作《行間紀遇》，最早見於李光地的《吳將軍行間紀遇後序》，在序中，李光地稱吳英參與平臺之後，『天子嘉悅公功，晝接殷優，賜賚重疊。以東南既靖，俾帥於西。控馭巴蠻，夷民帖服。既又以濱海重任，非公不可。水陸二閫，公歷專之。恭遇山海清謐，九重以江淮氓庶爲憂，間歲南巡，察視河務。公與南服制、撫朝覲行宮，恩禮便蕃，彌加於昔。公於是感眷顧之隆，循平

[一] 又作『媿能』。

生之蹟，以暇日記憶成編，題曰：《行間紀遇》。』[一]此後，在由李紱代撰的《威略將軍福建水師提督吳公英墓誌銘》也說：吳英『持身寬厚謹恪，官於家門，不縱不苟，鄉人久安焉。待族姻朋好，有恩禮。雖動高爵大，異於古名將怙侈驕暴者；故能以功名終。著《行間紀遇》一編，所錄皆實；余嘗序而行之。』[二]另，《泉州府志》吳英傳中也提到：『英少孤，家極貧。母有賢德，訓之至嚴。容貌豐偉，長眼美髯。經數十戰，未嘗被創。著有《行間紀遇》一部。』[三]然而，令人遺憾的是《行間紀遇》一書久遭湮沒，直到二十世紀九十年代，中國人民大學清史研究所李鴻彬教授才看到《行間紀遇》的手抄本，其中有篇《施琅進攻臺灣事》，全文六千餘字。李鴻彬教授據此撰寫了《施琅與吳英——兼論澎湖海戰》的論文，分『兩督不和，三邀吳英』、『分析形勢，出謀獻策』、『澎湖海戰、清勝鄭敗』及『禁開殺戒，爭取鄭氏』等四個部分，對該篇的內容作了介紹與評論。[四]可惜此後不久，《行間紀遇》一書又遭湮沒。據泉州市歷史研究會副會長吳幼雄教授介紹，在一九九五至一九九六年間，廈門大學歷史系的施偉青教授爲了尋找《行閒紀遇》，『曾三次赴北京，先找人民大學李鴻彬教授，可惜李教授已仙逝；又三次赴北京圖書館，要求借閱《行閒紀遇》一書，遺憾的是均被婉言謝絕。而全國圖書館只有北京圖書館存有吳英著作——《行閒紀遇》』。[五]

[一] 李光地：《吳將軍行間紀遇後序》，《榕村集》卷十三，見《文淵閣四庫全書》，上海古籍出版社，二〇〇三年，第一三二四冊，第七〇五—七〇六頁。
[二] 李紱：《威略將軍福建水師提督吳公英墓誌銘》（代李安溪），臺灣文獻叢刊第二三〇種《碑傳選集》，第二七〇—二七四頁。
[三] 乾隆：《泉州府志》卷五十六，『勳續·國朝勳續』。
[四] 李鴻彬：《施琅與吳英——兼論澎湖海戰》，論文集編委會：《商鴻逵教授逝世十周年紀念論文集》，北京大學出版社，一九九五年，第二二五—二三〇頁。
[五] 吳幼雄主編：《吳英研究》，香港風雅圖書出版有限公司，二〇一〇年，第二頁。

二〇〇九年初，莆田定莊吳英後裔到泉州、晉江、廈門、成都等地進行尋親活動。民革福建省委、莆田市政協等開展『吳英涉臺文物保護與文化研究』；民革莆田市委舉辦『定莊文化暨吳英涉臺文化聯誼會』。同年十月，菲律賓延陵吳氏宗親總會和晉江市歷史文化研究總會聯合出版章回文學作品《威略將軍傳》一書（由中國國民黨名譽主席吳伯雄題寫書名），用意是彌補志書之不足。這樣，『一場由海峽兩岸、海外華僑、華人廣泛參與的吳英文化研究與文物保護活動正式拉開序幕』。[一]伴隨著上述一系列活動的開展，對吳英這一歷史人物的研究，似乎也漸漸開始熱絡起來。

二〇一〇年，泉州市社會科學聯合會、泉州歷史研究會以及泉州吳氏大祠堂管理委員會在泉州聯合舉辦『吳英研究學術研討會』，而對於吳英所著《行間紀遇》一書的尋覓，理所當然也再次被提上議事日程。會議主辦單位『經多方努力，擬求得《行間紀遇》，以（嚮）饗學者，以增勝吳英學術研討會』。[二]爲此，吳幼雄教授還專程再赴北京，但最終仍困難重重，無功而返。所以，當年出席『吳英研究學術研討會』的所有學者中，竟無一人看過吳英的《行間紀遇》。儘管如此，作爲研討會主要籌辦人員之一的吳幼雄教授仍表示『不放棄努力，更希望能以「附錄」形式把吳英著《行間紀遇》載入本論文集裡，以實現泉州，乃至閩南、福建和臺灣學者的夙願』。[三]雖然，在其後出版的《吳英研究》論文集中，我們並未見到《行間紀遇》的蹤跡，閩臺學者的夙願最終也未能實現，但吳幼雄教授等對學術研究的執着精神與付出，仍然令人敬佩！

新史料的發掘和利用是史學研究創新的主要內容之一。筆者長期從事臺灣史的研究，近年來也兼做一些臺灣地方歷史文獻的發掘和整理工作，對於吳英所著《行間紀遇》一書的尋覓也一直關注，只不過

[一]　吳幼雄主編：《吳英研究》，香港風雅圖書出版有限公司，二〇一〇年，第二頁。

[二]　吳幼雄：《編後記》，《吳英研究》，香港風雅圖書出版有限公司，二〇一〇年，第二〇八頁。

[三]　吳幼雄：《編後記》，《吳英研究》，香港風雅圖書出版有限公司，二〇一〇年，第二〇八頁。

與施偉青和吳幼雄兩位教授相比，我的運氣比較好一點罷了。通過全國高校古文獻資料庫檢索系統，我比較順利地找到了吳英《行間紀遇》的館藏地，並在北京文津街國家圖書館古籍館順利看到這部令許多學者魂牽夢繞的所謂的『存世孤本』。

國家圖書館古籍館所藏的《行間紀遇》爲抄本，登錄題名誤爲《行閑紀遇》，一册，線裝。書高三十二点六厘米，寬二十厘米，白紙楷書抄寫，極爲工整。封面無書名題簽。書中李光地序文第一頁右下方鈐有『國立北平圖書館珍藏』篆字朱文方章一枚以及用黑筆描畫的『莆田劉氏韻石藏書記』篆字方章一枚。陳遷鶴的序文第一頁右下方也有用黑筆描畫的『劉鳴瑲字韻石』篆字方章一枚，吳英自序的第一頁右下方亦有用黑筆描畫的『劉鳴瑲印』及『韻石』篆字方章各一枚。在古籍館的電腦上還可以查到《行間紀遇》一書的更詳細的登錄信息：『九行十九字雙行同，抄自道光二十六年（一八四六）重刻本，有朱筆校字。』[一]以上信息說明該書原來是入藏于北平圖書館的，時間应在民國年間（一九一二—一九四九）；而且，該書是抄自福建省莆田人劉鳴瑲所藏的刻本的。莆田爲筆者故鄉，或許循『劉鳴瑲字韻石』這條線索可以找到《行間紀遇》的刻本，想到此，心情不覺爲之一振。之後，我諮詢了莆田文史界的相關人士與朋友，最近承蒙莆田學院劉福鑄教授告知，劉韻石爲莆田白沙人，清光緒秀才，後遷居城內，民國時曾任省立十中（今莆田市第一中學前身）教員，曾參加壺社詩社。可是由於年代已久，世事變遷，劉氏後人已難尋找，且又經過『文化大革命』『破四舊』的浩劫，該書存世的可能性也是微乎其微。

『山重水覆疑無路，柳暗花明又一村』，正當我爲這一寶貴的線索中斷而一籌莫展之時，幸運之神又再次眷顧。一次偶然的機會，我在另一個地方——北京大學圖書館古文獻資料庫找到了尋覓已久的

[一] 這裡『九行十九字』，乃指每頁九行，每行十九字。經筆者計算，每行只有十八字，所謂十九字是錯的。

《行間紀遇》刻本。該刻本爲線裝，書高二十五点四厘米，寬十六点一厘米；版高二十一厘米，寬十三厘米，封面上的書名題簽已經脱落，僅留痕跡，旁邊有毛筆豎寫『威略將軍吳』字樣。扉頁中間豎排『行閒紀遇』四個大字，右上有『道光丙午重鐫』六個小字，左下有『燕翼詒謀堂藏版』七個小字。[一]丙午爲道光二十六年，即一八四六年。[二]該刻本共有四冊，每冊首頁的右下方均鈐有『燕京大學圖書館珍藏』篆字朱文方章，可知該書原來是入藏於燕京大學圖書館的，時間應在一九一六至一九五二年之間。第一冊收有文淵閣大學士兼吏部尚書李光地、左春坊左庶子掌坊事兼翰林院侍讀陳遷鶴以及福建泉州府海防同知黃湾所撰寫的三篇序文。正文六卷分裝三冊。卷之一前有吳英自撰的序文一篇，署名爲『威略將軍仍管福建水師提督事務世襲阿達哈哈番吳英』，落款時間爲康熙四十七年，與前面三篇序文的落款時間『康熙戊子』爲同一年。可知《行間紀遇》最初刊行的時間約爲康熙四十七年。而筆者看到的《行間紀遇》，爲道光年間的重刻本，書末有吳英元孫儒珍于道光乙巳夏六月所撰寫的重刻說明：

先少保公起家軍旅，奮迹偏裨。當耿藩叛亂之日，由閩趨浙，勢極猖獗。出九死一生之計，擣其無備，攻其必救。不避險阻，屢瀕於危。用能摧曾養性十數萬獷悍無前之衆，釋台、處二郡之圍，平浙東門庭之寇。迨耿逆既降，鄭孽猶熾。復隨大軍入閩，恢復金、廈二島。後乃佐施將軍乘夏令南風，用舟師破澎湖，遂受臺灣降。海波安貼，動績赫奕。膺聖祖仁皇帝寵眷，三任總兵，用為四川提督，復用為福建水師提督，先後凡二十八年。晚歲扈駕蘇門，授『威略將軍』。恩遇之隆，在漢人中為罕覯。

是書其紀遇之作也。日久版蠹書佚，先府君心峴在日搜求，不獲見。儒珍亦屢尋之。今儒珍年

[一] 『燕翼詒謀』是康熙皇帝賜予吳英祖父祠堂的御書匾額。吳英後來雖然入籍莆田，但其原籍泉州晉江，其祖父祠堂在晉江是無庸置疑的，所以北京大學圖書館登録該書的出版資訊爲『晉江吳氏刻本』是正確的。

[二] 北京大學圖書館登録時誤將出版時間録爲『清道光二十五年（一八四五）』。

八十矣，始聞水南拔貢生陳君陶亭得於殘書之中，急修柬往求，久乃見寄，宛然全帙，惟字畫間有殘缺。急為校對，重抄付梓，爰識顛末，俾世世子孫之知所寶貴云。

《行間紀遇》，顧名思義，爲吳英軍旅生涯的回憶錄。[一]記載吳英自康熙二年以將材領兵，隨大師克平金、廈，功授都司起，至四十七年接奉諭旨命照舊供職水師提督止，共約四十五年間經歷之事。與施琅的《靖海紀事》一樣，雖然《行間紀遇》也存在某些自我溢美之辭，但書中所載的諸多史實都可以從《清實錄》、《康熙起居注》、相關官員的奏摺（如李之芳的《李文襄公奏疏》）、文集（如楊捷的《平閩記》）以及史書（如江日昇的《臺灣外記》）中得到印證。李光地《威略將軍福建水師提督吳公

[一] 按：《行間紀遇》中的『行』，應讀作『háng』，而不能讀作『xíng』。古代軍隊編制，以五人爲伍，二十五人爲行。『行間』即『軍中』的意思。其實在歷史文獻中，『行間』一詞十分常見。如施琅《密陳專征疏》中稱：『臣之愚魍，謂督臣宜駐廈門，居中節制，別有調遣，臣得專統前進。行間將士知有督臣後趲糧運策應，則糧無匱乏之患，兵有爭先之勇。壯志勝於數萬甲兵』；在《飛報大捷疏》中又稱：『臣奉有欽頒功罪格例，賞罰期必嚴明。行間將士，首先衝鋒破敵，自當題敘。如逡巡不前，法豈容寬，必宜分別依格究處……』李光地所撰《威略將軍福建水師提督吳公英墓誌銘》中也稱：『公在行間，或問公閩人，不可信；提督塞公獨深契之，授公左營遊擊。』康熙皇帝在諭旨中曾多次提到『吳英效力行間年久，沿海水師營務，極其諳練』；吳英『行間宣力四十餘年，所至累建功績』，等等。在涉及《行間紀遇》書名的問題，吳幼雄在其主編的《吳英研究》一書中說：『大學士李光地在《吳將軍行閒紀遇.後序》裡，對該書命名的緣起，作詳細的詮釋。他說：「昔公於是感眷顧之隆，循平生之蹟，以暇日記憶成編，題曰：《行閒紀遇》。」這裡李光地以「感眷顧之隆」，點出吳英著《行閒紀遇》的動機，又以「以暇日記憶成編」，點出「暇日」憑記憶成書。所謂「暇日」，即「閒日」。是故，應作《行閒紀遇》』。吳幼雄對李光地的《吳將軍行閒紀遇.後序》所注的出處是『《四庫全書》，李光地《榕村全集》卷十三，序四』，然而，經筆者查對《四庫全書》，發現李光地序文中的《行間紀遇》均是作『間』字，而非如吳幼雄所說作『閒』字。證諸上述引文中對『行間』一詞的用法，可知吳幼雄將《行閒紀遇》中的『閒』字，作『暇日』，即閑暇來理解，是錯誤的。實際上，在道光二十六年重刻本中，除了扉頁中作『行閒紀遇』外，在內文中其他地方均寫作《行間紀遇》。國家圖書館古籍館不察，在登錄中又進一步將《行閒紀遇》訛誤爲《行閑紀遇》，更是一個低級的錯誤。

英墓誌銘》稱：『《行間紀遇》一編，所録皆實，余嘗序而行之』，就是對《行間紀遇》一書的最好評價。尤其是該書中保存了吳英作爲施琅副手，統領陸師，參與平臺戰役的若干鮮爲人知的資料，具有較高的價值。將這些資料與施琅《靖海紀事》中的相關記載進行比對、印證，我們可以從不同的角度、不同的視野，更加全面地來認識和瞭解這段歷史，從而將這段歷史的研究進一步推向深入，這也是我們今天發掘整理出版《行間紀遇》另一層意義。

《清威略將軍吳英事略》是繼《行間紀遇》之後，吳英撰寫的另一部自傳體著作，該書爲抄本，白紙抄寫，一册，綫裝，現藏廈門市圖書館，登録書名爲《吳英事略》，典藏號：六〇二七〇九四。藍色封面，上題簽『清威畧將軍吳英事略』，封面及扉頁上均無作者署名。封面右上方及扉頁左下方各鈐有『廈門市文獻委員會圖章』朱文方章一枚。由於保存不善，該書已有蟲蛀痕跡，所幸尚不影響到閲讀。根據筆跡判斷，該抄本應爲四人合作共同抄寫完成。一九三五年，廈門市圖書館的工作人員曾將《清威略將軍吳英事略》中有關平臺、平耿精忠的部分内容摘出，分三次發表在《廈門圖書館聲》第三卷第一、二期合刊，第三卷第三、四期合刊，第三卷第五、六期合刊的《雜俎》欄目中，並加了按語，稱：『吳英將軍，爲施琅部下名將，平臺之役，最爲出力，其生平事略，詳載專册，並無印本，本館特覓抄藏，録其關於平耿精忠事件，以供歷史文學家之參考。』廈門市圖書館創辦於一九一九年，所以，該書抄寫、入藏於廈門市圖書館的時間，應在一九一九年至一九三五年之間。

《清威略將軍吳英事略》無題跋序文，亦無卷次、頁碼和目録，全書由六十一篇文章組成。行文簡潔流暢，敘事清晰。除了第三十篇『乘夜到楊梅灘殺賊』的標題爲八字之外，其餘每篇均冠有六字的小標題。其所記的時間，始自吳英出生的明崇禎丁丑年（一六三七），迄至康熙辛卯年（一七一一），也就是吳英去世的前一年，時間跨度達七十四年，比《行間紀遇》一書更長。其内容可以分爲三個部分：（一）童年及青年時期之回憶；（二）軍旅生涯之記敘；（三）修建墳塋、子輩中舉以及起蓋府第，購置田產等家庭私事之記載。雖然該書篇幅不多，但保存了若干《行間紀遇》所沒有的資料，特別是吳英青少年時期的資料，對於瞭解、研究吳英的身世、成長過程以及探尋吳英的相關史跡具有一定的參考價值。

本次整理在資料收集過程中，得到北京大學歷史系徐萬民教授、臧運祜教授，中國人民大學清史研究所王政堯教授以及廈門大學臺灣研究院陳忠純副教授等人的鼎力相助，中華吳氏宗親總會秘書長吳謹程先生寄贈《吳英研究》論文集，我的兩位學生李姝碩士和李新元碩士也爲資料的複製奔波出力，謹借此機會，一併致以衷心感謝！

因點校者學識所限，書中不當及錯誤之處，尚祈讀者批評指正。

李祖基
二〇一五年四月
于廈門大學臺灣研究院

點校凡例

一、本次整理以北京大學圖書館古文獻資料庫所藏《行間紀遇》道光二十六年刻本及廈門市圖書館所藏《清威略將軍吳英事略》抄本爲底本，加上標點，用繁體字豎排，並加上一些必要的注釋。

二、原書中提到『皇上』、『聖駕』、『御書』、『奉旨』、『王』及『先大夫』、『先太夫人』、『慈訓』等時有另起一行，擡頭頂格，或空一格等格式，現一律取消，按現在正常的書寫格式編排。

三、原文中的雙行小字，用楷體排版，以示區別。

四、原文中的錯字、訛字，用〔〕標出，在後面直接予以改正。

五、原文無分段，點校中對原文酌分段落，以方便閱讀。

六、《清威略將軍吳英事略》抄本中各篇文章的排序有明顯的錯亂（參見附錄拙文《〈清威略將軍吳英事略〉——版本、內容與問題》），現經核查比對，按正確的順序重新排列。

七、《清威略將軍吳英事略》抄本原全部採用干支紀年，現在干支紀年之後加注康熙編年紀年及公元紀年，以便查對。

八、爲方便對吳英這一歷史人物的研究，本書將與吳英有關的若干史料，如《南天禪寺碑記》、《吳英招徠外商令牌》、《吳英墓誌銘》、方志中的吳英傳以及若干研究文章作爲附錄，收入本書，以供參考。

九、原文中的異體字予以保留，不作改動。

【清】吳英 撰

行間紀遇

李祖基 點校

道光丙午重鐫

行間紀遇

燕翼詒謀堂藏版

目錄

序[一]

我國家誕受多方，[二]集命既固，至我皇上而內鉏叛亂，遠拓疆索。雖在窮島之中，絕塞之外，阻滄波，限大漠，爲兵威之所不至，使命之所不加，莫不遣發專征，親煩六御，羈纓繫組，前後置之闕下。[三]稽近代文德武功之盛，未有如是之赫赫巍巍者也。大勛既底，九域乂安。聖朝不自以爲神武之力，[四]推恩酬勞，久而彌篤，其在元庸眷念滋甚。蓋歷指三十餘年之間，名績昭彰，如古之登於冊府圖書者，不過數人，而吾閩威略將軍水師提督吳公其一也。

公自壯歲從戎兩浙，即值三逆變亂。當是時，滇、廣之寇越嶺嶠、涉江湖，[五]其勢猶遠。而耿賊之兵則已度仙霞而駐衢、婺，[六]旁出於西江沿海，[七]以分我師。海孽助之，結連搖煽。如浙江不守，則東南財賦之地有呼噏之危。故議者謂三徼用兵，獨此爲門庭之急。其後亦以閩關不守，耿、鄭破亡，滇、粵遂以次誅滅，則此其明效顯證也。

公是時初佐戎耳，且以閩人之故，頗有讒搆之者。而能以忠勇自著，使王、將軍、制府、提帥以

[一] 本文收入《榕村集卷十三·序四》，見《文淵閣四庫全書》第一三二四冊『吳將軍行間紀遇後序』，個別文字略有不同。

[二] 『我國家誕受多方』，《四庫全書》本爲『洪惟我國家誕受多方』。

[三] 『前後置之闕下』，《四庫全書》本爲『前後致之闕下』。

[四] 『聖朝』，《四庫全書》本作『聖主』。

[五] 『越嶺嶠、涉江湖』，《四庫全書》本作『度嶺嶠、越江湖』。

[六] 『度仙霞』，《四庫全書》本作『出仙霞』。

[七] 『旁出』，《四庫全書》本作『旁散』。

下，皆推誠任之，無所疑猜。公又所向摧鋒，績效驗白，卒能批海道之竅。[一]以先霞嶺之師，用區區偏裨之職，[二]而姓名功次洊聞於朝，大吏元戎，爭先進達。公之邁迹行間固已奇矣。

及爲總兵閩中，正廟堂經略海事之會，時則自重臣宿將至於道路之口，言海可平者，百無一焉。靖海將軍施公既銜命而來，[三]乃亟引公來助。[四]公與施公里戚也，言無不盡，而施公亦委以聽之。[五]自有明天啓初載，而海患萌孽，至是六十餘年矣。四世相繼，樹本深堅，又既踞臺灣之遠，[六]扼澎湖之險，舟楫便習，風潮飄忽，嘵嘵者大以爲非官軍之利。及二公斷以不疑，以六月發銅山，眾又以爲天時、地利蓋兩犯之。然二公算既定，謀既合，自始接至於破敵，纔七日間，[七]盡燒其舟舩，奪其島嶼。海之驍桀精鋭，一朝殲焉。又復大開恩信，縱釋陣俘，使之還諭兵民，動以禍福，一面爲傾巢進取計。[八]賊窮迫，無所奔竄，遂稽首納款，舉土降附。斯役也，論者謂自古海外立功，蓋至我朝僅見也。

天子嘉悦公功，晝接殷優，賜賚重疊。以東南既靖，俾帥於西。控馭巴蠻，[九]夷民帖服。既又以濱海重任，非公不可。水陸二閫，公歷專之。恭遇山海清晏，[一〇]九重以江淮氓庶爲憂，間歲南巡，察視河

[一]『批海道之竅』，《四庫全書》本作『披海道之竅』。
[二]『偏裨之職』，《四庫全書》本作『裨貳之職』。
[三]『靖海將軍』，《四庫全書》本作『靖海侯』。
[四]『引公來助』，《四庫全書》本作『引公自助』。
[五]『與』，《四庫全書》本作『於』；『委以聽之』，《四庫全書》本作『委心聽之』。
[六]『踞臺灣之遠』，《四庫全書》本作『據臺灣之遠』。
[七]『纔七日間』，《四庫全書》本作『僅七日間』。
[八]『一面爲傾巢進取計』，《四庫全書》本作『爲傾巢進取計』。
[九]『控馭巴蠻』，《四庫全書》本作『控馭巴蠻』。
[一〇]『山海清晏』，《四庫全書》本作『山海清謐』。

務。公與南服制、撫朝覲行宮，恩禮便蕃，彌加於昔。[一]公於是感眷顧之隆，循平生之蹟，以暇日記憶成編，題曰：《行間紀遇》。以余爲枌榆親串，[二]使以數言序其簡端。[三]披讀終編，[四]其成功於艱危萬死一生之狀，足令觀者驚愕悲喜。而至於今日寵命始終，備極渥注，則又使人慨然於功名之際，而益知聖朝之盛德爲難名。故公此編不曰『紀功』，[五]而曰『紀遇』。蓋上以備述曠世遭逢之恩，[六]而下以無忘當日群帥知待之意，[七]尤古人所謂勞謙君子，厚之至也。用是應命而謹書之。

時康熙戊子仲春朔日[八]

文淵閣大學士兼吏部尚書同里年姻家弟李光地頓首拜撰[九]

[一]　周代以距都城遠近爲准，分土地爲五服，在南方者稱南服，因即以指南方。『制』，指制軍或制台，清代對總督的稱呼，原意是因爲總督有節制文武各官之權；『撫』，指巡撫。

[二]　『以余爲枌榆親串』，《四庫全書》本作『以地爲枌榆親串』。《漢書．郊祀志上》：『高祖禱豐枌榆社。』豐，邑名；枌榆，鄉名，漢高祖的故鄉。後因稱故鄉爲『枌榆』。『親串（串音 guàn）』，指親近的人或親戚。吳英與李光地同爲泉州人，吳英的兒子應機，又是光地叔父之女婿，故稱『枌榆親串』，在文末的署名中又稱『同里年姻家弟』，再次强調了兩人既是同鄉，又是親戚關係。

[三]　『使以數言序其簡端』，《四庫全書》本作『使以數言跋其後』。

[四]　『披讀終編』，《四庫全書》本作『地披讀終編』。

[五]　『此編』，《四庫全書》本作『此述』。

[六]　『蓋上以備述曠世遭逢之恩』《四庫全書》本作『蓋上以自幸千載之遭』。

[七]　『知待之意』，《四庫全書》本作『知待之雅』。

[八]　康熙戊子，即康熙四十七年。

[九]　署名後鈐有『李光地印』白文方章及『厚菴』朱文方章各一枚。

序

《行間紀遇》一書，今威略將軍吳公所以敘述其平生本末，予既受讀以終篇，感而興曰：『有是乎，公功德之懿也。』夫自昔將帥之臣，鎸銘鍾鼎，盟誓河山，勛伐煒然，未嘗不智且勇也。顧近或不能全其功名，遠不足以裕其後昆，豈非其仁有闕與？

予歷考公行蹟，奮迹偏裨，逮登大帥，始自浙東，竟及我閩。憑仗天子神聖威武，料敵無遺算，行軍無誤舉，百戰必勝，所向無堅，可謂大智且勇矣。迺若寧海營兵士，陰持兩端，眷戀舊土，莫肯移其累重。塞提督赫然發憤，欲盡數千人殲之。公慷慨敷言，開諭熊參將，悉活其命，而完其室家，彼土之民不至驚鋒刃以逃竄。於戲，[一]仁矣哉！

康熙十九年，我閩大饑，米穀之價，十倍常時，又適丁軍糈旁午之秋，益以大匱。公請於當事，以便宜許百姓出界外採捕，所活千萬計。當是時，雖金、厦既平，而禁令未寬，非遭遇朝廷仁明，公幾不免於大戾。然公實肯身任其責，以拯蒼生於饉殍之中，曾弗之恤也。

及乎決計東征，攻破澎湖，與靖海侯施公誓於有眾，不報仇，不斬掠，資遺俘繫之賊，俾歸播國恩，懷德慕義，人無逆行拒命之志，頓賴內向。師不血刃，遂定臺灣。公之德所保全大矣！博稽前史，罕有比蹤。然則，公所由力戰於巇難巇險之中，蒙霜雪、犯砲矢，卒莫之傷害，若有鬼神來陰相之。荷天之庥，受皇之眷，厚祿顯位，名稱壽考，兼享而罔缺。而克家之彥，文武競騫，世紹令緒，而揚顯於無窮。非有盛德，其孰能致之？今相國李公之序頌述天子神聖威武與公之猷略備矣。予獨贊公仁德，厥

[一]『於戲』，即嗚呼。

以大芘其身，而垂裕於後者，語天人徵應之際，以爲後代之將帥譚兵者法，則民命其有賴乎。是予之志也。

時康熙戊子南至之日[一]

左春坊左庶子掌坊事兼翰林院侍讀同里年姻家弟陳遷鶴頓首拜撰[二]

[一]『南至』，即冬至。

[二]陳遷鶴，字聲士，一字介石，福建晉江人。康熙進士，累官左庶子，生平躭精著述，有《易說》、《春樹堂文集》等。

序

今天子際中天景運之會，揆文奮武，率土嚮風，大化翔洽，軫念閩省西北阻山，東南瀕海，雖藉赫濯之聲靈，蚩蚩者氓久矣。離湯火而登衽席，猶慮山陬海澨，控馭維艱。端賴魁壘耆舊，世德元功，重鎮茲土，庶俾普天遠人，革面洗心，耕田鑿飲，與神州諸赤子，同鼓腹擊壤於堯天舜日中，用昭一道同風之治。於是授提憲吳公爲『威略將軍』，蓋以獎成勞而綏乂荒服也。

公承恩拜寵，嘉與遐方，願治之眾，安養休息，詠歌太平，輿誦榜謳，聲徹中外。復於韜略之暇，述其生平建樹之奇勳與曠世遭逢之異數，彙爲一編，顏之曰：《行間紀遇》。猗歟休哉，何所遇若斯之隆耶！粤稽漢唐以來，如伏波橫海，驃騎鷹揚，卷鐵舒鈎，投鞭控鶴。諸名將爲廟廊之柱石，爲社稷之金湯，東西朔南，無不畏威而懷德者，未易數數見也。何也？所遇有幸不幸也，夫遇亦何常之有。昔司馬相如詞賦雖工，非遇漢帝，則上林子虛，徒託空言。房杜姚宋，頡頏伊周，非遇唐宗，亦安必其金甌覆名，卒成相業？而況親矢石、躬甲冑，試其身於艱危險阻之中，而運籌決勝，以展布其素蘊霖楫乎？蒼生假非所遇有甚隆焉者，將建一議，而左右牽制；行一事，而上下掣肘。欲其勛業爛然，與日星川嶽並垂天壤，能乎？不能。

讀是編，而益矜歎公之所遇爲古今所稀覯也。夫恩禮逮下，亦盛朝所時有。若公之乘傳星趨入見，天子臨軒顧問，溫慰獎勞，賜以曲宴，錫之車服珍玩，且導遊御苑，略尊卑之分，講家人父子之情，稱之爲福人，旌之以世錦，何優以渥歟宜乎！中朝士大夫咸慶明良喜起之盛，而知國家之倚毗公者，正未有涯也。公於是一舉念而不敢忘恩，一舉筆而不禁感而思奮。此《紀遇》所由作也。

灣以江左迂儒，歷典邊徼，及備員郎署，時際昇平，凡公之邁迹行間，立功海外，多不及知，即知之亦不能悉。因與長君參藩石苑先生共事西曹，側聞一二，延頸跂踵，望風希景，良有年矣。茲何幸而托庇宇下，親灸休光，獲偕懷章紆綬之僚寀、韐韎袴褶之將士，共優游於清晏之餘，仰藉公之左提右挈，引之於大中至正之軌，以庶幾免於隕越者，豈淺鮮哉！

今公既負天下非常之名，必享天下非常之福。蓋德彌劭，則業彌弘；望愈尊，則氣愈斂。故齒屆稀齡而莊敬日強，精明敏悍，有什伯過少年輩者。聖朝托寄心膂，河山帶礪，寵賚有加焉。則《紀遇》一編，允足垂之太常，炳千秋而光奕禩也。〔巳〕已不揣鄙陋，敬書此以弁之。

時康熙戊子季冬

福建泉州府海防同知加五級屬下眷世姪黃灣頓首拜撰

序

恭惟我皇上御宇以來，威震萬方，化行六服。顯承謨烈，聿開有道之長；赫濯聲靈，爰卜無疆之歷。旅獒重譯，欣看斂衽千邦；海若無波，快覩梯航萬里。實賴聖天子之威靈洪福，兼藉諸文武之戮力同心。

英虎韜初習，馬革空懷。喜絕域之蕩平，每思定遠；信王猷之允塞，雅慕終軍。挾晝錦以南征，人慚司馬；慰宵衣於北闕，職矢羔羊。歘歷行間，溯壯年而至老；疊承寵命，徒感遇而銜恩。匪敢自矜勞績，惟知益勵悃忱。每追昔而撫今，祇捫心而思奮。恭逢嘉會，敬誌殊榮。永矢愚忠，空慚報稱。伏願普天來玉帛調玉燭者，億萬斯年；率土奠金湯鞏金甌者，百千餘世云爾。

時康熙四十七年三月　　日

威略將軍仍管福建水師提督事務世襲阿達哈哈番吳英紀

行間紀遇卷之一

吳英，泉州府晉江縣人。少習戎行，原從王姓。任同安鎮時，請復本姓。四川提督任內題請奉旨入籍興化府莆田縣。

英祖居濱海，遭亂流移。於康熙二年以將材領兵，隨大師克平金、廈，[一]功授都司銜劄，給食全俸。康熙八年，分入浙江提標效用，駐寧波府。是時賊艘飄突浙省，屢犯海疆，提督塞白理前後遣英出海招撫，説歸數千人，船大小百餘。[二]康熙九年間，經塞提督同浙江總督劉兆麒會疏題報。

康熙十三年三月，耿精忠叛踞閩省。[三]六月間，遣僞帥曾養性等侵犯浙江，破平陽，圍瑞安。[四]溫州總兵同協守副將急請救兵。塞提督隨會黃巖鎮阿爾泰統領官兵三千餘往救，令英隨師至溫州江北岸溪

[一] 金、廈，指金門、廈門二島。

[二] 塞白理，漢軍正黃旗人，父李思忠（《清耆獻類徵選編》卷四有傳），塞白理爲思忠第三子，原名顯祖，清世祖賜名塞白理，授二等侍衛，任參領。康熙元年，擢隨征江南左路總兵官。六年，遷廣東水師提督。八年，改浙江提督；招降鄭經之寧遠將軍林伯馨、都督施轟等。十三年，耿精忠反，塞白理疏言：『耿逆交通三桂、結連鄭寇，沿海所在賊艅，皆可揚帆直入。江南之崇明孤懸海外，尤爲可虞。又黃巖圍困日久，請援孔亟；海寧、象山、新昌、余姚四縣賊眾蜂起，恐寇拒寧海斷我餉道。請速援台州，護守寧波。』疏入，並奉敕授方略，調兵防禦。尋隨貝子傅喇塔擊走耿將曾養性等於台州。十四年九月，卒於軍，年四十有三。賜祭葬如例，祀浙江名宦祠。『船大小百餘』之下似脫一『隻』字。

[三] 耿精忠，清漢軍正黃旗人。耿仲明孫，康熙時襲父繼茂爵，爲靖南王。康熙十三年在福建起兵響應吳三桂叛亂，兩年後又降清，被召入京，於三藩叛亂平定後處死。

[四] 平陽，縣名，在今浙江溫州市南部沿海，清代屬溫州府轄；瑞安，縣名，在今浙江溫州市南部沿海，飛雲江下游，清代屬溫州府轄。

竄劄營，無船可渡。塞提督問曰：『江中俱是賊船，我兵不能飛渡，隔岸信息難通，奈何？』英答曰：

『易耳。』便隻身到江邊，大呼曰：『船上着一個來，我有密信。』賊即駕一小船近岸。英曰：『只用一人來。』一賊應聲而至，英攜其手曰：『官有密話問爾。』挾之到營。塞提督問之，賊曰：『溫州祖總鎮昨日已降，今早傳令，明日進兵新橋，取樂清縣。』[一]塞提督曰：『此欲斷我歸路耳。』適接寧波日報稱，寧、紹各處山寇猖亂。塞提督謂諸將曰：『官兵眷口在寧，若有失，則人心動搖矣。不若暫回寧波，整頓兵馬，踞守寧、台，以待大兵。』是日即起營回師。至台州，塞提督問曰：『前在溫州江岸，汝一人呼喚，如何便得賊來，我所不解？』英曰：『此時處處密約謀叛者多。英一人往呼，彼必疑爲通信，所以策其必來也。』塞提督曰：『今番非汝一人，不但數千官兵盡落陷穽，浙東大事去矣。』

越數日，曾養性差人遞書來招，塞提督以逆書上聞，併將英前後勞績陳奏。奉特旨：『吳英多方效力，着以遊擊即用。』次日，塞提督傳左營遊擊正紅旗人聞可貴，諭之曰：『今日沿海多事，非汝北人出力之所，汝去杭州等候，俟有腹裏之缺，另行題補。員缺擬英補授。』時提標城守五營將官跪禀曰：『今日耿逆叛亂，閩省皆從賊，憲臺豈可捨旗員而用福建人哉？』再三切諫。塞提督曰：『吳英在我左右五載，此人之心，我敢保他。此人之才，汝我不如。今奉旨以遊擊用，乃國家之幸，本軍門添一左臂，爾等俱得耳目之力，不必多疑，看後來便知。今日天下大亂，本軍門世受國恩，盡忠報稱，惟擇良將以平反側。若不深悉其人，豈敢輕易即具題授爲提標左營遊擊。』

八月二十日到任，二十一日協防寧海縣。[二]定海參將馬化龍、提標右營遊擊郭守金急報稱寧海營參將熊兆乾官兵陰行反叛，現誘賊五千餘在梅坑地方劄營。又賊船數十號灣泊梅澳，請兵救援。塞提督

[一] 樂清縣，縣名，在今浙江溫州市東北沿海，甌江口北岸，清代屬溫州府轄。

[二] 寧海縣，在今浙江寧波市南部，東臨三門灣，清代屬寧波府轄。

召諸將會議，檄英同寧波城守遊擊任惟我共領官兵六百名前往。英到寧海，會商進兵。是時援勦城守計兵二千五百餘名，公議郭遊擊帶兵一千名，留守寧海。馬參將、熊參將、任遊擊並英四營官兵合同由大路進攻梅坑，定於次日起行。英曰：『賊五千餘眾在寧海之西梅坑，賊船在寧海之東梅澳。我兵西進梅坑，梅澳之賊東來襲我，寧海首尾不能相救，非計也。』眾曰：『似此有何高見？』英曰：『必分兵一路攻賊營，一路燒賊船方可。』眾曰：『賊眾我寡，分兵勢弱。』英隨與馬參將背議曰：『寧海官兵既欲反叛，若以實情公議，必有漏息與賊，使賊避我實而攻我虛，危道也。賊以船爲根本，聞我分兵燒船，梅坑之賊可不戰而退也。明日我同任君二營官兵各帶燒船火器，假進梅澳，一路行至二十里之遙，有小路由蕨澳截出。汝我可以合兵一處，進攻梅坑。』馬參將依言。次日分兵而進，果有通信與賊者。賊傾營逃遁，連夜登舟而去矣。塞提督聞報意欲撤兵，慮寧海營〔宫〕官兵復叛，隨諭熊參將將該營各眷口盡移寧波安插，只留官兵固守城池。移畢之日，各營官兵撤回別處援勦。熊參將傳該營弁兵商議，眾言寧死不移，以此回覆。塞提督大怒，密付印諭與馬參將及英等云：『寧海官兵既欲謀叛，今又抗不移眷，反意是實，爾等盡行勦殺回報。』眾官接諭，擬即分界開刀。英曰：『此事尚須斟酌，未可妄動。所言寧海官兵反叛，未見確情。不肯移眷者，則該營兵丁皆是土著，故土重遷，情或有之。若以利害開〔道〕導，況諸營官兵在此，彼亦不得自由也。』眾曰：『此乃提督軍令，誰敢抗違？再一遲疑，或致漏洩，關係重大，誰敢任之？』英曰：『將在外，君命有所不受。在提憲亦不過爲封疆起見，豈肯樂害生靈。今日此舉，關係滿城數萬性命，我等亦不可不三思而行。』眾曰：『君意若何？』英曰：『諸公在此少待，我往見熊參將，說以關切之言，彼如不悟，回來再作區處。』英隨往熊家相見，云：『君獨守邊海孤城，日有水陸賊寇侵犯境界。聞寧海官兵甚有紛紜之論，因此提憲遣我等前來。賊今既退，奉令移眷安插，正爲寧海官兵得表白心迹，可以同力報效國家也。君何違之？』熊參將曰：『此乃通營官兵各有父母妻子牽累，不肯搬移，我一人安敢抗也？』英曰：『非也。君受朝廷爵祿，保守城池，如援剿官兵一撤，賊衆復來，此時兵民之心難以測度，恐人心一變，在君一人豈能獨違？事到其間，棄命官而爲叛黨，豈不上辱祖宗，下累妻子，爲不忠不孝不仁不智之人乎？就論近今乃天昏地黑之秋，提憲諭令移眷，君以衆兵寧死不移之言回覆。如提憲稍有疑忌，君之全家危矣。』熊參將哭且跪曰：『願公教之。』英曰：『君既省悟，有何難哉！君乃全營兵主，今同我往會諸君，即傳諭貴標弁員，以移眷寧波。夫此乃憲令，不可違也。君之眷屬，着令即日起行，餘聽陸續起發。如此，則君之忠心自明，實爲萬全之策，再不可遲也。』熊參將隨英往會馬參將等，立傳該營弁兵，如英言告之。衆曰：『主將夫人既往，某等安敢落後！』熊參將即日遣發家眷起身，各官兵眷口絡繹出城，盡往寧波，無淹留者。塞提督聞之大悅，隨調各營回師，將寧海地方仍交熊參將看守。

九月內，曾養性攻破黃巖，總兵阿爾泰迎降，賊臨台州。[一]時隨征福建提督段應舉領滿漢官兵于浮

[一]　黃巖，在浙江東部沿海，清代屬台州府轄；阿爾泰，其父郎賽，漢軍正紅旗人，本姓劉，世居鐵嶺（《清耆獻類徵選編》卷三有傳）。初由廕生授吏部員外郎。順治七年，遷郎中。十二年，授佐領，尋兼參領。康熙三年，出任湖廣辰常總兵。七年，調浙江黃巖總兵，其女爲塞白理之長媳。十三年八月，耿精忠部將曾養性、祖宏勳等由溫州率衆陷黃巖，初傳阿爾泰亦已割辮從賊，受僞將軍職。其長子佐領劉紹烈駐防京口，時調往杭州。王大臣議：『應就近收禁。』十四年，康親王傑書統師駐金華，疏阿爾泰不肯從逆，爲賊縊死。兵部奏釋劉紹烈，仍以佐領赴貝子傅拉塔軍前效力。十五年八月，署參領，剿賊處州，戰石塘嶺，歿於陣。十六年三月，福建巡撫楊熙疏陳：『阿爾泰權宜詐降，以圖恢復，爲賊伺知。十三年十一月，拘至福州。十四年正月，耿精忠使人縊死南門通衢。』部議贈右都督，予卹廕；詔以恩卹忠節關係大典，令再確察情節。部臣奏：『阿爾泰先經康親王疏稱不肯從賊，今巡撫楊熙復察實被賊戕害，應照例贈卹』。得旨：『不准加贈，仍賜祭葬如例。』雍正七年，阿爾泰、劉紹烈並入昭忠祠。

橋頭迎敵失利，[一]退守台城，急請援兵。塞提督隨率中營洪起元、前營胡鑣、城守營任惟我并英共四營官兵前往應援。至雙門地方，離台八十餘里，附近鄉村俱有賊衆催追糧米。塞提督撥兵三百，令英防守雙門。英夜間常帶精兵，假扮賊裝，潛入其境，屢次擒斬。賊聞風逃遁，零星不敢四出。台城以東，民得安寧。

十月間，鑲藍旗貝子王富喇塔到台州，[二]塞提督引英進見。王問曰：『好一將官，何處人氏？』塞提督答曰：『福建人，奉特旨補用。』王低頭不語。塞提督曰：『此將之心，提督敢保，此將之才，提督不如。凡軍旅大事，必與之謀，所言必中，所向必克。』王喜曰：『有如此好將官，我所深幸。』遂賜袍帽弓箭。英隨塞提督回寓，塞提督問曰：『今賊寇隔江連營數十里，搭浮橋，踞小梁山。衆議欲攻之，何如？』英曰：『攻其無備，則勝。梁山賊已踞險修固，不易攻也。以卑職愚見，將滿漢官兵盡行發出東西二門，依山連營，深溝高壘。另挑馬兵二千劄東門外，以爲奇兵。城內府後有一高山，設立瞭望，以觀賊營動靜。每日撥馬步兵三二百名，向江邊誘敵，賊來則退，賊去則進。且賊有三必進，我若不出奇策，不能破也。』塞提督曰：『何爲三必進？又當何策以破之？』英曰：『耿精忠妄想欲成功，

[一]　段應舉，遼陽人。父思信，初爲明廣寧千總；天命七年，后金兵取廣寧，思信投降，予騎都尉世職，隸鑲藍旗漢軍。及卒，應舉襲職。順治六年，署參領。隨端重親王博洛討叛鎮薑瓖，攻汾州及太谷縣，皆以紅衣礮克其城；師還，授參領兼戶部理事官。兩遇恩詔，晉世職二等輕車都尉。十年，隨貝勒屯齊征湖南，十七年，擢鑲藍旗漢軍副都統。康熙元年，命同鎮海將軍王國光赴廣東，駐防潮州。三年，勦碣石叛鎮蘇利，復碣石衛城。敘功，晉世職一等輕車都尉。十二年，署山東提督。十三年六月，命率京口駐防兵三千、江南提標兵二千赴杭州勦耿精忠；七月，授福建提督。

[二]　富喇塔，即傅喇塔，靖定貝勒芬古第四子。順治二年二月，封輔國公。十一月，隨順承郡王勒克德渾征湖廣，凱旋，賜金五十兩、銀千兩。五年九月，復隨鄭親王濟爾哈朗征湖廣，追勦至廣西，凱旋，賜銀六百兩。六年十月，晉封固山貝子。十六年二月，以朝參失儀，降輔國公。十八年二月，復封固山貝子。康熙十三年六月，耿精忠反，命爲寧海將軍，偕奉命大將軍康親王傑書討之。

必催兵速進，一也；賊兵烏合之眾日增，屯久無糧，二必進也；曾養性自出閩關，所到無敵，將傲兵驕，三必進也。我欲破之，不妨聽其造搭浮橋，彼橋搭完，必催兵渡江，攻我營盤。賊恃有橋，雖背水而陣，豈能一心？俟其人馬過半，瞭望山上，發三聲號炮，東門外精騎二千由江邊平道直踹而下，滿漢各營兵馬齊出夾攻，賊眾雖不能盡滅，亦必驅其半於長江也。』塞提督將英言啓貝子王，立發滿漢官兵出郭，沿山劄營。有蔡嶺白塔山，與賊對峙，乃當頭險要，調英守之。賊見我營分佈嚴密，對壘數月，終不敢進。

康熙十四年三月間，水師提督常進功統兵出海，[一]見賊船眾多，求請益兵。貝子王遂檄英同前營遊擊胡鑣各領官兵三百名往聽配船。時我船大小共四十餘隻，抛泊寧海三門港。四月初十日，偽水師賊首張拱垣等率船二百餘號，直衝毛頭洋。我船與之交鋒，官兵多不諳水性，胡將官等數船在其下風，被賊所陷。常進功見眾寡不敵，收兵回船。英見賊䑸之後四船是我家篷號，即單船入䑸，奮力衝救。當有賊船數隻夾攻英船，內有一船已經迫近。英親抱火桶攻燒其船，偽將軍中傷身死，賊遂敗退，救出提標千總崔武、定海鎮標千總周文進等四船。我官兵回至定關，奉貝子王令，調英到台面諭曰：『此遭着實虧汝用命，救回船隻。』即賜袍帽，令英仍守蔡嶺。時賊勢方猖，衢、處二府對壘二載，我師不能寸進。又聞賊人欲斷我糧道，船隻欲入錢塘江，取我杭州。英思滿漢兵馬俱在外府，杭州城池空虛，萬一有疎失，則台、衢、處三府官兵進退無路，江、浙兩省危矣。今日不出奇兵不能破賊。英隨遣親丁同土民細

[一] 常進功，遼東寧遠衛人，明副將。順治二年，豫親王多鐸兵下江南，進功投降，給副將劄。尋隨貝勒博洛征浙江，分勦富陽、於潛及牛頭堰、天竺山、石白尖、迷山嶺、康嶺等處，均在事有功。五年，授定海左營遊擊。十一年，遷杭州城守副將。十二年，兼攝提督、參將事。十四年，擢浙江水師總兵，賜甲冑、弓矢、裘帽。十六年，調福建水師總兵。征海上鄭成功。康熙元年，敘功，授騎都尉兼一雲騎尉世職，命隸漢軍正黃旗。三年，遷廣東水師提督。六年，以賊䑸入甲子港口不親勦，革職。十四年，復授浙江水師提督。

躐路逕，台州毛坪山後有小路，可通溫州、黃巖，即繪圖進獻貝子王，請領先鋒，進取黃巖，以抄賊人之後。此乃攻其所必救，賊必撤圍而走也。貝子王見圖內俱是高山險嶺，遲疑未決。

越數日，聞報象山副將羅萬里叛，[一]合賊眾萬餘，將台州通寧波糧道截斷。天台一路，處處是賊，糧草不能接濟，我師進退兩難。英復進啓貝子王，切言今日如此，若不出奇兵，終不能破敵解圍，遲恐後悔。貝子王即依英策，傳令進兵。命副都統吳申巴兔魯、季爾塔佈同領八旗大兵千餘，以英爲先鋒，率同松江、京口、黃巖官兵三千餘眾，本年七月十五日自台州起營。臨行，塞提督問曰：『此行勝負憑汝所料若何？』英曰：『此行孤軍深入死地而求成功，正如使三軍坐漏船之上，焚屋之下，勇者不得不鬭，智者不得不謀，遇賊必破之。但卑職起身後，城河中現有小船數十隻，每日夜可撥官兵擡東移西，假作渡江之勢，賊必加意防備。毛坪乃萬山峻險，羊腸鳥道，疑我進兵，乃是虛張聲勢，輕不爲備，但延半月之間，我功成矣！』塞提督依英言行之，賊果防我渡江。我官兵於七月十七日到仙居縣，[二]吳都統傳集滿漢將領議曰：『奉貝子王軍令，從南山進兵，山高路險，馬匹難行，日行二三十里即可劄營。』英曰：『若如此進兵，賊知我虛實，難以取勝矣。』吳都統曰：『爾意若何？』英曰：『東去三十里有一毛坪山，高二十餘里，賊踞此山之頂，我兵盡到山下劄營，每日假修毛坪山路，作欲進取之狀。英自帶官兵數百，星夜由烏巖一路到涼坪，踞奪險要，開山修路，俾大兵可以行走。報到之日，我官兵迅速齊進，攻其無備，功可成矣。』吳都統曰：『進南山之路，乃貝子王指授。今爾欲進東路，若有差錯，誰敢任之？』英曰：『倘有差悞，英願任罪。』都統即寫木牌交中書郭洪啓報貝子王，照英議而行。英隨挑選土著精兵數十名，扮作鄉民，每夜擒斬守塘之賊，絕其消息。曾養性先只防我兵渡江，

[一] 象山，縣名，在今浙江省寧波市東南部，瀕臨東海，因縣城西北有山如象而得名。清代屬寧波府轄。

[二] 仙居縣，在浙江省東南部，靈江上游。清代屬台州府轄。

後又添賊固守毛坪，既聞我兵進涼坪，隨斷我後路，黃巖鎮官兵在後為其所截。我師至山中，糧草不接，又無村莊，眾心徬徨。英獨領兵急進，八月初二日已到直路，吳、季二都統繼至。英曰：『去此十里乃涼坪半山嶺，嶺南係賊營盤，英先領本營官兵剳此嶺，踞高山，得地勢，遲恐賊人踞定，我兵難進矣。』都統曰：『滿〔州〕洲兵馬未到者半，馬匹跌壞甚多，必待後兵齊到，方可前進。』初四日，賊帥劉邦仁統眾萬餘到半山嶺，列陣揚威。都統問英曰：『前山已為賊踞，山路高險，大兵難以衝突，如之奈何？』英曰：『可將各營綠旗官兵，分作三路而進，大兵隨後架梁，先奪得右邊高山，方能破賊。』都統即依英議。英帶領提標五營官兵九百餘人，傳齊問之：『爾等敢隨我破陣者，立在左，餘者在後架梁，不可勉強，恐臨陣退縮，搖動眾心。』時立左者三百餘人。隨領守備王龍、千總于海、張名、陳景等直取右邊高山。見各營官兵退怯者多，英部下兵言曰：『各營官兵不進，我數百人如何破賊？』英曰：『今日賊敗，我方得生。若不勝賊，進退無路，糧草又無，敗亦死，退亦死，守亦死。養軍千日，用在一朝。務須一人當百，各自用命，不必觀望他人，但隨我破敵。』英身先士卒，直取右山。炮火交攻，英單騎衝入賊陣，連斬賊十餘人，我官兵盡力攻擊。時有內務府正黃旗夸蘭大趙和尚、正白旗夸蘭大邁圖帶領寧保、希柱等四十八騎前來夾攻，同英衝殺，賊眾大敗。各營官兵齊進，擒斬五千餘眾。賊帥劉邦仁逃入涼坪口，率殘賊堵守，盡行掘斷路逕，重重埋伏炮火。

次日，英同都統到高山觀看賊營。賊有三重營盤，堵踞路口，勢甚險固。英與都統議曰：『今正路難進，二位都統可督領京口、松江陳化鵬、李安林二將官假從正路攻取。英與撫標、黃巖鎮標官兵由兩邊山分三路而下，誰人先到賊營，放三炮為首功。』都統依言而行。英從右邊深林而下，守口賊眾開炮迎敵。英領官兵直衝斬殺，賊眾大敗，棄營逃遁。英先到賊營，放炮三聲。時趙和尚率領馬兵沿河追斬，賊多投河而死。賊首劉邦仁逃回見曾養性，報我朝兵馬數十萬漫山遍野奔湧而來，勢不可當。曾養性聞涼坪已失，賊眾十餘萬盡丟盔棄甲，遁回溫州，投降逃散者殆將過半。

貝子王即統兵渡江，至黄巖合師。英謁行帳，貝子王曰：『汝明修毛坪，暗取涼坪，與古明修棧道，暗取陳倉相合。此爲浙江戰功第一。』英曰：『蒙皇上特用之恩，粉身難報。仰賴朝廷洪福，殿下調度，英何功之有。』貝子王曰：『塞提督屢對我言汝才能智勇，諸將莫及，果然不差。』英啓王曰：『提督爲何不在此處？』王曰：『因象山副將羅萬里叛，同賊衆踞斷寧波糧道，因此令他前去調度。提督臨行時言，往前用兵，凡事必要與汝商量，可行則行。又言必須用汝爲先鋒。我自有知人之明，當時一見，就知汝是良將。汝今後有奇計長策，但盡言之，我無不用也。』復令英爲先鋒，恢復太平、樂清等縣。[一]兵至上塘，賊二萬餘分水陸前來迎敵。英同滿漢官兵衝開賊陣，斬殺及淹死者一萬余衆。曾養性復令賊帥許奇領賊兵萬餘，踞守綠帳地方，與我師只隔一河。貝子王問英曰：『此地一邊高山，一邊大江，賊已踞險，我師如何得進？』英答曰：『敗餘殘寇，盡已喪膽，破之不難也。英已看定此河潮來水滿，潮退水乾。可令綠旗官兵，明晨各執草一綑，潮汐之時，抛草河內，綠旗官兵可以徒涉；山邊上〔流〕游水淺，滿〔州〕洲兵馬從此而過，上下夾攻，賊無不敗矣。』貝子王依議行之。至次日，英領先鋒，潮水正退，丢草填河，一擁而過。滿漢兵馬分頭攻殺，陣斬淹溺者，不可勝計。賊衆大敗，奔逃上船。

貝子王即到綠帳地方劄營，對英曰：『衆都統、提督屢對我言，前途山高路險，意似憚行。但我已上本欲到青田縣，[二]不得不進。今前面全在汝相機主意，後面在我。到處該用兵多少，應行應止，汝須時常具報，我自依汝言，撥兵接應，亦不由衆人也。』英訪青田路逕，問之鄉民，曰：『此去過三十里，乃猴猻嶺，甚爲危險。上有賊守，必由此嶺經過，方得到青田。』英啓明貝子王，遂帶精兵三百

[一]　太平，在浙江省東南沿海，明置縣，清代屬台州府。一九一四年改溫嶺縣。

[二]　青田縣，在浙江省東南部，甌江上游。清代屬處州府轄。

名，扮作鄉民，星夜登山。天明齊到嶺頭，將守嶺賊兵盡行擒斬，遂遣人回覆貝子王，具言猴猻嶺正當險要，英不敢回兵，今夜踞守此嶺，但兵力單弱，萬乞速遣官兵，倘被賊人佔據，別無路逕可通。貝子王隨撥正白旗夸蘭大沙木哈帶領大兵二百餘騎，星夜前來幫守。至天明，見江中賊船數十，[一]盡到猴猻嶺下。我兵已扼其險，大兵陸續俱到。賊驚懼不敢上山。

次日，我兵到韓埠，山嶺崎嶇，馬不能騎乘，步不能並行。英領兵前進。副都統吳申巴兔魯、季爾塔佈、穆黑林伯、提督段應舉同眾夸蘭大停住嶺頭，傳英回來問曰：『如此山高路狹，何以進兵？』英答曰：『下嶺二十里便是小荆地方，賊水陸俱在彼處。嶺下兩邊山逕紆廻，約有四五里，英恐有賊埋伏，已分兵數百人挨搜出山。俟劄定兩邊山口，隨後兵馬陸續進發，到彼取齊，然後分頭進攻，賊無不敗也。』眾人齊聲責英曰：『此逕危險，一邊高山，一邊大江。前途險隘已爲賊踞，既無接應官兵，又無隨軍糧草。貝子王只憑汝一人主意，將二三萬官兵領入絕地，如貝子王稍有差池，汝萬死何贖？』滿漢將弁齊聲憤詈。英問都統曰：『諸大人有何高議，責英者何也？』都統曰：『以我等主意，將兵馬依舊撤回台州。況各府俱未進兵，獨我一路官兵屢次殺賊。今又深入險地，糧草缺少，恐難成功，稍有差錯，關係不小。』英曰：『某奉令領先鋒，只是盡心籌度賊人情形，衝鋒用命，是英責任。至於進兵不進兵，諸大人與殿下參贊，非英所知也。』言未畢，貝子王至，責各官爲何不速進兵。英即步行領兵下嶺，踞守山口，貝子王亦親自牽馬步行。時賊營沿江依船，我兵陸續到齊。英領兵前進，滿漢一齊夾攻。賊眾敗遁，乘船而退溫溪，水陸分守，將所通溫溪江邊山路一條盡行掘斷，左右俱是深林樹林，只一鄭山要口，已被賊人築起土堡。貝子王令人各處躧路，俱是高山陡絕，巉巖峭壁，無道可進。王向英言曰：『自台州一路至此，汝屢用奇計，衝鋒破敵，大功垂成。今我令人遍躧，無路進兵，可惜前功盡

[一]『見江中賊船數十』之下似脫一『隻』字。

棄矣。』英啓曰：『英親躧有鄭山一路，雖有賊人築堡堵守，英願領本營官兵前去攻破其堡，殿下可發滿漢官兵接續前進。如土堡一破，溫溪水陸賊營易於攻擊，功可成而青田可到。』王喜曰：『若得到青田，處州之圍可解，溫州之賊可滅，恢復福建，全在此舉。』英即日領兵前進鄭山，王撥兵部馬夸蘭大帶領大兵二百餘騎隨英同往。午後到鄭山，英身冒矢石，率領官兵攻擊。至晚，賊人多被炮箭傷死，餘眾棄堡逃遁。英撥官兵守堡，一面飛報，王星夜督率大兵，天明齊至。英首先下山攻破賊營。王令滿漢官兵分頭攻擊，賊眾大敗，斬殺跳水死者不計其數，江中賊船盡行逃遁溫州。我官兵即駐劄溫溪，離青田縣僅四十里。

次日，貝子王令英帶兵恢復青田。九月十九日午時，到青田縣，賊即棄城逃走。英率兵追之，斬殺數百餘眾，生擒數十人。時賊首連登雲領賊眾十餘萬，連營數十里，圍困處州府二載有餘，聞我兵已破青田，溫州糧草不能接濟，前後受敵，於廿一日亦棄營逃遁石塘，處州之圍遂解。守處將軍馬哈達、總兵官陳世凱、馬三奇俱帶領兵馬前來會合。貝子王令進兵溫州，着再議綠旗先鋒。都統、提督會啓貝子王曰：『向前盡是高山峻嶺，綠旗先鋒非吳將官不可。』貝子王當各都統、提督、眾夸蘭大傳英面諭曰：『汝在台州獻奇計，領先鋒，破曾養性十餘萬之賊，得解重圍。又一路冒險衝鋒，屢敗賊眾，恢復城池。賊首連登雲〔聯〕連營數十里，圍困處州兩載，今已聞風奔遁。非汝一人，今日安能至此。這遭若是別人領兵，不知要報多少捷，敘多少功。在別人則可，我是宗支藩王，再無欺上之理。在各官有功無功者，都在我心裏明白。但汝這一段赤心報國，智勇才能，章疏難盡，必須我回師之日，面奏皇上，自有明白，高官厚祿，皆汝分內所宜得也。提督塞白理原議他失卻地方，應有罪戾。後來我到浙江，細查平陽蔡總兵無能，被自家兵縛獻於賊。溫州鎮祖弘勳、黃巖鎮阿爾泰忘恩反叛，提督一人亦難支持。今能知爾才勇，信用汝一人，爲國家建此大功，提督不但無罪，而且有功。我回師之日，一併面奏。』又謂都統穆黑林伯曰：『塞提督與你有親，你將我此言，寄信與他知道。』英跪答曰：『英蒙皇上特用之恩，殿下委任之篤，雖粉身碎骨，難報萬一。自台州一路領兵而來，皆賴皇上天威，殿下調度有方，英何功之有？』王又曰：『今欲進溫州，因汝一路勞苦，不忍再遣，意欲別議先鋒，又不敢輕用，奈何？』英啓曰：『蒙殿下恩至此，英得爲國出力，稍可報稱，萬死何辭！』英復領先鋒，貝子王命季都統督領大兵接應，於十月初七日到溫州。賊衆各處埋伏，英用蜈蚣噴珠之陣盡行踹破，斬殺甚多。賊衆嬰城固守，溫城三面皆水，西門一路重重河溝，我官兵圍困西門一面。貝子王即行諭總督李之芳，[一]題補英溫州副將，續奉李總督令牌知照：

為知照事。承准寧海將軍固山貝子諭開，照得本府統領大兵抵台以來，目覩提標遊擊吳英才猷敏練，智勇迴邁。初同大兵協剿毛坪，已著首功。今同本府進兵，開山修路，冒險偵探，屢擒賊撥，膽力超群。本府已許溫州副將擢用。至本府在台對壘一載，見協標都司馬登科固守汛地，晝夜防範，勞苦可嘉。該督遇缺亦皆擢用。以上二員均係本府所知之人，特為諭知，以佐爾為國用人之心，特諭等因到本部院，承准此為照。該將屢著功勳，自應超擢，以酬勞績。除俟一面題補擢用外，合先知照。為此牌仰該將照牌事理，即便遵照，益加奮勵，以副委任，勿忽。

英即見貝子王曰：『此時正是將官出力報國之秋，若受此處副將，則有地方之責，不能前驅用命矣。』激切懇辭。貝子王准辭，行諭李總督暫停題本。數日後，接塞提督令牌知照，將英題補提標中軍

[一] 李之芳，山東武定人，順治四年進士，授金華府推官。十一年，以卓異內陞刑部主事；遷本部員外郎、郎中。十五年九月，授廣西道御史。十六年六月，疏劾兩廣總督李棲鳳以失守城池之革職道員郭光祖委署左江道、以徇私獲罪之革職推官季奕聲復原任，應察議。上命棲鳳回奏，自以不能詳察，引咎；下部議處如例。十七年，巡按山西。十八年，裁巡按；回原任。康熙二年八月，補湖廣道御史。五年，巡視浙江鹽政。七年，掌京畿道事；尋掌河南道事。十月，遷吏部右侍郎。十二年六月，授浙江總督。

參將。十一月，塞提督在寧波病故，杭州副都統石調聲陞授浙江提督。[一]時我師圍溫州日久，因環海疊河，人力難施，三月未下。英屢請別出奇兵，貝子王因有眾議必欲攻城，所以中止。但軍前糧草皆仰給于金華、處州，溫、處一路，山林僻險，各處皆有賊人埋伏，掘斷要路，糧道中阻焉。

[一] 石調聲，漢軍鑲黃旗人。初，任佐領。順治十一年，隨靖南將軍珠瑪喇征廣東，破李定國於珊洲。以功授雲騎尉。遷參領，駐防福建；尋調蘇州協領。康熙四年，撤蘇州駐防，回京；仍補參領。十年七月，授杭州副都統。十三年四月，耿精忠叛，時調聲同副都統沃申守江山縣，爲馬九玉所陷，退保衢州。十四年十一月，擢浙江提督。

行間紀遇卷之二

康熙十五年二月十七日，貝子王命英調集本營兵馬併撥各營炮火，前往搜剿斷路賊寇，擬於次早起行。忽至初更時候，賊首曾養性、馬成龍、張拱垣等率領賊衆五六萬人，分爲水陸五路，前後攻燒我營。李九思、李安林、陳化鵬并溫州鎮營盤俱被焚燒，官兵逃散。溫鎮陳總兵投見貝子王言賊火攻，聲勢甚猛。貝子王見處處營盤被燒，銃炮之聲，轟天動地，又聞陳總兵之言，意欲退兵。有老總管李一大海啓貝子王曰：『各處山路，賊俱放火焚燒。此去處州，一路皆是深林密菁，黑夜之中如何退兵？』王遂止。英見各處火起，急見貝子王，即謂英曰：『賊用火攻，爾有何策可以退敵，速思良計。』英曰：『各營盤俱是草房，又無濠溝城垣可守，賊用火攻，自無不破。但生地宜守，死地宜戰。須速令各營兵馬撤出營盤，踞險拒敵。賊見我兵不亂，昏夜之中，自不敢輕進，俟至天明方可破之。今南邊溫州鎮京口營營盤已燒將盡，正白旗沙木哈營盤若不撤出，此一營兵馬又不能保矣。』王曰：『爾有主意即行，不必請示，我付令箭一枝與汝，如正白旗營盤該撤，爾即撤之。應作何對敵，爾自相機而行。』英將沙夸蘭大滿〔州〕洲兵馬方爾撤出，賊衆已到，見是空營，遂攻上大羊山。英帶領官兵數百餘衆，當頭迎敵。有內務府夸蘭大趙和尚、邁圖領寧保、希柱等數百騎同英衝殺三次，賊用木馬攔擋，排鎗炮子如雨。頭一次衝殺，趙和尚之弟被炮傷身死，和尚嚎啕大哭。英曰：『令弟既死，縱哭豈能更生，今惟有用心殺賊，非哭弟時也。』趙和尚即同英二次再行衝殺，趙和尚又被炮傷。三次衝殺，沙木哈身中兩鎗。至二更時分，滿漢兵馬傷失甚多。英對都統曰：『賊今夜戰，既用木馬，又多鎗炮，即使衝開賊陣，黑夜亦難前進。以英愚見，滿〔州〕洲兵馬盡行撤上高山，只留馬兵二百騎，離我二百步之外爲援，此處英獨領官兵抵當。今賊衆出城過五里平地而登山，須發大兵五百騎埋伏於左邊山下，俟至天明，我衝開木馬，前後夾攻，包管賊人片甲不歸。不然，黑夜兵馬亂殺，精鋭傷盡，天明無人可以破賊矣。』吳都統曰：『爾就敢包管天明使賊片甲不歸？』不依英言，只催兵攻擊。時趙和尚負傷隨陣，以英議遣吳兵部啓明貝子王，遂傳令依英計，大兵俱退上大羊山，撥副都統穆黑林伯帶五百騎在左邊山下埋伏，又撥二百騎離英數百步外爲援。令英當頭抵住。吳都統怒曰：『汝數百人就敢躭領當住數萬賊衆？爾必要當得住纔好。』英曰：『有我身在，自必當住。』大兵撤退，英獨領本營官兵五百餘衆，在大羊山口用銃炮弓箭抵敵曾養性、馬成龍等兩路賊衆。貝子王見英兵寡，遣傳各營官兵前來幫助，各營盤被燒者，官兵俱已分散。未燒者，黑夜懼怯，莫敢至者。貝子王傳令一夜，並無一官一兵來援。殺至三更，千把總六員盡皆帶傷。兵丁不傷者，只五十餘人，亦俱退怯。英叱衆曰：『今夜生死，就在此處。況我背後即是貝子王營盤，何處可退？今我與汝約，汝等離我馬後二十步，隨我抵敵。如無重傷而逃者，天明查出，不但砍頭，必要碎屍萬段。』各兵捨命相隨。英身被四槍，幸未透鎧甲；坐馬亦傷四槍，未致命。延至天明，英單騎率領兵丁數十人，破開木馬，殺入賊陣，手斬賊官賊兵數十餘人。我兵齊進，埋伏兵馬並起夾攻，賊衆大敗，計斬殺數千，水中淹死者二萬餘衆。僞鎮將共死三百余員，曾養性脱走入城。英單騎追殺至近城，四顧並無我兵，英所乘馬忽被温州三角門大炮打斷後腿，下馬步行而回。敗賊落水復出者有千餘衆，正欲入城，迎面而來。英在急迫間，一賊帶盔無甲騎馬前來，英伺其馬到，一刀刺下，奪馬騎回。時貝子王收兵，查集滿漢官兵，不見英在，問於衆人。有隨英滿〔州〕洲馬兵答曰：『吳將官一夜單騎穿白甲，騎白馬，領兵當頭抵敵。至天明，見他又是穿青甲，騎青馬，帶兵破開木馬，衝入賊陣，此時不知在何處去矣？』貝子王正倉皇尋覓，英從城邊過將軍橋，緩勒歸營。衆人望見，即啓貝子王。隨遣侍衛催英速來。英飛騎到山邊，下馬趨謁。王當衆抱住，撫英背曰：『真好僕！真真好僕！』貝子王即回營，命英隨行至王營盤，不許下馬。攙英手平馬直至行營涼棚前下馬。王曰：『汝以一人之身獨當數萬賊之鎗炮，一夜殺至天明，不但我未曾見其人，就是古書上亦未聞其有。我所見好漢甚多，但有膽勇者，無汝之才能。汝此一段爲國赤心，在疏內書之不盡，須我回師之日，面奏皇上，纔得盡知其詳。我老身在，大大前程都有汝的。』王又問：『汝夜間迎敵，眾人見汝穿白甲，騎白馬。天明見汝又是青甲青馬，有之乎？』英答曰：『並無穿白甲騎白馬，[一]但萬千鎗炮不致將官傷命，皆賴皇上天威，殿下洪福。』貝子王曰：『此乃上天見汝赤心爲國，必是神靈庇護也。』

是日，查各處橋路，賊已盡行掘斷，沿途埋伏。至青田縣大洋地方，聞溫州大敗，賊方退回。[二]

十八日，貝子王同英觀看溫州城，問英曰：『城可攻否？』英曰：『城險炮多，曾養性尚在，賊兵尚眾，破之未易。依將官管見，計不在攻城，而城可得也。』貝子王曰：『爾有何計？』英曰：『今賊大敗，十死六七，所餘殘寇，逃走入城者，魂驚膽喪。曾養性只好收拾殘兵，同城內百姓固守城池，斷不敢出戰。瑞安縣馬成龍敗回之賊，有兵無將，有將無兵。諒必散逃觀望，不敢入城。明日可發兵三千，將官領先鋒，竟取瑞安縣，曾養性決不敢往救，我得了瑞安，即進兵取平陽，乘勝進取福寧

[一]　原文爲『並無穿白甲白馬』，『騎』字爲點校時所加。

[二]　關於此次戰役，時浙江總督李之芳在康熙十五年三月初九日所題《溫州大捷疏》中記道：『據溫州總兵官陳世凱等塘報到臣。該臣看得逆賊負固甌城，寧海將軍固山貝子傅喇塔統率滿、漢官兵晝夜環攻，臣復飭行鎮將令其相機鼓勇協力進取去後。今逆賊僞都督曾養性等被困窮蹙，乃於康熙十五年二月十七日夜傾發賊兵四萬有餘，分爲八路水陸齊犯溫州；總兵官陳世凱等、提標參將王英（即吳英）等同滿、漢、綠旗各營官兵分頭迎敵，活擒僞副將何賓等五百五十餘名，並陣斬僞副都督孫可德等，共計陣斬賊兵一萬有餘，落水淹死者不計，得獲盔甲、礮械等項甚多。此皆仰賴朝廷洪福齊天並大將軍和碩康親王指授方略、固山貝子躬親調度，得獲大捷。從此恢勦蕩平，自可計日。惟是官兵奮勇用命，功尤難泯。除將在事滿、漢、綠旗有功人員俱經臣分別給賞鼓勵外，所有綠旗官兵獲捷情形，相應密疏題報，伏乞皇上睿鑒施行。』見李之芳：《李文襄公奏疏與文移》，臺灣文獻叢刊第二八五種，第二一〇—二一一頁。

州。[一]此一路所倚重者，在曾養性一人。若聞我兵已入福建，曾養性不得不棄溫州，由船退守福寧，以固門戶，溫州城可不攻自而得也。』貝子王曰：『此議極是，明晨汝來會議。』越日，傳副都統吳申巴兔魯、季爾塔佈、穆黑林伯、段提督、陳總兵同英到貝子王營中。中書郭洪、兵部馬傳貝子王令，對都統、提督、總兵說：『吳將官所議進取瑞安、平陽、福寧一路，計策甚好。汝等共議發兵，作速舉行。』吳都統上啓貝子王，只要攻城。貝子王大怒。吳都統免冠跪啓數次，遂依其議，以待攻城，令各歸營，整備攻城器械。貝子王留英入內，言曰：『汝主意進兵甚好，吳都統決意必要攻城，如今且依他看如何。如城不破，是吳都統之罪。我們再作商量。』英曰：『此時趁破竹之勢，用力少而成功多。若錯過機會，頓兵堅城之下，糧草不接，師老力疲，反致後悔。進兵之策，尚要殿下主裁。』王曰：『汝且去，再作定奪。』吳都統隨令各營收拾漂橋、雲梯攻城。數日之內，見城池險固，炮火重疊，急切難攻，遂復中止。當有偵探人具報，說賊自兵敗之後，瑞安、平陽城池丟空，溫州四日並無人來往。貝子王當眾官之前遞報與英看，曰：『我不聽汝言，大事悞矣！』

日內承接李總督令牌獎勵：

為獎勵捷功事。照得該將統率官兵駐劄溫州營盤，進攻賊寇，所統官兵，備極勞勣，本部院深為軫悉。今逆賊計窮，敢於二月十七夜集眾狂逞。該將克展才勇，奮力爭先，所屬將士，俱能用命，逆賊敗潰，斬馘獻俘，大奏捷功。從此軍聲丕振，賊人喪膽。恢復城池，殲除巨寇，諒在指日。本部院接據報聞，殊為嘉悅。除候題敘並酌備銀兩，交溫州鎮查明有功將士、傷亡官兵，分別給賞，合行獎賞。為此牌仰該將照牌事理，即便遵照。並傳諭所領各有功官兵，一體知照，各加鼓

[一] 福寧州，在福建省東北部，與浙江省溫州府接壤。元至正二十三年（一二八六）分福州置州，治今福建霞浦。明洪武初降爲縣，成化中升爲直隸州，轄境相當今福建霞浦、寧德、福安、福鼎等縣市。

勵，再見功勛。官則優加錄敘，兵則重加賞拔，勉旃，毋忽。

越日，貝子王偶過英營，見官兵多帶重傷，痛呼慘切，呻吟不絕。貝子王令中書郭洪日帶梁醫官來營調治。一日，英出各口巡邏。英營內帶傷兵丁二百餘人裹瘡扶痛叩見貝子王，曰：『某等千人隨吳將官各處衝鋒破敵，三年以來，死傷過半。現在營中無傷者少，若再欲向前，衆兵安能出力？在提標還有四營官兵，懇乞大王勅諭提督，挑選精兵前來替換。』語畢齊聲痛哭。貝子王聞言傷心垂淚，撫慰衆兵歸營。隨傳英諭曰：『汝所帶之兵，因汝一人忠心爲國，處處衝鋒，衆兵勞苦死傷，甚是可憫。日接石提督具報，寧波山海不寧。今暫令汝假回，觀看形勢，與石提督商酌，相機剿平。另將中營精壯兵馬，收拾齊備，具報來知，聽我調用。凡汝所帶左營之兵，有重傷者，即發回營。』並付令諭一道：

寧海將軍固山貝子諭：照得該將才猷敏練，效力行間，奮勇衝敵，不避艱險，屢奏膚功。足見為國赤心，殫忠圖報。其所舊帶左營弁兵，隨征日久，勞苦可憫，本府深為洞悉。今據石提督啓稱吳參將、曾遊擊二員內，着一員回寧等情，本府准該將暫假回寧，料理中營事務，仍候本府提調。為此特諭。

英於四月初九日面辭，貝子王謂曰：『汝去速來。』隨親手賜煙，言曰：『我專望汝一人掃平賊寇，如食此煙，一片心熱騰騰也。』英曰：『英受皇上特用之恩，又蒙殿下視英如同手足，言聽計從，雖奔湯赴火，粉身碎骨，斷不敢辭也。』遂起身由金華府謁見康親王，[一]即到寧波整頓中營兵馬。

五月初十日，忽有賊船二百餘號直臨定關港口。石提督會同道、府議撥兵民守城。英曰：『賊船雖到，尚未登岸，先撥百姓守城，恐遠近人心徬徨。』石提督曰：『汝意如何？』英曰：『今先撥將官一

[一] 康親王，即和碩康親王傑書，禮烈親王代善孫。初，禮烈親王第八子祜塞封鎮國公，卒。第二子精濟襲，晉封多羅郡王，卒。順治六年十月，以祜塞第三子傑書襲多羅郡王。八年二月，加號曰『康』。十六年十二月，常阿岱既降爵，以傑書襲和碩親王，仍號『康』。康熙十三年六月，授奉命大將軍，討耿精忠。九月，師至浙江，駐金華。

員，帶馬步兵一千，沿江南行，迎至賊船處所，分防要口，踞守定關。其地至府有六十里，安設馬塘三處，如有聲息，時刻飛報。』英遂領馬步兵一千出城，在梅墟駐劄。賊有登岸侵犯者，英相機破之。但賊艅突至，必非無因。須令精細人役，各處查訪。次日，果有定海城守營百總吳得功首稱定海營守備方俊結賊，許作內應，欲獻定關。英曰：『此事不宜遲。但此時即收方俊，賊船相近，恐事露或生他變。今英裝作使人，連夜至定關，與水師提督計議擒之。』

五月十四日夜，單騎到定關見常提督，具說情由。提督曰：『我昨日見方俊營中插一異色旗號，心中亦疑之。』即欲遣傳方俊入城。英止曰：『方俊營盤附近賊船，彼既謀叛，昏夜之間，恐其驚疑生變。必須憲駕假意出城巡視，各官必來迎接，挾以入城，因而擒之可也。』常提督依言，方俊隨同入城，到衙門立即鎖拿。英星夜帶到寧波府。次早，石提督會道、府審問，自承授耿精忠總兵之職，欲獻定關，以取寧波。遂收其同謀者二人，其餘所供黨羽甚多。慮眾心疑懼，不復深求，止將方俊正法。時有英營把總柴芳自溫州奉貝子王令回寧波，稟稱近有密探稟報溫州僞帥曾養性現遣賊船二百餘號、賊二萬餘眾來寧波，聞有內應。溫鎮陳總兵回貝子王曰：『據密報，賊船往寧，浙東沿海各鎮營官兵多在軍前，恐寧波提標兵單，必須發兵救援。』貝子王曰：『吳將官已回寧波，何用援兵？早晚必有捷音報到。』隨遣把總回寧傳貝子王面諭，言浙東沿海各府俱是王之責任，近聞賊兵窺伺寧波，如有侵犯地方，令英率兵作速剿滅具報。應援官兵用與不用，亦速速具報。英將方俊謀叛已經擒拿正法，啓覆貝子王。

當日，賊眾船隻見事已敗露，遂全艅南回，攻破象山縣。石提督令英帶領官兵一千先往寧海縣黃墩地方駐防。英遣人假扮鄉民，踰越山嶺，從象山各處踹探賊人劄守處所併險要隘口，繪圖具報，請石提督統兵恢復。石提督隨領遊擊侯奇、張靖等至，賊駕小船數十隻在缸窰溪竄迎敵。石提督令英率領各營官兵攻擊。英查看要害，先分兵佈伏，另撥官兵數百赴海誘敵，詐敗奔回。賊盡眾追趕，埋伏官兵前後夾攻，陣斬賊眾併跳水死者千餘人，餘賊下船逃遁。各官兵奉令俱隨英劄營黃墩。次日，英告石提督曰：『此去二十里，乃石門嶺，現有賊人築起土牆，踞守嶺頂，大路盡行掘斷，賊眾數千在嶺下依船劄營。英今夜請領官兵二千，英自領一千，從兩邊山路分兵而上，約天明齊到嶺頭。再撥兵六百名，交將官侯奇埋伏在兩邊山樹林之內。又撥兵四百名，交將官張靖假由大路進攻。賊如大夥全來，即傳炮爲號，憲臺督兵前進，英亦撤兵退回。賊追下山必過我埋伏之處，英由兩邊衝擊，伏兵齊起，憲臺催兵接應，前後夾攻，敗之必矣。如無迎敵之賊，英領官兵徑到嶺頭，齊攻賊堡，破之易耳。奪得此嶺，英即令各山傳烽，遣人飛報，憲營官兵可不移動。石門嶺乃象山縣最險之門戶，此嶺若得，象山〔垂〕唾手可復矣。』石提督曰：『我起行時，提督常公來送，言當年賊圍象縣，亦踞石門，官兵屢攻不克，後困守月餘，賊以無糧自退，再三言萬勿輕視此嶺。若欲進攻，必先通知常公遣船出海，以分賊勢。』英曰：『兵機頃刻變遷，事勢時時不同。今值南風盛發，定關之船逆風戧駛，何時得到？況賊船多於我船，日前到定關口，我水師船隻尚爾逡巡，今欲出大海以分賊勢，恐非易事。英請今夜進兵，如悞甘罪。』石提督隨依英言。於六月十一夜起發，至十二日東方微明，英率領官兵從兩邊山直上，開炮夾攻，賊人盡丟盔棄甲，逃歸山下，死於銃炮者甚多。我師佔踞石門，放起煙墩烽火。本日進兵下山攻擊賊營，賊棄營登舟。英率領官兵沿海追殺，投水死者不可計數。賊開船遁外洋而去。十三日，恢復象山縣，將城池交與象山副將汪國祥防守。十六日，班師。十七日，至奉化縣上田坂地方。石提督曰：『適接水師常提督來文，言大嵐山寇有三千餘眾，甚是狂逞。常提督發兵進山撲剿，失一把總，併傷死官兵。今移文知會，速發官兵會剿。爾可帶領馬步兵丁一千，進山滅除此賊。』英隨喚近山熟識鄉民，問明賊人窠穴。次日，進兵大嵐，見賊人盤踞高山，英將馬步兵分爲兩路而上。賊人不敢迎敵，四散奔逃。我師駐劄山巔，搜斬數百人，餘皆逃散。隨領官兵回寧，正在整頓中營兵馬，以待貝子王調用。

七月間，英營把總張勝帶領溫州陣傷各兵回寧。據稱溫城堅固難拔，青田各處糧道被賊截斷，官兵芻米不繼。貝子王無奈，傳令滿漢官兵退回處州，每日由大山開路，只有十里五里之遙，運回二十位大炮。貝子王步行親督，甚是勞苦。因對各官歎曰：『我因不聽吳將官之言，悮却大事，方有今日之苦。』行二十餘日，方到處州府。

七月初五日，李總督咨移石提督稱處州城守副將熊兆乾久病。貝子王令其告辭，啓請康親王行諭總督將英題補處州副將。寧波百姓聞知，通城罷市，會同營兵齊赴提督轅門，泣懇題留。石提督見兵民懇切，遂繕疏上聞：

浙江提督臣石調聲謹題為籲留才將保守海疆事。

竊照臣標中軍參將吳英係福建人，在浙江提標效勞年久。前任提督臣塞白理因提標駐劄沿海，需用熟練海疆之將。確見吳英熟悉浙江沿海情形，又且才勇倍人，故先特題本標左營遊擊，屢著捷功。後又題陞本標中軍參將，當即隨同大兵征剿台、溫二載，軍功悉經題報在案。舊冬臣初履任之時，沿海機宜實未經歷，久聞中軍吳英諳練之名，臣特啓親王貝子，請將左營遊擊曾承調換軍前，吳英回寧料理中軍營務。今夏忽值海賊登犯，山寇蜂起。半載之間，恢復象山，堵剿賊艅，巡防海汛，實賴中軍參將吳英相與參商。臣得指麾如意，東西調遣，四路應援。吳英熟諳沿海地理，如手足之應心腹，輕車就熟，所往有功。故吳英之在邊疆，非僅臣標之指臂，實沿海之耳目，地方兵民素所倚賴者也。今于七月初五日，忽接總督臣李之芳移咨，內開照得處協副將熊兆乾已經患病乞休，現在查驗具題，所遺員缺，貴標中軍參將吳英功績懋著，堪以補授。除經啓覆題補併檄委該參將赴處受事外，相應咨達。為此合咨，煩為查照，希即委員交代，速令赴處任事等因到臣。而沿海兵民聞知吳英陞去，營伍投戈歎息，郡城罷市哀呈，相率詣臣衙門泣籲請留。臣思吳英不過一營將耳，何以兵民一心激切懇留，若吳英之一日不可離沿海，而沿海之不可一日無吳英者。止因近聞耿逆被鄭逆所困，恐鄭逆得志，其力更倍于耿，方將為禍沿海。故兵民之情急切慮，人心徨惑也。但寧波、處州俱係臣轄，緩急安危，皆臣之責，用人豈分彼此？但吳英實歷練海疆，是其所長，因人器使，實不用違其才。處州山城陸汛，陸師能將不乏可補之員。若吳英一離沿海，臣遍擇屬將，並無熟練海疆之員可代吳英者。況今日沿海何等時勢，中軍為各營首領，一旦輕易，苟不熟練，救東而不識地理，援西而不識情形，標下無腹心臂使之將。當茲水陸交訌之際，臣雖肝膽塗地，何能分身四應，一面剿山，一面堵海，保此危疆乎？亟籲皇上俯念沿海危疆，非同內地，現際緊急，不比平時。若因吳英功績懋著，所以題陞，即准吳英以副將新銜仍管臣標中軍參將事務，後日遇缺擢用，即算副將陞轉，不必再轉副將之缺。仰祈皇上俯允臣請，權宜緩急，為地用人。不特海疆要地可保無虞，臣與吳英共矢隕軀，上報皇恩於萬一耳。

貝子王聞知題留，遂遣正白旗章京到寧波諭飭石提督，併催英帶領提標官兵一千同赴處州蒞任。英即束裝起行，於八月廿三日到處州。王已進兵攻開石塘。英星夜奔赴石塘，參見貝子王，請領先鋒，恢復福建。王曰：『石塘雖然克破，曾養性還踞溫州，處屬各縣，賊佔尚多。況留存此處滿〔州〕洲官兵，俱是扶傷帶病者，令總統木諾弘帶領在此調養，我正俟汝到，將地方交過與汝，我前去纔得放心。』英啓貝子王曰：『福建乃英生長之鄉，輕車熟路，正可盡心竭力，以報國恩。處州乃總兵陳世凱所轄，令他鎮守，自保無虞。』王曰：『陳總兵心忠膽勇不亞於汝，但謀略不如汝。我意已定，汝勿違也。』因解其佩刀曰：『此刀吾所佩，今以與汝，用心殺賊。』

次日，貝子王發兵，由處州龍泉縣進福建，從建寧府松溪縣。[一]康親王破衢州之大溪灘，僞帥馬九玉由江西象玉山遁回，守仙霞之賊獻關投降，康親王進關入閩。耿精忠知兩路大兵已到，計窮力蹙，束手自歸。乘勢克復興化、泉、漳，[二]鄭經遁歸廈門。

[一] 此處文字似有脱漏。建寧府松溪縣，在福建省北部，與浙江省處州府接壤。

[二] 興化，即興化府，在福建省中部沿海，下轄莆田、仙遊兩縣，今改爲莆田市；泉，即泉州府；漳，即漳州府。

行間紀遇卷之三

康熙十五年八月，英回守處州，景寧等縣尙被賊踞。英親領官兵，各處剿平。貝子王見耿精忠已經納款，遂遣溫鎭陳總兵、溫處道姚啓聖同回處州。[一]時曾養性請官兵到溫交代城池，陳鎭、姚道同往溫州。是時松陽、遂昌二縣尙有強寇八千餘衆，踞守山窠，擾我地方。李總督發江南、京口、松江併督標各營官兵三千餘衆，令英遣撥剿捕。英以賊衆踞在萬山險要，流突無定，非英親往相機剿除，恐不能掃盡根株，遂於九月十八日親領官兵，直至松陽縣，偵知賊首馮公輔帶賊三千餘衆，札燈火山，離縣一百餘里。隨將賊人出入路逕，撥官兵堵守，遣人入山招撫。馮公輔進退無路，率衆出山投降。尙有賊首林惟仁、黃大相、王七等共領賊衆四五千，在遂昌縣黃避地方，蜂屯蟻聚。其地在萬山之中。屢經將軍、督、撫各衙門招撫，敢於抗拒，殺我差官。英到遂昌，遣人往招，亦遇害。英見勢難用撫，隨遣人密探，賊窠只有一條山路，一邊懸巖峭壁，一邊萬丈深坑，約有二十里許，轉〔灣〕彎通路，俱用獨木爲橋。四面山嶺重重，樹林叢雜，兼值隆冬，霜雪淋漓之候，無計可施。時將官馬伏秀、雷一霆等隨英，俱言此山中順治年間賊首羅姓者，屯踞數載，經三省官軍會剿，屢次失利，不能撲滅。後數次加恩招撫，方得歸順。今乃隆冬天氣，山高危險，匹馬難行，縱使我兵扳籐附葛而進，追至東山，賊又遁去西嶺。空費兵力，難以成功。不如堵守要口，一面遣官招撫，如馮公輔事宜，策之上也。英曰：『聞昔

[一]　姚啓聖，浙江會稽人；順治十六年，附族人籍隸鑲紅旗漢軍。由康熙二年舉人，授廣東香山知縣。八年，以擅開海禁，罷任。十三年，耿精忠據福建叛，遣衆陷浙江溫州府城及台、處二府屬縣，康熙皇帝命康親王傑書統帥進討；啓聖捐資募兵赴軍前效力，委署諸暨縣，同守備黃河清勦平紫瑯山土賊。十四年正月，康親王疏陳啓聖勞績，得旨授浙江溫處道；十五年十月，康親王進征福建，耿精忠降；尋以啓聖爲福建布政使，後擢福建總督。

年羅姓之賊竊踞多年，在於三省連界之山，山中路逕熟識，各處俱有接濟之人，賊眾齊心，故難剿捕。今此輩乃耿逆烏合之眾，流散山中，上無窠穴，下無接濟。以我有糧之兵，追彼無糧之賊，若不乘時剿滅，必致擾害地方。日前馮公輔在燈火山，只有一二要路，易於堵斷，所以一招而就撫也。黃避乃昔日羅姓之舊窠，連接萬重大山，非公輔之比。我觀此賊，剿則易滅，撫則難成。爲將之道，在於審度時勢而已。』

英遂用土人爲嚮導，踹探賊窠背後有一山，皆是茅草斜坡，高四五里。又離賊窠三十里鄭蕙地方，乃通福建之總路口。英即令浙江湖州守備李和、王傑等帶大兵一千，限本月十四日在鄭蕙地方，〔掩〕偃旗息鼓，埋伏以待。又令挑選精兵五百名，由深林中爬上賊之後山，伏在草間。英領官兵，從正路而進。到山口，三聲炮響，山後官兵一齊滾草而下，只擒數十人，餘盡空營。查問其由，皆云：『賊首林惟仁知官兵來剿，今日天明盡行起營逃遁，由鄭蕙一路而去，每人只帶糧米三升。我等是欲投降，故在此處。』英對各官曰：『我兵不必急追，前已令守備李和等領兵在鄭蕙地方埋伏，賊必死在伏兵之手。』所擒之賊遣送遂昌縣安插。英督兵前進，纔行數里，即遇守備李和等遣人來報云：官兵未到，賊已先過鄭蕙而去。英叱責曰：『汝官兵離鄭蕙不上二百里之遙，五日前，已令十四日寅時到彼埋伏，午時殺賊。我領眾官兵受盡艱難，欲盡根株，今致賊逃遁，此乃諸守備遲悞軍機也。』英即欲揭報題參，因各官懇求乃止，隨將官兵依舊撤回五柱溪。英思賊每人帶糧米三升，不過三日之糧，在萬山之中，又無人家接濟，豈肯坐斃山中！查賊所進之路，西面乃金華、衢州，北面是我追兵，南面通福建建寧府之大山，東面即龍泉縣地方。料此賊三日內必出龍泉縣天師山取糧，遂星夜檄龍泉縣把總高尚領本處防兵四十名，併知會知縣撥鄉兵一百名，限十六日卯時齊到天師山下樹林中埋伏。如有賊眾從高山而下，該把總即令兵民在樹林中出入，放炮搖旗，虛張聲勢，賊自不敢下山。如違悞時刻，定以軍法從事。十七日，據報十六日果有賊眾二三千從天師山下來，見樹林內外放炮搖旗，賊人不敢下山，至晚而退。隨踹探得賊眾屯劄福建楊梅灘地方。英細算山徑曲折，計路程遠近，即具報李總督，定于十二月二十三日卯辰二時，在楊梅灘破賊。幕客同處協書辦告曰：『時乃寒冬，霜雪深厚，萬山峻險之中，只可報進兵日期而已，破賊日子尚不可定，豈可定於時辰？』再三不敢下筆。英曰：『我言既出，自有天意，但以我言具報。』英隨將各標官兵分佈各山口埋伏訖，細觀山圖形勢、賊營處所，對各將官曰：『今日欲進山破賊，有一地方，須得能將一員領兵埋伏彼處，大功可成矣。』時有京口守備劉學文答曰：『是何地方可以埋伏成功？卑職願往。』英曰：『凡埋伏破敵，必須智略膽勇俱全，方能成功。今該備既已願往，甚爲可嘉。但到埋伏之處，務要調度有方，官兵安頓得所，再不可似李和等怠玩悞事，致各路官兵空費心力。罪責匪輕。』劉學文答曰：『卑職不比李守備等輩，如果有賊到，卑職必要成功。如賊不向埋伏處來，與卑職無干。』英曰：『我指定汝埋伏之所，如賊眾不由此處而來，即是我調度無方，我自當其罪。若經此處，再不可悞事！』劉學文曰：『見賊致悞，願軍法從事。』隨令該備帶領京口、松江官兵一千，併付囊中密計，命至龍泉縣七都地方開〔折〕拆，依計而行。

次日，英督領官兵，扳籐附葛，冒雪爬山。至二十二日晚，到西坑，與福建隔界。英問諸將曰：『官兵曾否到齊，還有幾日之糧？』答曰：『官兵三停纔到兩停，糧米只支一日。』英曰：『今我官兵追賊至此，相隔一山，離賊營五十餘里，糧草只支一日。四面萬山稠疊，斷絕人煙。今夜必須齊心努力，過此山，則功可成。不然，凍不死，餓亦是死。』諸將曰：『各官兵自入此山，見憲臺步行履險，不避霜雪，官兵不敢不盡力跟隨。只緣山路崎嶇，霜深雪厚，日間行走，尚且踢傷。今黑夜欲過此山，盡是深林石壁，並無路逕，如何可進？』英曰：『依我主意，將一日之糧，盡炊作飯，眾兵一飽，所餘冷飯，隨帶在身。今夜令嚮導在前引路，我官兵盡皆銜枚，以繩索纏腰牽連，魚貫而上。乘此黑夜過山，賊自不疑。天明出其不意，殺入賊營，賊可破矣。』眾官兵依令纏繩連貫而上，約行未及更次，天時昏黑，正遇石壁巉巖，繩斷兵散。諸將曰：『萬不能行。』英再四籌畫，傳令各官兵齊割山草，三人要一火把，一人舉，兩人割草接應。眾兵齊用腰刀撥雪割草，點起火把。雖濕草無焰，終得其光。至五更時候，方到嶺頭取齊。英帶領官兵星飛下山，至天明齊到楊梅灘，恰是卯刻。因看賊營後山有一條山溝小逕可通賊營者，計有一里之遙。山下大溪中，流賊在兩邊平灘結營。英因天明，恐有賊哨探知，隨遣將官馬伏秀帶官兵二百名，埋伏山溝草內，如賊出口，任其前來，不可被其逃回報信。俟我官兵上山取齊，聽三聲號炮，該將即由山口衝出，我由山上直下，擊殺溪西之賊，各營官兵則殺過溪東。如有一人不用命者，立即斬首。馬伏秀到溝埋伏，天已大明，正是卯辰之交。時有數賊出口哨巡，因馬將官未經傳遍，各兵見有賊來，亂箭而射。賊死者死，傷者傷。未傷者逃回，大聲高叫，賊眾齊發喊聲，山川震動。英見機洩，歎曰：『謀事在人，成事在天。此賊之不盡死于鋒鏑之下者，天也。』隨令馬伏秀、雷一霳等領兵從山口殺出。英即登山發號炮三聲，督領先上山之官兵，攻進賊營，斬殺數百餘眾。餘盡丟盔棄械，逃遁溪東。英乘勝催兵殺過溪東。賊人列陣對壘，且戰且退，由前山口而去。英問嚮導：『前面山口是何地方？』答曰：『名牛鼻頭。』英傳令窮寇緩追，況前面已有劉學文埋伏之兵，靜聽捷音可也。不料，賊人將到彼處，被劉學文官兵開炮攻擊。賊見進退無路，隨從兩邊高山而上。劉學文奔回伏地請罪。英曰：『汝請命埋伏，如賊不由牛鼻頭而來，是我主兵者調度無方。今既由此處而來，汝不能殺賊報功，致賊逃走，根株不能除盡。前日曾當眾將之前，願以軍法從事。今日還有何言？』劉學文曰：『某遵令遍傳各兵，俟賊過半，方許攻殺。豈知眾兵見賊多兵寡，遂開炮攻擊，此乃炮手之罪。』英曰：『為將之道，有一事必須三申五令。兵不聽令，是兵之罪。如無三申五令，致悞軍機，還是將之罪。況在深山險要埋伏，豈在乎兵多兵寡！如本府所領官兵，除分開埋伏外，戰兵只有千餘，賊眾五六千，自松陽、遂昌一路追殺至此，豈用多兵乎？』將劉學文鎖拿，以候揭參。因各將備再三懇切哀求，姑從寬釋。英見賊人逃散（蒲）滿山，隨將陣擒之賊盡行釋放，付以傳單，令其遍山報知賊眾，准開浦城一路，不許官兵攔阻，聽其投降。賊首林惟仁、黃大相等領賊二千餘眾，赴衢州李總督軍前歸命，霜雪凍死者甚多。自此處州之賊悉平。李總督將英〔段〕斷定時日，剿平賊眾具疏題明。[一]時石提督題留之疏，已奉旨依准矣。

康熙十六年五月間，新任處州孔副將已到，英交代明白，即回寧波，仍管提標中營事。時接閩報，有總督部院郎廷相會同提督〔報〕段應舉題疏，[二]以英題授福州城守副將：

為請補要地營將事。

[一]　關於楊梅灘戰役，時浙江總督李之芳在康熙十六年二月初七日所題《處屬柱溪周公源口楊梅灘捷功疏》中記道：『據署處協副將事提標參將王英（即吳英）塘報到臣。該臣看得柱溪周公源口及黃皮山、楊梅灘等處地聯浙、閩，並通衢、處屬縣，內皆萬山險峻，人跡罕到，……茲閩逆林惟仁等原係僞驍騎將軍馬九玉營內分出屯踞處屬之賊首，自石塘敗潰之後，統率賊眾盤踞此地，恃險負固；此剿彼遁，流毒於遂昌、松陽、龍泉等縣。若非官兵鼓勇深入、各路會師，則根株終難盡絕；蔓延日久，終成大患。臣隨密飭署處協副將事提標參將王英（即吳英）等、臣標守備李和等並調發援浙江南京口等營各路官兵，訂期會合，剿撫兼施；當有僞參將朱伯珍等帶領僞遊擊、都、守、千、把、大夥僞兵首先投順。而賊首林惟仁等尙擁眾於周公源口及黃皮山、楊梅灘等處，抗不歸命；臣復密飭該將王英（即吳英）等並各路官兵，毋以嚴寒雨雪、山谷崎嶇，有憚勞苦，務宜速爲剿撫，早定地方，庶可一勞永逸在案。各官兵皆能奮力踰險，四路深入，直搗賊巢，斬獲甚多；逆賊勢不能支，僞參將王國昇同僞遊擊、千總等員跪路乞降，林惟仁同僞副、參、遊擊、都司、守備、千、把、大夥僞兵奔赴守備李和等營盤歸順：當據解報前來。除一面分別入伍、歸農、安插外，自此最險老巢，掃蕩無遺；處屬地方，剿撫已盡。是役也，時值隆冬，雨雪交加；官兵越險深入，備極勞苦。此番奮勇用命，功尤難泯；經臣量行給賞鼓勵。所有剿撫獲捷、賊黨淨盡情形，相應題報。至在事有功人員，遵例造冊送部。臣謹密題，伏乞皇上睿鑒施行。』見李之芳：《李文襄公奏疏與文移》，臺灣文獻叢刊第二八五種，第三〇三—三〇四頁。

[二]　郎廷相，漢軍鑲黃旗人。父熙載，廷相，其三子。由監生，授欽天監筆帖式。順治十一年，遷宗人府副理事官。十二年，補佐領。十三年閏五月，遷刑部理事官。十一月，擢河南左布政使。康熙二年，調四川左布政使。八年，命爲河南巡撫。十一年，丁母憂，回旗守制。十四年，服闋，授江西巡撫。尋定遠大將軍安親王嶽樂軍前奏，以江西布政使佟國正授巡撫；上諭廷相候補。是時，耿精忠據福建反，廷相兄廷佐奉命總督福建，道梗駐浙江金華，隨康親王傑書督理軍務；十五年六月，卒於軍，即擢用廷相爲福建總督。

奉大將軍和碩康親王諭內開，照得福州城守一官，乃係要員所有。浙江提標參將吳英屢著戰功，實係好僕。該督應將此員題補可也等因。敬奉此，臣因吳英係隔省之官，不知其履歷，不敢擅題，隨又啓請。續奉大將軍和碩康親王諭開，據該督啓稱吳英乃隔省之官，不知履歷，不敢越俎具題等語。照得本親王同鎮平將軍參贊大臣公看得吳英係浙江提標中營中軍參將，出征溫、台三年以來，衝鋒破敵，功績昭著，實係好僕。該督即以本親王公議，令其具題補授可也等因。敬奉此，該臣看得福州城守〔及〕乃省會重地，城守副將必須才能之人。先經臣題請將趙得壽調補，未奉俞允。今奉康親王諭開浙江提標中營中軍參將吳英出征溫、台三年以來，衝鋒破敵，功績昭著，實係好僕。與鎮平將軍參贊大臣公議，令臣題補。查吳英現任浙江提標中營中軍參將，歷著戰功。經親王及將軍參贊大臣等知其好僕，若補授福州城守副將員缺，誠為得人矣。

部覆以隔省越俎，不准。

康熙十七年五月間，因福建海寇竊踞金門、廈門等島，沿海騷擾，奉旨命石提督統提標官兵三千，赴閩援剿。提督率領英等官兵由水路入閩。六月內，先到福州謁見。康親王謂曰：『海澄縣本月十一日已被海寇所陷，[一]今聞賊又將犯泉州。提督可率領官兵前往泉州府應援。』石提督啓康親王曰：『各官步兵從船而來，馬兵千餘併各官騎馬，俱由陸路，未到。今奉命南下援剿，必候馬到，方可前行。』王曰：『既官兵馬匹未到，可緩緩步行，到泉等候。』併令副都統季爾塔佈領馬兵數十騎同往。于六月廿四日在省起身，各將備乘簥。至廿九日到惠安縣，[二]英騾得病。七月初一日，官兵到上田地方，偵

[一]　海澄縣，在福建省南部沿海，廈門島以南，清代屬漳州府轄。

[二]　惠安縣，在福建省中部沿海，與興化府仙遊縣接壤，清代屬泉州府轄。

知劉國軒領賊二萬餘圍困泉州。[一]又有水陸賊寇，堵踞洛陽，[二]將橋燒斷，不能前進。提督即令官兵劄住惠安縣。初二日，賊眾數千至惠安縣南門外劄營。提督會同季都統傳問各將曰：『我官兵欲到泉州，今城已被劉國軒圍困，水陸賊寇，斷橋踞守，我師無路可進。現今賊犯惠安，我官兵無馬可戰，如之奈何？』英曰：『我兵既不能前進，必須踞守惠邑，以待馬匹。一面啓請康親王，請兵應援。』提督同都統即傳惠安知縣，問縣倉糧米現有若干？知縣答曰：『惠安縣乃大道之衝，因耿精忠叛亂，（搔）騷擾一空。又加海寇旦夕往來，屢被蹂躪。數年來，百姓奔逃四散，城中並無存貯。倉內糧米，只可供給官兵一日。』時提督各材官馬兵領旗併各營頭目齊見提督，訴曰：『各營馬步兵，由省起身，正當暑熱，一路無馬步行，眾兵染病腳痛者，不止一半。若令征戰，恐難出力。』提督即傳諸將問曰：『汝眾將有何商議？』英曰：『今日賊到城外下營，細看不過四五千人，又無河溝短牆。卑職已同季都統躧有西山，可以埋伏。今將提標挑選精兵一千，分爲兩股，卑職領五百，曾將官領五百，伏在西山，俟四更時，分作兩股，衝入賊營，賊可破也。』石提督曰：『如賊有備，不能取勝，欲如之何？』英曰：『若不勝，將官不過盡一死戰，以報國恩。』石提督曰：『該將所言固是，但賊眾我寡，動須萬全。況今日欲進無路，欲戰無馬，欲守無糧，兵多帶病。我欲將官兵暫撤回興化就糧，俟馬到日，然後進兵破敵，方爲萬全。我意如此，爾等不得有違。』英曰：『衝鋒殺賊，將官自當用命。如欲撤兵，在憲臺自作定奪。但未戰先棄縣城，退兵之罪，誰任其責？』提督曰：『我主兵之帥，事當相度而行。使致官兵於死

[一] 劉國軒，福建汀州人，初在漳州任清軍千總，南明永曆八年（一六五四）歸鄭成功，升爲大將。鄭經嗣位之後，掌臺灣軍事，後乘三藩之亂的機會，率兵進攻潮州、漳州等地。康熙二十二年在澎湖與施琅所率清軍作戰失敗，從鄭克塽降清。後爲清天津總兵。

[二] 洛陽，地名，在惠安縣西部洛陽江邊。旁有洛陽橋，亦稱萬安橋，建于宋皇祐五年到嘉祐四年（一〇五三—一〇五九），長約一千二百米，爲福建沿海南北間交通要道。

地而有益於國家，則死之何妨；若令二千兵死於無用之處，豈不可惜？撤兵之罪，我一人任之。』隨令官兵同城守知縣俱撤退興化府，併將撤兵情形，具報康親王。

七月下旬，提標馬匹俱到，遂啓請康親王進兵。王令巡撫吳興祚、[一]松江提督楊捷、[二]福寧總兵黃大來於八月初旬到興化府會齊。聞劉國軒賊眾數萬攻圍泉郡，吳巡撫同楊、石二提督傳各路將官問曰：『今泉州圍急，賊眾我寡，諸將有何妙策，可以退敵？』英曰：『賊眾雖多，我兵用之得法，可使賊不戰而自走也。』巡撫曰：『劉國軒在海上亦算得一能將，豈可輕視？』英曰：『劉國軒若算得一位個，[三]必更走的快。倘若走遲，賊眾不得生還矣。』巡撫辭諸將出，請二提督同英入幕內，問曰：『貴將所言能使賊眾自走，有何良策？』英將興化地圖通泉州大小路逕，逐一指明，巡撫同二提督看畢，問

[一]　吳興祚，漢軍正紅旗人。順治七年，以貢生授江西萍鄉知縣；再任山西大寧知縣。十八年，遷沂州知州。尋以驛務遲誤，降調。康熙二年，補江南無錫縣知縣。十三年八月，遷行人司行人；仍留任。十四年四月，漕運總督帥顏保列疏保題。十五年，升福建按察使。十七年正月，擢福建巡撫。

[二]　楊捷，先世家揚州；以軍籍，爲義州人。初爲明裨將，順治元年，率眾降清，授山西撫標中軍遊擊。二年，岢嵐州土賊高九英等聚眾剽掠；捷奉巡撫馬國柱檄，擒斬賊眾，毀其巢。國柱既任山西總督，請以捷爲中軍參將；尋擢副將。四年，大兵既定廣東，詔捷率宣化、大同兵三千移鎮。五年二月，次池州，値江西總兵金聲桓、廣東總兵李成棟相繼叛，征南大將軍譚泰請以捷駐防九江，會勦聲桓；上允所請，授捷爲九江總兵官。旋率兵復都昌，獲僞官余應柱等斬之。江西平，敘功，予雲騎尉世職。十年，隨靖南將軍喀喀穆勦滅廣東叛鎮郝尚久，復潮州。十一年，改陝西興安總兵官，經略洪承疇疏留原鎮。是年冬，加右都督銜，充福建隨征右路總兵官。十二年，敘復潮州功，晉左都督。十六年，擢江南提督。會鄭成功突陷鎮江、窺江寧，特加捷太子太保，充江南隨征左路總兵官，統江西將校及兵三千防勦。十七年，奉旨駐揚州，防江北要汛。十八年，署盧鳳提督。尋調山東提督，駐青州。康熙四年，並山東總督於直隸，移提督駐濟南；十二年，調江南提督。十五年，鄭経犯乍浦，捷遣參將白可受等往勦，獲其船，俘斬無算。十七年，鄭経犯漳州，陷海澄。以捷謀勇兼優、成效素著，調福建提督兼轄水陸，特晉少保兼太子太保。

[三]　『劉國軒若算得一位個』以下文字似有脫漏。

英曰：『如何進兵？』英曰：『劉國軒烏合之眾，攻圍泉州，意在搶掠，不在得城。今屢攻不破，此時欲去不捨，欲攻不克，正在猶豫之間。我兵若由惠安大道，賊今斷橋，以阻我師，如何得進？以英愚見，將兵馬分爲二路，一進仙遊白鴿嶺，出永春縣，到南安縣會齊。一進仙遊廣橋，出河市，會合南安。另撥一路官兵，進惠安大路，攻洛陽橋，虛張聲勢。賊見我兵分道而進，各處山中守口之賊必求援於劉國軒。海賊根本倚重在船，豈肯離船分兵遠入深山應援？彼攻城不克，救援無術，必自遁走。稍若遲疑，我三路援兵齊至，會合泉州城中滿漢官兵，四面夾攻，賊必全軍俱殲矣。』巡撫與二提督言曰：『吳將官有此妙策，何用多兵？』隨定次日進兵。初議楊提督同福寧鎮黃總兵出廣橋，進河市；吳巡撫同石提督進白鴿嶺，出永春。又令耿逆降將領馬步兵，自惠安虛攻洛陽，一面具文報明康親王。

英於八月十九日領先鋒，率領提標官兵由仙游進發。本日住劄白水。康親王接報，即星夜差纛章京禪佈帶領大兵數百前來總統。二十日，調英回興再議。時派楊、石二提督、黃總兵與禪總統作一路，令英領先鋒，由惠安大路而進。吳巡撫進白鴿嶺。二十五日，我師至洛陽橋，守泉將軍楊鳳翔遣人從山路來報，劉國軒聞我救兵分路而來，賊眾已於二十三日解圍，連夜盡營逃遁。今只有賊船數十隻，踞斷洛陽橋，守陳三壩。其永春山內各處，還有餘賊。禪總統令官兵攻打洛陽橋，時橋已燒斷，賊依船踞敵，我師不得進。禪總統謂英曰：『我起身時，親王面諭，凡有要緊處，須和汝商量。今橋已斷，兵不能進，汝有何策？』英曰：『賊斷橋依船拒守，我兵終不能進，必須分兵取上〔流〕游陳三壩。此處水淺可渡，賊之木城可破。陳三壩若得，洛陽之賊自走也。』禪總統遂令英領兵星夜前去。於八月二十六日辰時，攻破陳三壩，斬賊六百餘，餘悉逃散，即將木城焚燬。守橋之賊見陳三壩木城被焚，賊逃遁上船而去。大兵隨即搭橋，齊進泉州。[一]其永春縣山中各處之賊，有安溪縣翰林院侍讀學士李光地率領親族鄉兵同吳巡撫盡已剿平。

時福建布政使姚啓聖陞授福建總督，視師漳州府，到任後即具疏題授英爲督標中軍副將。十月間，英到漳州抵任。姚總督同吳巡撫對英言曰：『今海寇猖獗，佔踞金、廈爲巢穴。海澄、石碼至觀音山灣腰樹一帶，[二]依船靠海爲營，我滿漢官兵屢攻未勝。又江東橋被賊燒斷，[三]果堂歐溪頭一帶，俱是賊人佔踞，船隻竟泊至長泰縣郭坑地方。[四]我官兵往來須由長泰山中行走，運糧甚艱。該協有何良策？』英曰：『觀音山賊人依山靠海，深溝高壘，一時未可急攻；江東橋乃運糧要道，兵民往來必由之所，攻取宜先。』總督曰：『橋已被斷，沿江俱是賊船，水陸防守。今縱能擊退其陸，亦不能攻退其水。縱使水陸俱退，江寬橋斷，亦難飛渡。』英曰：『此不難也。今約江面寬有若干，可令長泰縣上〔流〕游預取溪船數十隻，製就浮橋木板，每船裝載橋板三堵，各堵橋板俱釘鐵環，可以鈎搭。仍備大鐵鍊二條，

[一] 關於清軍奪洛陽橋，解泉州圍一戰，江日昇《臺灣外記》記道：『吳興祚在興化，見大兵咸集，自率一旅，同驛傳道王國泰、隨征總兵李懋珠、余明傑，副將武灝，柯俊、羅萬里等從仙遊白鴿寨出永春，黃大來率一旅從仙遊廣橋、何市出南安，禪布、楊捷、石調聲、吉爾他布等滿漢騎步由楓亭大路，進兵惠安。興祚又啓摺，令水師總兵林賢督黃鎬、何應元，聯絡陳子威、陳向翌等戰艦，由海壇水陸合攻。……十八日，劉國軒接偵報：「各路進兵」，繼而報「何祐、黃良驥、王一鵬等戰北，棄永春、安溪、德化諸邑」。計欲分師，而兵勢單薄，遂傳令於二十三日撤圍，合吳淑師。二十五日，禪布、石調聲、吉爾他布、楊捷等大隊至洛陽，見有賊船扼斷橋，守橋之北。調聲令中營參將王英（即吳英）等，從陳三壩渡河，與賊戰。賊將陳陞揮眾死禦。英連砍數十人，陞方遁。追殺六百餘級，溺水者無數。方得渡橋，會師泉州。』見江日昇《臺灣外記》，福建人民出版社，一九八三年，第二八三—二八四頁。

[二] 石碼，地名，在九龍江出海口，屬海澄縣。

[三] 江東橋，在漳州府城以東，九龍江下游，舊時爲入漳州必經之路。

[四] 長泰縣，在福建省漳州府東部，九龍江下游。

比江加長十丈，俟搭橋日可以牽護浮橋。兩邊俟船橋齊備，我官兵分南北岸而進，多備炮火。如沿江有賊船，兩邊用炮攻打，擊碎賊船。我兵一到江東，牽搭成橋，南北可通矣。』總督、巡撫曰：『此策甚妙。』吳巡撫隨親往長泰縣料理，船橋齊備，令英領兵同大兵從南北岸而進。沿江架炮夾攻，打沉賊船十餘隻，賊眾死亡甚多。隨搭浮橋利渡，大道遂通，旋造木橋。總督隨令英統領各營官兵五千餘名，防守江東。英日夜分佈官兵，安置要害，賊人不敢侵犯。

康熙十八年正月初四日，英忽遭大病，垂危。將軍賴塔同總督遣人接英進城調治，[一]仍令副將蔣懋勳前來管理。本月初七日，劉國軒等率領賊眾萬餘，至歐溪頭與江東對壘，每日與我官兵交戰。我師屢次失利，相持一月有餘。至二月十七日，據各處密探人連報，觀音山劉國軒〔吊〕調集艍艚、八撐船二百餘號，令各賊俱帶噴筒、火箭等具，欲來攻燒江東橋。賴將軍部堂達都於十八早到總督衙門言曰：『吳副將鎮守江東，俱安靜無事。自伊得病入城，賊人屢次侵犯，我兵日夜不得休息。若病稍好，可令去江東養病。』總督傳英至轅，英即負病往見。將軍、部堂、總督謂英曰：『連日接報，賊人欲來攻燒江東橋營盤，該協病如稍好，將軍要汝去江東養病，相機調度，汝能去否？』英曰：『英病實未愈，但聞賊人欲破江東橋，即無病矣。英可去也。』將軍曰：『據報賊人今夜不來，明夜必來。汝須萬分小心提防，毋致江東有失，即是汝之功也。』英曰：『賊人若有神出鬼沒之能，則不敢知。否則，江東斷不能破也。』總督曰：『亦須小心，不可輕敵。』英曰：『英自浙江同憲臺隨貝子王百戰衝鋒，從來未敢

[一] 賴塔，一作賚塔，姓那木都魯氏，滿洲正白旗人；額駙康古禮第四子。順治初，任本旗護軍參領，陞護軍統領。康熙八年，擢本旗蒙古都統。吳三桂、耿精忠相繼反，聖祖命賚塔爲平南將軍，赴浙江勦禦；尋以康親王傑書督師。耿兵犯金華、衢州，賚塔屢遣兵擊敗之；前後斬賊數萬，收復諸暨、義烏、淳安等縣。復親率兵擊走僞將軍馬九玉，進兵仙霞關，僞參將金應虎等獻關迎降；官軍長驅入閩。十五年，隨康親王大兵抵福州，耿精忠降，閩地略定；命賚塔移鎮潮州。時劉國軒等進攻漳、泉，賚塔屢摧破之。十九年，復會提督萬正色、總督姚啓聖分路進勦，破陳洲、馬洲灣、觀音山等一十九寨；追國軒於銅山，燬其巢。

敵。』總督曰：『江東重任，專重在君。』英是日即到江東，率領各營將弁巡視賊營形勢，分佈官兵以待。至次日天色微明，望見滿江船隻皆揚帆渡海而去。是日，即有賊眾數十人，到英營盤投降。英問：『賊船何故出海？』答曰：『昨日聞報，有吳大廳已到江東，小的劉總督昨夜傳令撤各鎮營兵上船，今早渡海去海澄、觀音山，某等因思家，乘空前來投降。』時賊船雖去，英仍扶病親身日夜巡邏。至四月十四日，病體復發，稟明總督入城服藥。副將蔣懋勳仍來代守。

十七日，劉國軒、吳淑等又領賊眾萬餘，到江東歐溪頭劄營，斷絕大路。賴將軍、姚總督、楊、石二提督同各鎮營及英齊到江東，見對峙一高山，賊人佔踞，其上有涼棚馬匹，並張傘蓋，聲勢甚大。賴將軍對眾曰：『此必劉國軒親在其間，諸將何人能奪此山，即爲首功。』英即應曰：『英願往。但奪取彼山，則可；若深入，則不可，恐有埋伏也。』將軍、總督言曰：『若奪得其山，賊自破曠，[一]何用深入？』英即率領本標遊擊張旺、薛受益、守備洪範、劉進伏等官兵二千餘眾，英當先直衝賊陣，賊即棄山逃遁，英追趕過山，見兩傍賊陣不動，知有埋伏，隨將官兵撤上高山，賊見我師不前，隨有賊眾萬餘，分爲三路，前來迎敵。英見其隊伍散亂，遂將官兵分作三股下山。英當先殺入賊陣，手斬數賊。江東副將詹六奇從中夾攻，賊人大敗，計斬殺千餘人，劉國軒領眾登舟渡江而去。

五月間，同安鎮馬化龍屢戰不利，急請援兵。五月十七日，總督檄英往同查看情形，並點驗該鎮官兵。十八日，到同邑。十九夜二更時，聞城外東北號炮聲喧。英即往會馬總兵，問曰：『夜間城外安有號炮之聲？』馬總兵曰：『此必海賊臨城，我已令官兵守城矣。』英曰：『此非賊人夜間攻城，號炮聲在東北，必在城外西南搶掠，須速發官兵出城殺賊救民，不可遲緩。』馬總兵曰：『黃夜之間，知賊何處搶掠，亦不知由何路而來，從何路而去。今欲發兵，令其何往？必待天明方可。』英曰：『若待天明，賊人已去，追之亦無濟矣。但賊人必由船而來，我兵只往海邊尋他泊處，邀其歸路，可以成功。』

[一]『賊自破曠』疑為『賊自破膽』之誤。

馬總兵再三遲疑。英曰：『邊海是我素熟之地，汝固守城池，我領兵出城殺賊。』遂領遊擊李全信、趙邦試等出西門，[一]至窰頭地方，天尚未明，月影下見許多船隻倚岸待渡。英分伏官兵以待。頃刻間，見賊二千餘衆紛紛到船，所掠人口，正欲上船。我官兵分股截攻，賊逃奔四散，斬殺跳水淹死者一千餘衆，生擒二十餘人。並斬賊首五員，生擒一員，救回男婦千餘口。英本日即回漳州。姚總督曰：『海賊屢犯同安，查得崎頭一地，爲洒州第一要口，賊衆登岸多由於此，甚是緊要。』即令英領兵二千，並委興泉道張仲舉撥發民夫，同英到崎頭築土寨防禦。

七月間，領兵到同安縣。興泉道督領民夫數百人，英先帶親隨二百餘衆，同到崎頭，踏看地勢，所領官兵俱在後未到，即令民夫開築土寨。洒州賊首陳啓明飛報廈門，僞藩鄭經率領僞總督劉國軒等駕賊船百餘號，乘南風至洒州，洒州之賊盡駕八槳小船數十餘號直向崎頭。興泉道徬徨恐懼，欲撤民夫逃避。英止之曰：『今若撤回民夫，賊視我爲怯弱，勢必麾兵追逐，此處之寨，終不能造也。』張道曰：『賊衆無數，我兵未到，欲如之何？』英曰：『無妨，只管安心。』英將親隨二百餘衆，分作數處，在海邊蘆葦草中伏藏，不許開銃放箭，只在各處探頭露影。賊疑有兵埋伏，斷不敢登岸。一面飛催官兵速至。英同張道撐開黃傘，安坐對酌，觀其動靜。賊人紛紛勢欲登岸，劉國軒見蘆葦草中有人影隱見，疑是埋伏，令八駕小船執令箭高聲遍傳，不許衆船攏岸，隨將八槳小船盡行撤回洒洲。英官兵亦隨齊至，劄定營盤。不數日間，土寨築完，交同安鎮官兵汛守。

八月，英回漳州。越數日，馬總兵告病求退，總督命英到同安署事，題請將英補授同安總兵官。部議不允，推陞浙江衢州副將李承恩，于本年十二月二十八日已經到任。二十九日，接奉特旨，准英陞授同安總兵。英任事後，將官兵分防各要口，編定防海紀律十一條，從此賊衆不敢侵犯同安。

[一] 趙邦試，河南柘城人，時任福建同安鎮標右營遊擊。康熙二十二年，隨施琅、吳英征臺，在六月二十二日澎湖海戰中，中砲陣亡。

行間紀遇卷之四

康熙十九年正月間，水師萬提督會同吳巡撫整頓舟師，[一]擬乘北風進攻金、廈。知會於英，就同安港整備八槳船八十號，配載官兵，夾攻廈門。二月十八日，姚總督同楊將軍帶精兵數千，至同安東埔地方劄營。英往見，姚總督曰：『聞高浦與廈門相對，海面不寬。楊將軍相邀同來，欲就高浦海邊築炮城二座，安大炮，攻賊往來船隻。』英曰：『此時賊勢已經搖動，憲臺可整頓官兵，以待早晚進取觀音山、海澄，何必作此無要緊之事？』姚總督曰：『觀音山、海澄，賊人修拾如許堅固，豈容易取哉！』英曰：『賊窠在廈門，劉國軒聞我水師南下，若不親身上船應敵，必退守廈門。不然，賊船一敗，巢穴

[一]　萬提督，即萬正色，福建晉江人；由行伍起家。康熙三年，以招撫『海賊』陳燦等有功，授陝西興安遊擊。十二年，吳三桂反，四川叛應之，正色隨西安將軍瓦爾喀進征。叛將譚洪等據陽平關拒戰；正色率兵擊敗之於野狐嶺，攻克陽平關，擢山西平魯路參將。尋授岳州水師總兵官。時岳州久爲三桂所踞，立樁木於洞庭之套河峽，阻官兵進勦；十七年三月，正色率舟師乘夜入亂葦中，盡拔其樁木，屢擊卻賊眾。既而叛將江義、巴養元、杜輝等駕船二百餘犯柳林嘴，正色偕遊擊唐善等擊毀其船，殲賊無算。十八年，正色以追敘恢復陽平關功，加銜左都督。時康親王傑書征福建，耿精忠降；而鄭經猶踞金門、廈門，陷海澄。正色自以閩人素悉海上情形，疏陳水陸戰守機宜。詔從優加太子少保，調爲福建水師總兵，率所部官兵剋期速赴閩中，並所條奏事宜與大將軍康親王等會議酌行。是年，擢水師提督。時議調荷蘭船進取廈門，正色疏言：『荷蘭船遲速莫必，轉盼二、三月間南風一作，即難前進。今新舊鳥船俱集，臣與撫臣吳興祚決計進討；臣率水師直攻海壇，興祚率陸兵爲聲援。』十九年正月，正色進征海壇，鄭將朱天貴等遁南日、湄州諸澳，正色追躡至平海澳，天貴聞風遁崇武；正色自平海南下，鄭軍迎戰。正色率兵掩擊，大敗之，斬僞總兵吳丙、僞副將林勳等。會將軍拉哈達、總督姚啓聖、巡撫吳興祚、提督楊捷等並力夾攻，遂取廈門；天貴來降，鄭經退回臺灣。二十年六月，改福建陸路提督。二十五年，調雲南提督。

便破，賊人豈不盡死在觀音山乎？且我水師提鎮率領戰船二百餘號在閩安，[一]議在早晚乘北風而下，聞有賊船三十餘號拋泊海壇，[二]又有六十餘號拋泊崇武，[三]在廈門者多是空船。但賊有上下二策，若出下策，自無不敗遁臺灣。若從上策，勢尚難攻。此在天意，亦難逆料耳。至如海澄、觀音山，數日內可以成功。』

姚總督問曰：『賊何者爲下策，何者爲上策？觀音山、海澄又何法可取之？』英曰：『賊之下策，聞我舟師出海壇，賊船必退回崇武合䑸。』姚總督曰：『海壇未曾交鋒，豈肯退回崇武？』英曰：『我師戰船二百餘號，乘風而下，海壇二三十隻之船安能抵敵？賊豈肯先敗一陣，而後崇武再戰，斷無是理也。在劉國軒聞我舟師南下，必棄觀音山、海澄，退守廈門。我師一到崇武，乘巨艦，佔上風，賊敗已有八九。況沿海各澳俱是我陸路官兵，架設大炮固守，不容賊人取水灣船。我舟師進可以戰，退可以泊。在賊船，一難登岸取水，二無灣泊港澳，此爲下策必敗之道也。若以上策論之，海壇賊船見我舟師一到，彼即退避外洋。俟我船乘風而下，賊船反佔上風，隨於我船之後。劉國軒棄觀音山，帶兵配坐廈門空船，駕出金門以待。崇武賊船俟我舟師一到，賊又退回圍頭。[四]我師追到圍頭，賊方交戰，前有迎敵，後有牽兵，中有劉國軒，三面夾攻。我師欲決勝，難矣！』姚總督曰：『以公所料，海澄、觀音山必有可取之機會乎？』英曰：『如憲意猶豫，英請領精兵二千，管取此數日內奪得來。』[五]姚總

[一] 閩安，即閩安鎮，在閩江下游北岸，距福州城約三十公里，軍事位置十分重要，宋元時設有巡檢司。清順治十三年鄭成功曾率部佔領閩安，作爲進攻福州的前哨。順治十五年，清總兵范承謨改閩安巡檢司爲協台衙門，設立水師營汛。

[二] 海壇，即海壇島，位於福建省福州市東南海上，一九一二年改爲平潭縣。

[三] 崇武，在福建省惠安縣東部沿海。明代設有衛所，海防位置十分重要。

[四] 圍頭，地名，在泉州府晉江縣南部沿海，有圍頭灣在焉。

[五] 原文如此，『取』字疑為衍。

督喜曰：『浙江同事兩三載，公百戰百勝，料敵如神，素所深服。如數日內取得觀音山，即是公之大功也。』姚總督以英言告楊將軍，遂停築高浦炮臺，是日領兵回漳。姚總督到漳，又以英言告知賴將軍。

二十一日，姚總督飛檄到同安，令英挑選精兵二千，速赴漳州，取觀音山。英正在整頓兵馬，聞萬提督從閩安開船南下，賊果行下策，自海壇退回崇武，合䑸守候，與我師對敵。二十三日，英正欲起行，接總督公文，言劉國軒二十一日夜撤營回廈，我官兵乘勢連破十九寨並海澄縣。令英不須到漳，速從同安港進兵，恢復廈門。二十五日，英進攻浔洲，僞官康騰龍等率衆迎降，餘賊登舟逃遁。二十六日，取潯尾。[一]二十七日，英親領官兵過海，取高崎，[二]撥八槳船五十號，由排頭門取廈門。賊衆見我師已到，衆叛親離。僞藩鄭經力竭勢窮，率餘黨開船遁回臺灣。英飛報督、撫。二十八日，姚總督、吳

[一] 潯尾，地名，在同安縣沿海，即今廈門市集美。
[二] 高崎，地名，在廈門島北部，與潯尾隔海相望，今有高崎國際機場在焉。

撫院同英至廈招撫餘寇，出示安民，會同題疏報捷。[一]

是時，尚有樓船鎮朱天貴船隻百餘號，灣泊銅山。姚總督與萬提督遣官朱光祖、李榮春同英長男應麟

[一] 關於清軍克復廈門戰役，時福建提督楊捷在康熙十九年二月二十九日的《飛報克復等事疏》中記道：『竊照海澄既復，賊眾奔竄。臣撫安殘黎，即一面多張示諭，並差能員於各處宣佈皇仁，曉諭各僞官兵，許以就撫自新，隨材錄用，當有僞總兵吳桂、羅士鈐、僞副將吳天祿等各率領僞官兵船隻、眷口前來投誠。臣厚加賞賚撫慰，將伊等家眷安插縣城之內。因詢廈門情形。各據稱逆賊因在烏嶼橋、海滄等處被我官兵剿殺，又見我兵安營高浦所絕其歸路，賊已喪膽；今海澄克復，勢益搖動，桂等願效力前驅，協同官兵乘時進取等情。臣隨飛諮督、撫諸臣，調撥官兵，分路進攻。督臣姚、平南將軍臣賴、漳浦總兵臣趙得壽，率領滿、漢大小各將弁，配坐船隻從松嶼（即今廈門市海滄區嵩嶼）進兵。撫臣吳與寧海將軍臣喇、副都統臣吳、同安總兵臣王英（即吳英）、興化總兵臣曾承，率領滿、漢大小將弁配坐船隻從潯尾進兵。臣同福寧總兵臣黃大來、漳州總兵臣吳三畏，率領鎮標各營參遊馬勝等並守備千把以及外委隨征大小各弁員，配坐分撥督臣捐造八槳船三十隻及投誠總兵吳桂等帶來船隻……協同官兵從海澄一路而進。三路訂期二月二十六日一齊追擊。逆賊聚䑸迎敵。我兵大砲擊破賊船甚多，斬殺淹死逆賊在海洋之中，難以千百計數。賊眾大敗遠遁。當有防守廈門僞總兵黃瑞、張雄、吳國俊等率領僞兵投誠。隨於二月二十七日亥時克取廈門。』見楊捷：《平閩記》，臺灣文獻叢刊第九八種，第七四—七五頁；另，福建巡撫吳興祚於康熙十九年三月乙巳（十六日）奏克取金門、廈門疏中也記道：『興祚同寧海將軍喇哈達、同安總兵官王英（即吳英）等，於二月二十六日進兵同安港口。賊堅守洒洲、潯尾二城，興祚等既進攻，復遣人宣諭，降其僞將士二千餘人，二城皆下。遂分兵三路，轉戰而前，於二□□八日抵廈門。又將軍賴塔、總督姚啓聖等從松嶼至，提督楊捷、總兵官黃大來等從海澄至，三面夾擊。賊不支，皆遁。於是諸將帥會官兵取金門，賊亦棄城走，居民悉降。』見臺灣文獻叢刊第一七四種《清代官書記明臺灣鄭氏亡事》，第十四頁。又《大清聖祖仁皇帝實錄》卷八十九載：三月十六日（乙巳），福建巡撫吳興祚疏報：『二月二十六日，臣同寧海將軍喇哈達、總兵王英（即吳英）等由同安進勦逆賊，至洒洲、潯尾等地方，宣諭僞將獻城投降。隨分兵三路徑渡廈門，逆賊潰敗。二十八日，進廈門城，安撫人民；即遣官兵進取金門。』

出海招撫，天貴即率眾投降。[一]總督將廈門、金門、海壇、銅山交與水師提督分防固守。英時回守同安。

四月間，沿海各府大饑，每石米價湧至五六兩，無處可買。百姓流離載道，饑死甚多。英籌所以救之者，星夜赴漳見總督，言：『各府百姓饑殍，必須設法速救。』姚總督曰：『我每府已發銀三千兩賑濟。』英曰：『饑民千萬之眾，一府三千金，能濟得多少人？』姚總督曰：『此不過盡我之心耳，公有何策？』英曰：『憲臺乃一省之主，爲百萬生靈所仰賴。此時民命生死，俱在呼吸之間。憲臺若肯慨然任其責，災黎俱可得生，亦無用捐金賑濟矣。』姚總督曰：『除賑濟外，有何策可以救民，何事須任其責？請公教之。』英曰：『憲臺若肯開恩，星夜發示沿海各府，准百姓出界外，取薯根，捕魚蝦，以一月爲限。一月後早禾已登，民命盡可得生矣。』姚總督曰：『邊海未曾請旨開界，何敢擅放？關係重大，此責不易任也。』英曰：『向來金、廈各島，被賊所踞，故分界內界外。今海外蕩平，賊人遠遁臺灣，金、廈各島澳，俱是我提鎮駐守。名雖界外，實是我官兵行走之界內。今通省民命在乎頃刻之間，憲臺先放百姓出界，然後題明，方有濟於生民。日後倘有罪責，英請均任之。皇上愛民如子，必開天地之恩。如此一舉，勝於數百萬金賑濟，閩省百萬生靈，皆受憲臺再生之恩。』姚總督喜曰：『謹奉教。縱使有罪，總爲急救百姓之計，我與公皆欣然願受也。』遂星夜出示，飛傳沿海各府。百姓聞知，歡天喜地，扶老攜幼，盡赴邊海取薯根，捕魚蝦，民命俱得更生。

康熙二十年五月間，姚總督星夜至同安，與英議攻臺灣之計，是否可行。英曰：『有五事備，臺灣可破也。』姚總督問曰：『是何五事？』英曰：『一、戰船修葺堅固，方能航海，衝風破浪；二、官兵要慣諳水性者，方能水戰；三，器械齊備，每兵帶四五件，方可遠近應用；四，多備糧草，隨師而行，

[一] 江日昇《臺灣外記》卷八載：『姚啓聖以銅山尚有勁旅鎮守，又報朱天貴全師亦在銅山，征之費力，不如遣人撫之爲善。知會喇哈達、吳興祚、萬正色差李榮春、吳英子應麟前往銅山招撫。天貴大喜，厚待應麟等；即遣林君寵同朱光祖入見啓聖，願獻銅山一島，全師投誠。』見江日昇：《臺灣外記》，福建人民出版社，一九八三年，第三〇四頁。

接濟軍需。此四事俱可力備，惟有一事，必須題請，方可行之。賊之船隻、兵衆、糧草、器械，俱不如我，但其所恃者有二：一在踞險；二在衆肯用命。然彼衆之所以用命者，令嚴故也。今我師欲跨海東征，出於九死一生，假使衆心不一，不出力用命，不但功不成，且恐進退兩難。必先定一大賞大罰之例，如有不向前用命者，副將以下不待題參，立刻斬首；總兵不用命者，即削其兵權，奏請明正軍法。若五事備，臺灣可破矣。』姚總督曰：『前四事便可分行各府料理，賞罰條目，命英擬議。』英酌定條目，總督具疏題請，奉旨准行。

時水師萬提督奉旨改調陸路提督，命施琅爲水師提督。至閩，與姚總督意議不合，疏請只用英爲副，可破臺灣，不必總督出師。部議以進取臺灣，是總督先發其議，必須親行。[一]

[一] 經福建總督姚啓聖和李光地等的舉薦，清廷於康熙二十年七月任命施琅爲福建水師提督。八月十四日，施琅出京請訓，康熙皇帝諭令之曰：『爾至地方，當與文武各官同心協力，以靖海疆。寇氛一日不靖，則民生一日不寧；爾當相機進取，以副朕委任至意。』十月，施琅抵達厦門，上任伊始，即上疏清廷，要求獨任專征，不讓總督及巡撫出師。雖然《靖海紀事》中未收入施琅的此一奏疏，但《大清聖祖仁皇帝實錄》卷九十八載：康熙二十年冬十月二十七日（丙午），福建水師提督施琅疏言：『督、撫均有封疆重寄，今姚啓聖、吳興祚俱決意進兵；臣職領水師，征剿事宜理當獨任。但二臣詞意懇切，非臣所能禁止。且未奉有督、撫同進之旨，相應奏聞。』得旨：『總督姚啓聖統轄福建全省兵馬，同提督施琅進取澎湖、臺灣；巡撫吳興祚有刑名、錢糧諸務，不必進剿。』盡管施琅獨任專征的要求被駁回，但其並未罷休，於康熙二十一年三月初一日又上《密陳專征疏》稱：『督臣姚啓聖調兵制器，獎勵士卒，精敏整暇，咄嗟立辦，捐造船隻，無所不備，矢志滅賊，國爾忘身，堅圖報稱，非臣所能力止。惟是生長北方，雖有經緯全才，汪洋巨浪之中，恐非所長。……臣之鰓鰓，謂督臣宜駐厦門，居中節制，別有調遣，臣得專統前進。行間將士知有督臣後趲糧運策應，則糧無匱乏之患，兵有爭先之勇。壯志勝於數萬甲兵。今若與臣偕行，征糧何以催趲，封疆何有仰賴？安內攘外，非督臣斷難彈壓緩急，臣故密疏入告。使督臣聞知，必以臣阻其滿腔忠藎。仰冀皇上密行溫諭督臣，免其躬親偕行。』又稱：『至於師中參酌，見有同安總兵官臣吳英，智勇兼優，竭忠自許，可以爲臣之副，尤望恩嘉獎勵。』見施琅《靖海紀事》，王鐸全校注，福建人民出版社，一九八三年，第五九—六〇頁。

康熙二十一年五月間，總督率領提鎮官兵戰船至銅山會齊。總督因暈船不能進兵。嗣准部文奉旨：進攻臺灣，有真知灼見，可攻則攻；如無真知灼見，不必使官兵海面度日。總督遂止不行，令水陸官兵，各歸原汛，以待機會。

七月間，興化鎮林承病故，總督題裁同安鎮，以英調補興化鎮。[一]施提督因與姚總督議終不合，題請專征，親至同安潯尾，與英商議同征。英見督、提未甚和睦，不敢許。

康熙二十二年三月間，施提督咨請總督，欲英統兵彈壓廈門，庶幾進則可戰，退則可守。英統兵到廈，施提督時率領舟師，灣泊泉港。聞英到廈，遂開舟至廈，再三邀英同征。英曰：『我受國恩深重，極欲滅此朝食，奈總督背後常怪弟與公同心欲破臺灣，甚忤其意，故未敢遽允耳。』施提督曰：『弟出京之時，曾蒙皇上旨意：「在三藩反叛，朕遣發官兵，亦不過數年而定。只有福建海寇，我官兵到，則賊船退；我官兵回，則賊船來，實爲國家大患。今命汝爲水師提督，汝可傳說各官，若有能同心竭力破臺平海者，朕斷不負汝等。」弟在京時，素聞公之才能智勇，今日若肯與弟同力克平海外巨寇，此乃不世奇功，大丈夫爲國家建功立業，何必區區懼一總督也。』英曰：『近聞總督欲到廈門犒賞官兵，願公傾心降氣，與總督和睦，且言水師只可水戰，若攻澎臺陸地，必須總兵統領陸師，方可制敵。此乃國家

[一]《大清聖祖仁皇帝實錄》卷一百五載：康熙二十一年冬十月十三日（丙戌），福建總督姚啓聖疏言：『興化一郡濱海要衝，原設興化總兵一員，管轄中、左、右三營。今將中營兵一千名改設水師銅山營、左營兵一千名改設水師平海營，止存右營兵一千名，未免汛廣兵單。茲准陸路提臣咨報：「興化鎮總兵林承病故，要地似難乏員。」臣查同安地方，向因寇踞金、廈諸島，題設總鎮。今外有水師提鎮官兵、內有陸路提標官兵，擬將同安鎮標中、左二營官兵二千員名併入興化鎮標，湊足三千，就近彈壓；將同安總兵吳英調補。其同安鎮標右營補入同安城守營，歸副將管轄。』部議不准行。得旨：『吳英著照該督所請，調補興化總兵官；應設兵丁，爾部議奏。』

大事，總督不得不許。如得應許，有汝我同心，澎、臺不足破也。』施提督喜曰：『公肯見諾，大事濟矣。』

五月十一日，總督親至廈門犒軍。十四日，施提督對總督言：『水師官兵可以水戰，若到澎臺陸地，必選一才能總兵，統領陸師數千，方能破敵，計出萬全。』[一]總督曰：『水陸俱是朝廷官兵，出力用命，理所當然。但不知陸師總兵欲用何人？』施提督曰：『興化鎮吳總兵，智勇雙全，水陸熟練，非此人莫可以破敵者。』總督曰：『吳總兵未經奉旨，彼恐未必肯行。』施提督曰：『吳總兵素懷忠義，在〔淅〕浙在閩建立奇功極多。今欲進攻澎、臺，乃是國家大事。貴部院若先行文，令其統師，隨後題明，諒彼無不同心報國。』總督許諾。十五日，照會到。英隨即選調統領水陸副將林葵、詹六奇、林寶、蔣懋勳，遊擊卓策、趙邦試、李全信、林翰、鄭興、許毅、王祚昌、王朝俊，守備洪範、廖國用、鄭桂、陳斌、韓進忠、黃富等，挑選精兵六千，配船六十餘號。施提督同水師各鎮先乘北風南下，約在

[一]　施琅在康熙二十二年四月十六日的《海逆日蹙疏》中也提到：『攻澎湖宜用水兵，破臺灣則當用陸兵也。』見施琅《靖海紀事》，王鐸全校注，福建人民出版社，一九八三年，第七八頁。

銅山會齊。[一]

英於五月十九日收拾齊備，率師登舟。二十日，總督親到英船，言曰：『我與貴鎮同歷行間，自浙至閩，貴鎮百戰百勝，料敵如神。今欲征剿澎、臺，所料事勢若何？』英曰：『賊有上中下三策，若行上策，盡撤澎湖之眾，退守臺灣，只留趕繒快船數十隻在澎湖。俟我師到彼，賊船不來交戰，竟出我之後，來擾我沿海，阻我糧運。臺灣處處皆險，可登岸者，只有二三處。賊以兵民土番堵守百日易，我

[一] 關於施琅諮請調派吳英專統陸師，同往進剿臺灣一事可以在『中央研究院』歷史語言研究所所藏內閣大庫檔案中得到印證：

兵部尚書正一品臣李之芳等謹密題爲欲淨海逆等事：該福建總督姚啓聖題前事內開：康熙二十二年五月十五日，准水師提督施琅咨開：准貴部院移到題疏稿題前事內開，同提臣統臣捐膳兵二千一百名，捐船六十一號，過洋進剿者，則平陽鎮臣朱天貴、隨征總兵遊灝、遊擧、隨征都督馬俊、臣標升任留閩副將林寶等也。其統臣捐兵，並調陸師，共駕捐船四十三號，出海策應者，則興化鎮臣吳英、建寧副將謝思禮、署參將事本標守備洪範等也。其統臣標經制陸師，沿海策應者，則臣標參將今陞汀州副將薛受益及臣標遊擊王祿，隨征左都督署臣標內左營遊擊閻國柱等也等因到提督。准此，仰見貴部院籌畫周詳，親臨廈島，居中調度，安內攘外，俱得其要，分遣均得其人。惟是本提督此番航剿大舉，水陸必當兼用。在海則用水師，衝風破敵，到澎湖、臺灣，在山當用陸師，夾攻互擊。今所有水師官兵，已有四鎮總兵分管前進。其所選調各陸師官兵，領帶將弁，不過遊守等官，非有賢能持重者，統率號令，終屬不專。查興化鎮吳總兵智勇兼優，殫心圖報，茲派出海策應，雖亦效力，尤在後著，似未足以著其猷，不如將本提督所調各陸師委令吳總兵專統，同往進剿，庶水陸官兵，均有統轄，號令一而用力協，大可見其成效也等因到臣。

准此，該臣看得：平陽鎮總兵朱天貴奉旨留後策應，續准提臣咨請將留後官兵發與提臣一同進剿。臣當即發臣捐船六十一號、捐膳官兵二千一百名，同提臣進剿去後。因興化總兵吳英智勇兼備，水陸兼通，其才實在各鎮之上。臣特令統率臣捐膳船兵以爲後應，前疏已經題明在案。今臣所統水陸官兵，俱於十三日齊到廈門。茲准水師提臣復咨請將興化鎮總兵吳英在後策應，不如專統同往進剿等因。臣因遍觀水師船隻官兵，未爲強厚，雖提臣勇氣百倍，自任專征，不難一鼓蕩平，但事關重大，既經提（下缺）……

硃批：依議。

見劉錚雲主編：《『中央研究院』歷史語言研究所所藏內閣大庫檔案臺灣史料彙編》，二〇一二年，第〇九三六號。

船泊在大海之中十天難。必須先踞澎湖，然後發回戰船，追逐沿海賊䑸。澎湖多積糧草，以待時日，相機而進，恐功難速成矣。其中策者，賊船合䑸，在澎湖以待我師，敗則遁退臺灣；不敗則仍舊踞守。我雖盡力攻殺，豈能全滅？必須重兵守澎湖，乘南風別分大兵，進臺灣之北山上淡水，鼓勵土番，且進且止。賊勢始分，然後乘虛而破之。若行下策，盡臺灣之眾，以作孤注，分爲水陸，踞守澎湖。我主兵者須身先士卒，用破釜沉舟之法，官兵不得不用命。澎湖若破，臺灣可不攻而定。英此行惟盡一身，以報國恩，若不滅賊，亦斷不望生還也！』總督辭別而去。

英於二十二日在廈開駕，本日至將軍澳，遇南風盛發，不能前。隨設香案，告天禱求北風，早至銅山。禱畢，見西北黑雲陡起，立轉北風。二十三日晚，即到銅山會齊。

廿八日，英告施提督曰：『今既同事，生死共之。但有一言當以奉告。』施提督曰：『今幸同事，全仗智略。有以教我，無不惟命。』英曰：『公與海上有父弟子姪之讐，但鄭家負嵎已久，爲讐者多，望報者不少。今日進攻臺灣，全恃天意扶助國家。爾我爲國出力，爲民除害，仰體皇上天心，亦是我主兵者行仁積德也。一則不可挾私報讐；二則不許殺降；三則嚴禁搶掠姦淫。可擇一日，會各鎮，傳齊大小將弁，以此三章，告天共誓，則海島遐陬，共戴皇仁，上天無不助我成功也。』

施提督依言，就於六月初一日在銅山會各鎮，傳集大小將弁，告誡三章，當天立誓，申明賞罰功條，三軍將領莫不歡騰〔湧〕踴躍。隨會議進兵之策。施提督議欲先取花嶼。英曰：『以海圖觀之，花嶼在澎湖之西南，八罩在澎湖之正南。船多嶼少，難以灣船，又離澎湖遙遠。不如先取八罩，以佔上風。』施提督曰：『此天啓其衷也。』

六月十四日，乘風開船。十五日，到八罩。十六日，會議。英曰：『必須先撥快哨二十隻，進入澎港，探有賊船多寡，拋泊何處，陸地有無賊守，并看港路寬狹淺深，俟其回報，方可分兵而進。』時眾將言曰：『今既至此，即可齊進，踹探何爲？』施提督曰：『或遲或速，總在諸將之力。』隨即開船進兵，乘南風便利，頃刻即到澎湖港口。見賊船二百餘號俱在港內，揚帆排列。兩邊山上大小煩炮不計其數，炮子猶如星多雨落。我船見其防守嚴密，齊擠港口，不能前進。只有將官藍理、曾成、張勝、趙邦試、吳啓爵、許英、阮欽爲等數船首先進港，衝鋒鏖戰。賊之船多，我船無援。英見事勢危急，即單船駕雙櫓衝入賊䑸。僞水師總督林陞見英一船衝入重圍，率領數船前來夾攻英船。英嚴督官兵衝敵，齊發炮箭。林陞一船當先，賊衆死傷甚多。林陞左腿打斷，各船賊兵不敢擡頭，隨即敗遁，退入內港。[一]

英以單船前後無援，姑退出港。英即坐小船，到施提督座駕船上，見施提督面上有傷。英問曰：『公面上何傷？』施提督曰：『我見前鋒數船衝入重圍，又見公單船破入賊䑸，復搖雙櫓深入賊陣，時急呼衆船應援，俱不向前。我見時勢急迫，即督令將官朱明、陳蘭二船欲來應援。因攻擊賊船，被炮火所傷。我船上官兵帶傷十餘人。將官藍理、張勝、趙邦試俱帶重傷。今幸公船殺出，攻敗賊衆，此乃國

[一]　關於十六日的戰況，施琅在《飛報大捷疏》中記道：『十六日早，進攻澎湖。逆賊排列船隻迎敵。臣標署右營遊擊藍理等官兵配坐鳥船一隻、署後營遊擊曾成等官兵配坐鳥船一隻、署左營遊擊張勝等官兵配坐鳥船一隻、二等侍衛吳啓爵等官兵配坐鳥船一隻、同安城守右營遊擊趙邦試等官兵配坐鳥船一隻、海壇鎮標中營遊擊許英等官兵配坐鳥船一隻、銅山鎮標右營遊擊阮欽爲等官兵配坐鳥船一隻，此數船首先衝鋒破敵，直入賊䑸，攻殺賊砲船二隻、趕繒船六隻，賊夥斬殺殆盡；其船放火燒燬，又用砲火攻擊，立刻沉壞賊鳥船一隻、趕繒船二隻。副鋒臣標右營千總鄧高勻配水陸等官兵坐鳥船一隻、臣標署右營守備方卻等官兵配坐鳥船一隻、金門鎮標中營遊擊許應麟等官兵配坐鳥船一隻、金門鎮標右營守備林芳等官兵配坐鳥船一隻、臣標隨標功加守備李光琅等官兵配坐鳥船一隻，用砲火攻擊，打沉賊鳥船一隻、趕繒船二隻，賊夥溺死殆盡。時值南潮正發，前鋒數船被流逼近砲城。賊艘復合，齊出包圍。臣恐數船侵入難出，自將坐駕船直衝入賊䑸殺退，興化鎮臣吳英繼後夾攻，焚殺僞揚威將軍援勦左鎮沈誠、統轄前鋒鎮姚朝玉、義武鎮陳侃、戎旗五鎮陳時雨，其僞協將弁大小賊目計有七十餘員，不知姓名，難以開報。僞水師總督林陞中箭三枝，中鹿銃二門，左腿被大砲打折，立即載回臺灣，必死無活。賊衆焚殺溺死計有二千餘衆。遂救出數船。臣右眼被銃擊傷，眼睛未壞。因天色將晚，收出西嶼頭洋中抛泊。』見施琅：《靖海紀事》，王鐸全校注，福建人民出版社，一九八三年，第八一—八二頁。

家之福也。但今日見眾心不齊，不肯向前，此賊何能破得？』英曰：『我國家數十年來爲此海寇，屢撫屢剿，所費兵馬錢糧，無慮千萬；沿海數省被害百姓，亦不啻千萬。今數十年逋寇，已扼其吭，若不破此賊，日後再有何人敢言破臺之事？此行非容易到此，今日我殺入重圍，所見賊船雖多，而出頭者只有大熕船二三十隻，果是兇猛，餘者亦不過碌碌逐陣而已。今日我師皆因船多，彼此觀望。依我愚見，明早收船八罩，申明賞罰之令，將不向前將領盡行綑綁，欲以軍法從事。待我會各鎮保領，令各立軍令狀，將功贖罪。我戰船四百餘號，只挑選大船四五十隻，餘船盡令在後架梁。將各船精銳官兵盡行挑出，每大船上面，若站得二百人者，艙底再藏伏二百人。如對敵，傷死一人，即換一人。其鎗炮弓箭，俱不許開用，令各兵盡抱火桶、火礶，伏在兩傍舨邊。各鎮自領前鋒，我船進港，賊大船必來迎敵。我船派配已定，或二船或三船，攻燒一船。賊船火起，我官兵不許過船，聽其自燒，另攻別船。賊之前鋒大船一經燒盡，餘船無不就擒矣。』施提督曰：『公此策甚妙，但眾人之心，恐不似汝我之心。』英曰：『今日只因船多，彼此觀望所悮。若挑定官兵，船隻無多，各船篷上俱書姓名，各鎮領頭當先，眾將不敢不進，不患此賊不破也。』施提督曰：『如此，則破賊之任，全在於公。』商議既定，是夜隨在大海中拋船。

十七日，收回八罩，即將不向前大小將領盡行綑綁，欲正軍法。英會各鎮保領，各立軍令狀，隨即挑選船隻官兵，分配已定。[一]十八日，天色驟變，倏起颶風，官兵盡皆驚懼。忽聞空中一聲如轟雷巨鼓，即雲開霧散，北風隨止，立轉南風。八罩嶼中只有一小井，往時取水，只供一二百人。此時三萬人皆食此井，泉流不竭。[二]本日即進取虎井嶼。

二十一日，施提督會集各鎮言曰：『明日進兵，應分疊前進。今須商議妥當，設鬮分拈次序，庶不

[一]　施琅《飛報大捷疏》中記道：『十七日早，將全䑸舟師，復收八罩水垵澳灣泊，嚴申軍令，查定功罪，賞罰官兵。』見施琅：《靖海紀事》，王鐸全校注，福建人民出版社，一九八三年，第八十二頁。另，江日昇《臺灣外記》對十七日的情況有更爲詳細記載：『十七日，琅號令全䑸，仍收八罩、水垵澳諸嶼，方傳諸鎮協營將千備隨征等官到中軍船議事。吳啓爵、吳英、林賢、朱天貴、楊嘉瑞、陳昌、陳龍、何義、陳蟒、林實、詹六奇等齊到，琅曰：「賊船無幾，爾等俱不協力向前，互相觀望，延至潮落，使彼縱志攻擊。若非藍理，本軍門豈不危哉？」令筆帖式常在，將欽頒功罪格塡明：賞藍理銀二千兩、遊觀光銀一千兩，餘照有功、有傷者，輕重分賞；撥船載藍理等並帶傷者回廈調理。次將詹六奇、方卻、許應麟、葛永芳、方永、劉管、蔡斌等官一十二員，綑縛請王令，以臨陣退縮，斬首示衆！吳啓爵等七人向琅請曰：「昨日之怯，亦由我們船隻叢雜，各欲爭先，以致互相沖撞，使賊得以肆志用砲攻打，非諸將故違軍令。今在用人之際，求寬其罪，令彼等立功！」琅曰：「賞罰乃朝廷法令，本軍門安敢自私？」英等復懇之曰：「賞罰固出自朝廷，而行法者實我公也。公苟寬恩，使彼立功，自必奮勇鼓勵，以一當百。」各爲懇請。琅見諸總鎮慇慇求保，即曰：「姑看諸鎮情面，暫且記過。倘仍前觀望，兩罪俱發，決不宥恕！」英等拜謝，琅令釋其縛。諸將叩首起，琅復面諭用命，苟不竭力，悔之莫及！吳英獻策曰：「國軒所恃者，不過數隻熕船而已。我們船隻，可分開列陣，不必齊進，當用五梅花破之。」琅曰：「何謂五梅花？」英曰：「彼船少、我舟多，以五船結一隊，攻彼一隻。其不結隊者，爲遊兵：或爲奇兵、或爲援兵，悉遠駕觀望，相機而應。則無成䑸沖撞之患，又可以各盡其能，奮勇破敵。」琅大悅曰：「據公妙論，破之必矣！先以三疊浪而進，變以五梅花！」諸鎮將得令，遂各回船候期出征。』見江日昇：《臺灣外記》，福建人民出版社，一九八三年，第三三八—三三九頁。

[二]　江日昇《臺灣外記》載：『康熙二十二年癸亥六月十八日，琅與吳英、朱天貴等坐快哨，從虎井過桶盤嶼、內外塹，遙觀賊城各處砲臺並賊船灣泊安所；未時回䑸。奈船多人衆，咸憂無水；偶兵士上八罩，就沙中挖開見水，嘗之味淡，遂挖開數窟，悉是淡水。貓嶼等處亦然。衆大稱異，遂不乏水。』見江日昇：《臺灣外記》，福建人民出版社，一九八三年，第三四〇頁。

紊亂。六鎮座駕船排列當先而進，各將領船隻隨行。今賊船泊在澎湖東邊山，就以東邊爲第一䑸。』時海壇鎮林賢拈第一䑸，平陽鎮朱天貴拈第二䑸，英拈第三䑸，銅山鎮陳昌拈第四䑸，金門鎮陳龍拈第五䑸，廈門鎮楊嘉瑞拈第六䑸。分派已定，英對施提督言曰：『如此進兵，明日必定破賊！』

二十二日巳時，我船五十餘號排列前進，餘船俱隨後架梁。[一]賊見我船進港，賊船魚貫衝出，水陸炮聲，震天動地。大小炮子，如雷轟雨洒，煙焰蔽空，山搖海沸。我船乘風直進，海壇鎮林賢先遇賊船交鋒，我船火器齊發，賊人勢急，跳殺過船二三次。林鎮身被箭傷，官兵十去七八，幾乎不脫。幸衆船齊進夾攻，林鎮之船方得退出。二䑸平陽鎮朱天貴纔欲交鋒，朱鎮即中炮身亡，其船亦退出。英見時勢危急，即督領各營船隻，英船當先殺入，焚燒賊大船數隻。時英右耳被銃傷裂，忍痛率領衆船奮力攻燒，賊兵亦殊死戰。時施提督、金門鎮陳龍督領衆船齊到夾攻。隨將賊船盡行燒燬擒獲。臨後又殺燒賊鎮陳啓明大船一隻。我船官兵只顧鈎搭攻燒，而英船同賊船俱被潮水湧擱石上。賊船已經着火，英船不能開脫，勢在急迫，時副將詹六奇坐船相近，親出杉板過船，勸英速下小船，以避火勢。英曰：『我船四百餘衆，與我同心血戰，用命衝鋒。今生則同生，死則同死，我豈肯捨衆而獨生哉？』時火燒將近，衆人痛哭，求英過船，英再三不肯。正在危急之際，英船忽然浮水，向北自開走有數箭之地。此非賴朝

[一] 關於二十二日清水師進攻的陣形，施琅在《飛報大捷疏》中記道：『臣於二十二日再申軍令，分股進發。遣臣標隨征都督陳蟒、魏明、副將鄭元堂領趕繒、雙帆艍船共五十隻爲一股，從東畔蒔內直入雞籠嶼、四角山爲奇兵夾攻。又遣臣標隨征總兵董義、康玉、外委守備洪天錫領趕繒、雙帆艍船共五十隻爲一股，從西畔內塹直入牛心灣，作疑兵牽制。將大鳥船五十六隻居中，分爲八股，每股七隻，各作三疊。臣居中爲一股，興化鎮臣吳英領一股居左，平陽鎮臣朱天貴、臣標前營遊擊何應元合領一股居右，金門鎮臣陳龍領一股在次左，臣標署中營參將羅士軫、署右營遊擊藍理、署後營遊擊曾成合領一股在次右之右，署銅山鎮臣陳昌領一股在次左之左，海壇鎮臣林賢領一股在末右，廈門鎮臣楊嘉瑞領一股在末左。尚有船八十餘隻留爲後援。』施琅：《靖海紀事》，王鐸全校注，福建人民出版社，一九八三年，第八二—八三頁。

廷威福，鬼神祐助，英一船四百餘命焉能保全耶？[一]

其燒餘賊船兵丁並守澎湖陸地數千餘衆盡已投降。是役也，澎湖賊衆全軍覆沒矣。計燒燬及獲賊船一百九十餘隻，燒死、投降僞官將三百餘員，賊兵斬殺、投降共一萬餘衆。劉國軒坐小船逃回臺灣。是晚，收入澎湖天妃宮泊船。英次日領陸師各營官兵登岸，分劄營盤。所有各營擒獲燒傷、落水之賊數百餘人，英與施提督議曰：『所擒之賊，殺之無益。可與醫藥調治，給糧撥船，送回臺灣，使彼處兵民咸仰仁恩，賊心自亂。』施提督依言而行。

聞劉國軒回臺欲調兵分守各口，因送回各賊人人相傳曰：『我等對敵，被傷落水遭擒，不行殺戮，仍給我糧食，與我醫藥，復送我回臺。菩薩慈悲，不過如此！』因此，臺地兵民心變，想望王師速至爲幸。劉國軒見事勢瓦解，隨遣員赴澎，講議納款投降。正在酌議之間，施提督請英密言：『臺灣有僞鎮將二百餘員，列名遣人前來，請給令牌旗號，不用我師到彼，伊等會衆舉事，擒獻巨魁。此舉若行，我無亡矢遺鏃之費。公意如何？』英曰：『賊之強梁善戰者，前已覆沒殆盡。臺灣餘寇，不過釜底遊魂，旦晚可定。汝我未出師時，已當天立誓，陣擒之賊，尚且不殺。今若輕聽妄動，殘害生靈，是汝我有欺天之罪也。此事斷斷不可！如輕聽小人之言，內中豈無受海上之恩者，恐一允許，人多易洩。設有一二

[一] 關於吳英澎湖海戰中船隻擱淺遇險一事，江日昇《臺灣外記》也有記載：『國軒見琅等今日戰陣諸船各用命爭先，復令劉明督其右鎮尤俊、龍驤左鎮莊用、侍衛中鎮黃德、右鎮蔡智、驍翊協蔡添、領旗鎮林亮、勇衛前鎮曾遂、中提督總理陳國俊、右武衛隨征二營梁麟、水師二鎮前鋒鎮營李富、左營張欽、水師三鎮右營許瑞、水師四鎮右營林耀、折衝左鎮左營陳勇、右提督後鎮左營王受等戰船、熕船、趕繒船、鳥船、雙帆艍船，合艅齊擊。正遇在左吳英督一股舟師進，英令總領旗黃登、副領旗湯明（登，漳之漳浦人，官粵東提督。明亦漳浦人，字德侯，官至海壇總兵）在船頭，已在尾樓督戰力敵。明身中數箭，而英被鹿銃飛過右耳，爲火氣傷裂，負痛死敵。忽船又被潮退擱淺，衆咸慌焉。登等喝「無恐！」急拔椗，連椗數椗，乘微風，船方逐浪移流。』見江日昇：《臺灣外記》，福建人民出版社，一九八三年，第三四二頁。

走漏風聲，鄭家兄弟子姪登舟飄遁別國而去，我等欲從何處追尋？縱得臺灣，亦難班師矣。』施提督喜曰：『公言甚是。』隨不允許，即公議准其投降。隨題本令侍衛吳啓爵進京報捷，聖上龍顏大悅。

我師議進臺灣，英面辭施提督曰：『今巨寇蕩平，臺灣投順，大事已定，可以不用陸師官兵。公進臺灣安撫，弟就此帶領陸師回汛。』施提督曰：『此行賴公大展智略，三日登舟，一月功成，掃除數十年海外之巨寇，爲國家建不世之奇功，弟豈敢忘也！』英曰：『此乃朝廷洪福，皆公調度有方，弟何能之有？』施提督曰：『今臺灣雖降，必須同往商酌，遣發投誠僞官渡海，共收全功。』遂於八月十三日同施提督齊進臺安撫兵民，即發僞首領渡海入京。

九月間，施提督蒙聖恩授爲『靖海將軍』、『靖海侯』。十月間，施提督欲回廈門，議將臺灣交英彈壓。英辭曰：『今澎、臺大事既定，應令水師鎮協固守。本鎮所領陸師自當回汛。』施提督曰：『臺灣雖定，投降官兵數萬，尚未移動，此處非爾我二人不能彈壓。但我不得不速回安插投誠，造報功冊，銷算錢糧。此處須借公彈壓，方保無虞。若安頓不得其人，恐前功俱廢矣。』施提督率眾班師，英在臺灣彈壓。

行間紀遇卷之五

康熙二十三年四月間，臺地有密謀不軌者，爲人密首。隨擒爲首林盛等數名，俱是海上僞鎮營，訊問之。據供同謀者衆。若究盡根株，恐亂扳動衆。英將倡首林盛等三名，立即梟首示衆，以滅其口。隨傳齊臺灣大小僞官，面諭之曰：『今有林盛等欲謀不軌，滿口亂扳，本鎮終是不信。今已將林盛等斬首外，汝等各官內中恐有一二不肖者，欲審問到底，致累衆人，本鎮俱已不究。現查臺灣澳內商哨船隻有四十餘號，汝等盡坐渡海到廈，與施將軍取討船隻，來臺搬取家眷。凡家後有缺乏糧食者，令汝親人來本鎮衙門請給。』衆人聞言歡天喜地，盡行登舟渡海。

五月間，據各鄉村屢次報聞，夜夜有強盜遍處打劫，燒烙男女。屢飭汛防，終不能緝捕。英遂設法擒拿，一夜獲真賊五十餘人，不用刑罰，盡已供招。細查俱是臺灣積年盜賊，害人甚多，論其情罪，俱不可活。因見人衆太多，隨將爲首者八人梟首示衆。內中有康福、洪碧二賊，英見其壯勇，隨拘禁密留，餘者各責數十板，盡行驅逐過海。隨密喚康福、洪碧，諭之曰：『汝二人情罪，不止一死。因見汝膽勇，本鎮欲用爲耳目之寄，汝等意若何？』福等曰：『若蒙不殺之恩，雖奔湯赴火，萬死不辭。』英曰：『欲使汝因罪立功，必用苦肉計，各責數十板，以塞衆口，汝等方好行事。』責後各賞銀布，每月仍各暗給銀五兩，資其食用。密囑以後凡有人合黨爲非者，汝等亦入其黨，行劫諸事不妨與之偕行，汝夜來指名密報，另有重賞。至十月十九夜，康福密報臺灣有人同謀造反，賊首蔡機功現領二千餘衆，在小崗山內劄營。據衆人所說還有六七千人，各標營俱有領他劄付，約作內應者，福現領他中提督綾劄。各首領議定本月二十四日在五軍總督關顯家中會齊，十一月初一日甲子日要動手攻燒各營盤，恢復臺灣等語。英恐小人之心不測，隨問康福：『汝可能領我家人同去領劄乎？』康福曰：『只要面生之人。』英令一家人同往，果然領得總兵劄付回來。問康福曰：『賊人所缺者何物？』答曰：『少者掌號大刀，其餘鎗炮俱有。』英曰：『衆賊首既定二十四日會齊，不過數日之間。彼既少掌號大刀，我營中俱有。每日我付與汝數件，不妨送去與他，延到二十四日，可以一齊擒拿。』英恐事或漏洩，未敢傳聞各將，只是暗暗提防，每日夜間指托別事，查點各協營官兵。凡營中有同謀者，俱不得離伍。賊疑事有敗露，二十四日不敢會齊，闕顯等遂逃入小崗山合夥。英隨令副將詹六奇於二十九日領官兵並土番二千餘衆，前去勦捕。至十一月初一日，賊衆出山迎敵，依山爲勢。我官兵攻擊不前。遊擊李全信率領土番四百餘衆，抄從賊後夾攻，賊遂大敗，梟賊首五百餘級。餘賊四散，陸續就擒。臺灣地方盡已安寧。

本月十四日，新陞臺灣總兵楊文魁到臺。[一]英將地方交付，於本月十七日率領官兵，登舟歸汛。日晚到澎，狂風驟作，海浪滔天，十餘日不息。英思此遭澎湖之戰，我官兵用命，死者數百餘人，數十年巨寇猖獗，全軍覆沒，滿海屍浮，盡歸魚腹。雖拒逆天威，罪在不宥，但目擊情形，亦可傷憫。兇魂無依，興風作浪，理或有之。遂令人設辦品物，致祭海邊。次早，風平浪靜，櫂夫奏功，是晚到廈。

十二月十六日，到興化府。英先題請陛見，奉有俞旨。康熙二十四年正月初八日自興化府起身，至三月十五日到京，兵部引見乾清門。二十二日，禮部引至午門，蒙賜鞍馬一匹。即傳旨到景山，賜御筵食物，詢問臺灣情形。天顔溫霽，英遂面奏條陳臺灣官兵屯田、減少船隻二事。聖心大悅，命英題本。至薄暮，聖駕回宮，出景山門，至神武門三停御駕，傳旨命內大人馬武、吳達禪二人引英騎馬，由神武門入。二大人言曰：『皇上旨意，說此宮內諸大臣從來走也不敢走，不但騎馬。說汝是狠有功的大臣，纔賜汝騎馬，命我二人引汝進宮，賜汝的東西。這是從來沒有的。』英隨二大人乘騎，由神武門入，至

[一] 楊文魁，奉天人，正黃旗參領。康熙二十三年至二十六年間任臺灣首任總兵。

乾清宮外景運門亭前下馬。蒙賜金蟒紗朝服一件、寸金蟒褂一件，又賜內廄大御馬一匹、玲瓏鍍金鞍轡一副。復蒙賜茶，隨叩頭謝恩。二大人命英穿朝衣蟒褂，乘馬出東安門。[一]

二十四日，隨上條陳一本：

為欽奉上諭敬陳管見以佐採擇事。

切惟臺灣一隅，孤懸海外，久阻聲教。我皇上乾斷東征，宸謀決勝，所以一戰蕩平。化外之域，盡入版圖，自生民以來未有若斯之盛也。臣自進師之後，督、提二臣題臣在彼彈壓年餘，細心察訪民情土俗，求其所以久安長治之計。如臺灣賦稅等項，現蒙皇上勅令督、撫、將軍、提督會議，海島窮民咸戴皇仁，臣不敢贅辭。惟臺灣所設官兵船隻，糧餉不敷，尚廑廟堂碩畫。臣輾轉圖維，必如何而節餉，則省餉仍不省兵；必如何而減船，則船少更便於船多。管見所及，愚議有二，敬為皇上陳之。

一、臺灣之地勢，南北延袤三千餘里，與內地之浙江、閩、粵三省，遙為對照。惟固守臺灣，則沿海數省生靈得安衽席。前議臺灣、澎湖二處，設水師趕繒、雙帆艍船一百號，深為地方固守之計。但臣在彼日久，留心相度，見臺灣一山孤峙外海，四面海勢絕險，非用船之地，只宜守陸，似

[一]《康熙起居注》載：康熙二十四年乙丑三月『二十二日壬午。辰時，上御乾清門聽政……未時，御景山內前殿，召廣西巡撫范承勳、福建興化府總兵官吳英賜宴畢，召范承勳至御榻前。……又召總兵官吳英至御榻前，上曰：「爾有所奏否？」英奏曰：「臣前同提督施烺進征臺灣，仰伏天威，得以奏捷。鄭克塽納土投降，已經安插得所，不敢瀆奏。但臺灣設兵八千人，彼處錢糧不足贍養，歲需內地協餉數萬金，似非長計。今臣愚見，請將八千兵丁，半爲鎮守，半爲屯種，每兵給田三十畝，督令盡力耕穫。除費用外，收其餘粒，可以充餉。況牛隻田器彼處俱有存者，耕種甚易，收穫頗饒，行之有法，可以永省協濟。伏望睿裁。」上曰：「爾言甚是。邊地屯田，古有成法，爾回任後具疏來奏，朕自酌行。」諭畢，上回宮。……是日，賜廣西巡撫范承勳、福建興化府總兵官吳英備鞍馬各一匹。』見中國第一檔案館整理：《康熙起居注》，中華書局，一九八四年，第二冊，第一三〇六—一三〇八頁。

可無虞。臣思從來小寇竊發，皆內地奸民下海作祟。如有發覺，沿海官兵即可撲滅。臣視臺灣土番木偶土形，止求衣食，素無名利之想。即彼中人民，有司撫字得法，各安生涯，諒無他意。或有匪類，不過一時嘯聚山林，陸師搜剿可盡。間有紅毛船隻往來經過取水，亦在陸師嚴為稽察防禦。今臺灣、澎湖所設趕繒、雙帆艍船一百隻，不僅每年修造時費金錢，所恐多船泊之外洋，日後或起奸人覬覦之心。不如減去八十號，只留趕繒、雙帆艍船二十隻，分發臺灣、澎湖二處，不過傳遞文書，以通差使往來，似乎足用。要緊一着，惟在固守臺灣一塊土，別無餘事矣。

一、鄭經向來竊踞臺灣，彼時臺灣之人，多係各省沿海擒去難民。自克平之後，難民回鄉者眾，今人民稀少，所出錢糧有限。業已題定防守臺灣、澎湖二處經制官兵共一萬員名。今議以鹿皮、白糖通洋助餉，誠為變通籌餉之善策。然海洋叵測，險汛兵餉，月不過五，始得其心。若俟貨物交易以濟兵食，不僅不能如期給發，且歷涉波濤，日月往來，其間尚有可虞。臣駐彼日久，細心籌畫，見臺灣地方極好水田，俱係偽鎮將所佔，不在民田之內，其耕種之法，較內地之田更為省力。四五月種稻，九十月收穀，不甚耕耨之勞。今臺灣現有所遺耕牛甚多，況此田即在臺灣南北路左右附近。臣之愚見，除防守澎湖二千官兵，無田可耕，仍給糧餉外，其防守臺灣之八千官兵，或以四千仍給糧餉，其餘四千官兵，不如每兵各分水田三十畝，耕牛一頭，令其屯田。除春種冬收農忙之月，其餘閒日，責令各營將弁，照常操練。如將備督耕練兵教養有方者，格外優陞，獎一勵百。共計四千屯田之兵，每年可省餉銀六萬兩，省米一萬餘石。則兵有恆產，國可省餉，一舉而兩善之道也。但屯田之兵，每兵必先各給銀十兩，令其置備耕種農具。本年米穀，必俟冬收始得。第一年糧餉，似應按月全給。嗣即以田為糧，不用動支公帑矣。或每年每兵給操賞銀一二兩，是出朝廷特典鼓勵之恩也。

臣一介武夫，受國厚恩，無可圖報，今蒙皇上俯採芻蕘，冒昧直陳，是否可行，伏乞睿裁。

二十七日奉旨：着九卿詹事會議，照英所議具奏。奉旨准行。

四月初一日，舟山總兵缺出，兵部請旨。奉旨：吳英效力行間，著有才幹，着調補舟山總兵。副將王萬祥陞補福建興化總兵。英於四月十一日同查功大人出京，到福建交代。隨到泉州會施將軍。施將軍言曰：『此遭平海，全藉公智力之功，我經題過兩本，今我尚欲再題。』因以疏草相示。英曰：『汝我蕩平海外四十餘年巨寇，俱是天意輔佐國家，此乃朝廷洪福，在弟何功之有？且功名自有分定，何必再題。』

施將軍隨具題本：

為鎮臣協心戮力全收成效事。

竊照興化鎮臣吳英實力報國，共籌制勝。澎湖之役，奮不顧身，勵兵血戰，蕩殲賊眾，全軍覆沒。復收臺灣輸誠，以淨海外四十餘年之大逆。臣業已兩次具題，現奉議敘。但臣既蒙聖恩授以將軍，封以侯爵，寵榮備至。而吳英同志策力，功績居多。當此議敘之際，伏祈殊霈酬庸隆典，以勵厥效。臣忝膺專征之命，吳英此役戰功，非比尋常，不敢隱諱。謹冒昧上陳，伏乞皇上睿鑒施行。

奉旨：該部議奏。

英於六月廿五日由興化府起身，至浙江，途次有浙江海洋賊首洪煥遣人見英曰：『某等聞旌節移鎮舟山，自思浙洋之中，斷不能容。今奉本主差來，求恩開一條生路，准其投降。如不見聽，某等惟有遁往廣洋耳。』英隨細問情形，據言船有三十餘號，人有二千餘眾，在浙江溫、台等處已經三載。撫、提、鎮、道屢次招撫，不肯降服。某奉主命，特懇開恩招撫。英即分付來人告洪煥，船眾可聚齊在溫州三盤海嶼等候，我到任後自有定奪，斷不爾悞。英於八月廿五日抵舟山。九月間，賊首遣偽中軍陳錫到舟山，求請令牌招撫。隨給賞來人，一面會同浙江提督陳世凱各遣員前去招撫。洪煥即率眾進溫州港投降。英正與陳提督商議安插，十月二十日接邸抄，蒙恩陞補四川提督。[一]兵部議敘臺灣軍功，加十九等，授拜他喇布勒哈番，又帶前一拖沙喇哈番。奉皇上特旨：吳英在澎湖血戰破敵，功在首先，着再加拖沙喇哈番，授爲三等阿達哈哈番。

康熙二十五年四月初一日，到四川提督任。六月初三日，重慶鎮王度冲咨報梁山縣有賊首楊善聚集賊寇數千，自稱年號，破長壽縣，甚是猖獗，求請援兵。又有川北鎮馬子雲咨報廣安州賊首帥九經率賊衆數千，攻打巨縣，亦求請救兵。巡撫姚締虞與英商議，欲發兵前往。英曰：『成都撫、提之兵，不過二三千之衆，彈壓西北一帶，不可輕動。此等賊人不過烏合之衆，聞爲首者皆是譚宏、吳三桂餘黨。經希總督、何提督屢次招撫不服。[二]自恃山高人衆，欺各鎮營汛廣兵單，故敢狂逞，滅之易耳。』英隨調重慶、川北各將官，令梁萬營衛參將統領，共選撥馬步精兵三千，令其不論疆界，賊所到處，即行剿滅。據報賊衆與官兵交鋒三次，賊首楊善陣亡，帥九經投水身死，斬殺賊衆甚多，餘黨各自奔散。只剩八百餘人逃入廣安州深山，名曰『旱山』，路行三日，無水。英令各官兵用竹筒裝水，自負行糧，追入深山。賊人見官兵追急，先殺其妻子而自縊。只剩三百餘人，俱被官兵剿殺，只解回賊將軍尤德宛等五十三人，獲旗幟鎗刀、僞劄印信無數。隨即題明，奉旨：將尤德宛等正法。川東北悉平。

又據報川省所通陝西大路漢州連山灣、古店驛等處，川陝往來貿易客人到此，屢被賊劫；又報通湖廣川江水路，凡往來客商船隻，亦常被盜截劫。查自開川以來，盜劫頻聞，地方官皆諱匿不報。英屢嚴行申飭，令各汛防緝捕，終無一獲。英思四川地廣人稀，百里無煙，不過州縣並無鄉村，沿江又無汛防，如此形勢安能斷絕賊源？況所通秦楚水旱二路，如人身氣血二管，若不流通，四川終無起色。令各

[一]《大清聖祖仁皇帝實錄》卷一百二十二載：康熙二十四年九月乙酉，『陞浙江舟山總兵官吳英为四川提督』。

[二] 希總督，應爲禧總督，即禧佛，滿族，康熙二十二年至二十五年間任川陝總督；何提督，即何傅，康熙二十一年至二十四年間任四川提督。

鎮協營沿江安設塘汛，二十里一小塘，六十里一總塘。計至湖廣共二千八百餘里。旱路各處又設立煙墩、瞭高臺，又懸賞購募幹人，插入光棍爲黨羽。不數日，即緝捕一真賊，寬釋其罪，供招爲首者及窩家有十數人。英乘夜擒拿，隨到隨訊，供出城內城外遠近共有三百餘人。隨分遣各處掩捕，一二日陸續解到。英各行面訊，不用動刑，盡已供招。隨與姚巡撫商議，將所問原供發交府縣參遊文武會審，各照原供，並無改口。姚巡撫曰：『此等積年大盜害人甚多，應令文武官盡行處死。』英曰：『此一夥強盜皆是川中多年積久湊集，非是一時所有。內中查其害人最多者，立即處死。餘者分別輕重，各責數十板，交地方看視。俟其稍能行走，查問何省人氏，着府縣官移文，沿塘遞解該省安插，盜源自清。』時文武官會訊內有積盜六十三人，皆令處死，餘者陸續發回。從此川中水陸安堵，雞犬不驚，夜門不閉。湖廣、陝西二省，扶男挈女來川開墾者，絡繹不絕。

再查由川往陝者，俱從漢州鹽亭縣保寧府一路而出，盡是高山峻嶺，路徑難行，人跡稀少，所以易於藏奸。英訪古時大道，乃由德陽、羅江而出昭化縣，道路坦平，又近三百餘里。英隨與巡撫噶爾圖合捐俸金，[一]不動民力，修復古道。噶巡撫即會同題明，移改中路，裁減驛站，蒙俞旨獎勵。因此貿易往來者，接踵並至。多年荒廢田地，盡皆開熟。

康熙三十五年七月間，奉旨調補福建陸路提督。[二]

康熙三十六年二月初一日，蒞任泉州。聞漳屬地方，多有匪類潛藏，在於漳、泉山中嘯聚，橫行劫掠。其最著者則曰江孝、賴立，盤踞山中已二三年。英隨即赴省與督、撫面商曰：『漳屬山中有小寇數起，欲用官兵擒捕，此輩如鬼如蜮，曉散夜聚，藏匿深山窮谷，斷難淨盡。但此輩在前或有過犯，懼罪

[一] 噶爾圖，滿族，康熙二十七年至三十二年間任四川巡撫。

[二] 《大清聖祖仁皇帝實錄》卷一百七十四載：『康熙三十五年秋七月十四日（戊辰），調四川提督吳英爲福建陸路提督。』

藏身，欲撫之不敢來，欲剿之又無定所。若不設法掃除，終爲民害。以今之計，必須一概寬免前罪，准其改過自新。查伊等各有親人，給與免罪印牌，令其跟尋喚出，庶免擾害地方。』督、撫曰：『若得如此，萬分妥當。但此輩如前抗玩不來，欲如之何？』英曰：『若如此仍復不來，自當設法剿除之耳。』英回泉之後，隨尋伊夥各親人，執牌往山中各處招喚，江孝、賴立、李復等出山歸伏，黨羽分散，無復山中嘯聚者。

是年冬，廈門水師提督張旺奏辭水師提督：

爲水師責任匪輕，倚畀務在得人，臣謹披瀝密陳，仰祈睿覽事。

切臣以邊塞武夫，出身行伍，歷官千把副參遊守。自康熙二十九年間陛見後，即蒙陞臣江西總兵官，不數年洊陞江南提督。自慚寸酬未展，跼蹐難安。又蒙皇上特旨，調臣福建水師提督。蒞任以來，八月有奇，雖凜供職守，其如福建水師營汛，南接廣東，北聯江浙，東達大海外洋諸國，誠非別省水師可比。臣雖前任提標中軍參將、澎湖水師副將，彼時勤供職守，和輯兵民，一切機宜俱有提鎮調度，微臣不過仰聽指臂之用。茲臣肩此重任，除整頓營伍，操練船兵之外，凡沿海各處險要口岸以及天時風信十不知其二三，雖時飭鎮營將弁，實力巡防，共圖保固，是亦勉強從事，委非深知熟練者也。伏念微臣以營伍小卒，荷蒙皇恩，不次拔擢，歷官兩任總兵、提督，身受恩已三十載，即捐糜踵頂，恐亦不足仰報皇恩於萬一。又奚敢勉強戀職，致滋貽悞，罪不容誅。

茲有克勝水師提督之任者，惟見任陸路提督臣吳英其人也。不特人地相宜，威望素著，且其歷任同安、興化總兵官，統師進剿澎、臺，身先士卒，首樹奇功。及後安撫臺灣，坐鎮攝服，兵民愛戴，善政多聞。旋調浙江舟山總兵官，繼陞四川提督，今調福建陸路提督。歷任邊海將帥，閩疆沿海險隘要口，某處可以下椗泊船，某處可以進口登岸，某處有無奸䑸出沒，一年天時颶風，又其深知熟悉者也。此彈壓海疆重帥，必須功績懋著、素有威望之人，方稱其職。若以微臣較比，實萬有所不及也。至如提臣吳英前任福建督標中軍副將時，臣為伊標下中軍遊擊，與之同事三年，其一切戰守供職並皆籌畫盡善。今春微臣赴省會議更調水陸官兵事宜，道過提臣吳英衙署。接見時，講及水師海疆調度，井井有條，靡不週悉。此又臣愚所不及也。微臣回署日，即擬具疏陳請，正逢皇上御駕西征。每一念及，寢食難安。為臣子者正宜勉供職守，又何敢冒瀆天聰。茲者欣逢王師凱旋，聖駕回鑾。微臣仰屋籌思，倘再因循戀職，不即密陳於皇上之前，萬有貽悞，臣身固不足惜，其如朝廷封疆何？茲臣謹從海疆起見，故敢冒昧密陳。伏乞皇上念切海疆重任，俯將陸路提督臣吳英調補水師提督，實有裨益匪淺。微臣別聽驅效犬馬，仰報皇上高厚深恩。臣總以皇上封疆為重，自慮不克勝任，即罷斥歸田，亦分所宜然。斷不敢勉強戀職，致滋貽悞也。

康熙三十七年四月，張提督奉旨進京陛見，郭總督咨會帶理水師提督。[一]英于四月廿二日到廈，至六月間，密訪得漳州奸徒楊俊、陳敬、蔣欽、洪輅等僞造印劄，在漳、泉各屬并金、廈等處，分散招黨。英即令親信數人投入其黨，領其將軍、提督、總兵印劄十餘張，密送與郭總督看明。一面密囑我人，緊緊跟隨，觀其動靜。至七月初十日，據所遣密探功加官張國回稱，賊首所言人有數千，漳城內外均有同謀者，約定七月十六夜破城。又有賊首在石碼、海澄坐小船數十隻，是夜欲到廈門刼船。英即撥親丁數十人，扮作鄉民，同張國十六早在漳州東門外葱園地方，擒拿蔣欽、洪輅、陳敬等，家中搜出牌劄、封條、印信數百餘件。隨即咨報督、撫。督、撫委令海道甘國基到廈會審。陳敬、蔣欽等俱各供招謀反實情。欲根究黨羽，恐其扳累多人，隨將四逆首處死，分發廈門、漳州示眾。

八月內，奉旨調補水師提督。[二]英于是年八月初十日到廈門水師任。因見撥歸臺、澎鳥船十隻，歷

[一] 郭總督，即郭世隆，康熙三十四年至四十一年間任閩浙總督。

[二] 《大清聖祖仁皇帝實錄》卷一百八十八載：『康熙三十七年夏五月二十九日（壬寅），調福建水師提督張旺爲廣西提督。六月初八日（辛亥），調福建陸路提督吳英爲福建水師提督，陞福建臺灣總兵官王萬祥爲福建陸路提督。』

年大小修動費公帑多金，民間亦苦科派。其船重大，巡哨不便於用。又沿海水師一十四營將備等官，率多不諳水性。營中並無馬匹，兵丁拔補把總，考射馬箭甚難。乃疏題條陳三事：

為恭陳末議，以裨海疆實效事。

切照閩海汪洋，延袤遼闊。較之江浙、廣東，倍為險要。蒙皇上不鄙臣愚，調補水師提督。天恩浩蕩，頂踵難報。惟是海疆重任，臣於康熙三十八年十一月間恭請陛見，冀得跪聆聖訓，未邀俞允。但臣身膺水務，與陸不同。所有一二切要機宜，俱于水師營汛有裨者，臣謹謬抒末議，恭請睿裁。

一、沿海營汛，除臺灣、澎湖總兵副參遊守等官案經督臣題定，就近揀選，請旨調用，兵丁又係內地各營挑選輪防，可以無庸置議。惟是提標南澳、銅山、金門、海壇、閩安、烽火等營，為全省藩籬，臺灣屏翰。廣袤二千餘里，島嶼錯雜，大洋浩渺，一切哨防，全在諳練水務將弁是賴。查各標營將備，熟識海上情形，堪率船兵出洋哨防者，亦有一二；其從未涉歷波濤，不諳水務之員甚多。一經出哨，不特不知風信之早晚，潮流之順逆，〔彎〕灣澳之收泊，水程之遠近，抑且頭暈眼昏，嘔吐欲絕，茫然僵臥。切思主兵者，調度機宜。將弁不能依令而行，有將與無將同。有精練之兵，而將弁不能督率指揮，有兵與無兵同。間有勉強支持，亦屬塞責。欲求其乘風破浪，窮搜遠緝，斷乎不能。雖有智能之將，用違其才，亦置無用之地也。以臣愚見，嗣後提標以及南澳至烽火十四營，伏乞皇上天恩，俯念福建海疆關係比別省不同，准照臺灣將備選擇保題之例，凡遇將備缺出，臣會同督、撫就本省併附近內地省分營內素知其諳練水務、才技優長之員，選擇保題調補，得以督率哨緝，營汛海疆收得人之效，大有裨益也。

一、烏船十隻，案經題明，撥歸臺灣、澎湖營汛充用。惟是營中戰船，有一船期得一船之用。查前項烏船，較之趕繒等船長大，三年小修，再歷三年大修，工費倍多。出洋巡哨，又用不到。且鳥船行水甚深，必得一丈四五尺水，方可駕［使］駛。屢經臺、澎鎮協僉稱，鹿耳門水道叢雜，沙壅日淺。一遇風濤，港外又無泊處。澎湖平洋低岸，港道危險，進出艱難，具請會奪前來。臣思鳥船留營，素無遣用，每費許多帑金修理，交與營中雨淋日晒，現今又在請修之期。虛費公帑，修此閑擱之船，亦甚可惜。以臣愚見，將此鳥船十隻，伏乞皇上睿鑒，勅部議行，改造大趕繒船十隻，不特利濟巡防，抑且以後修整趕繒工料，比鳥船減省許多，公帑不至虛費，而營中又得船隻實用也。

一、水師與陸路不同，水師官兵所重在船，陸路官兵所重在馬。在陸路各營俱有額設馬匹，凡驗補把總，惟較弓馬優劣，以定去取。故營中送驗把總，皆由馬戰兵內選拔。至於水師各營，地處海濱，並未設有馬匹，兵丁俱係操舟駕楫之眾。凡選驗千把總，在前定例，俱就該營熟悉水性、諳練船務、善於步射之人，送驗拔補。近奉嚴綸，臣日夕督飭，除現在千把總俱就自備馬匹，限期演練。其中真有學習不前者，業已咨革外，惟今水師把總缺出，勢必就各營百隊戰兵選拔。但各兵日在船中，不特從未騎馬，抑且無馬可騎。若必遴選騎射，則各營竟少其人可拔。臣責任所關，敢不瀝陳。以臣愚見，因地用人。伏乞皇上天恩，嗣後水師把總缺出，准仍就各營戰兵之內，選驗人材勇健、熟練船務、善能步射之人拔補。俟驗補之後，有自備馬匹，可以騎射，即令該管將備督率演習，務期精熟。或遇該營千總缺出，送驗之時，與督臣覆核考驗。如果弓馬嫺熟，即准拔補千總。倘或弓馬生疎，即將該把總立行斥革，另選拔補。在各營把總必以功名為念，自能殫心勤習，而水師各弁，得收臂指實用矣。

奉旨：該部議奏。

部議只准提拔把總，免其騎射；其鳥船乃奉特旨，留用澎、臺年久，併選調鄰省將備，俱無庸議。

復奉旨：吳英所奏事情，着會同該督、撫、陸路提督詳議具奏。

英即赴省會議，俱照英議，會同題覆：

為恭陳末議，以裨海疆實效事。

康熙三十九年八月初七日，蒙兵部劄付內開職方清吏司案呈奉本部送兵科抄出該本部覆福建水師提督吳英題前事等因。康熙三十九年六月十八日題，本月二十一日奉旨：這吳英所奏事情，着會同該督、撫、陸路提督詳議具奏。欽此。欽遵抄部送司案呈到部，擬合就行，為此合劄該提督欽遵施行。計粘抄一紙。該臣等議得福建水師提督吳英疏稱提標南澳、銅山、金門、海壇、閩安、烽火等營為全省藩籬，臺澎屏翰。一切哨防，全在諳練水務將弁是賴。查各標營將備，不諳水務之員甚多，雖有智能之將，亦置無用之地。嗣後提標及南澳、烽火等十四營，伏乞准照臺灣將備選擇保題之例，凡遇員缺，臣會同督、撫就本省併附近內地營內諳練水務之員，選擇保題調補等語。查康熙三十六年，據福浙總督郭世隆疏稱：臺灣、澎湖因係孤懸海島，民番雜處，所設將弁，俱准其將現在品級相當、才略素優、熟悉風土之員保題調補，三年俸滿，於即陞官員內先行陞用之中又先行陞用等因具題。[一]奉旨准行，欽遵在案。其提標南澳等十四營係沿邊內地，非與臺、澎孤懸海島可比，且南澳等邊海員缺，俱係坐名保題，地方現今遵行此例，並非不行題補，應將該提督請以提標及南澳等十四營比照臺灣、澎湖調補之處，無［容］庸另議。又疏稱營中戰船，有一船期得一船之用，鳥船較之趕繒等船長大，修整費多，出洋巡哨，又用不到。請將鳥船十隻，改造大趕繒船十隻，不特得利濟巡防，抑且修整減省等語。查前項鳥船，於康熙二十六年原任福浙總督王新命會同巡撫、提督題定經制額設船數內，且鳥船係內洋需用大船，若令改造趕繒船，遇有應用鳥船之處，一時難以製造。應將該提督請將鳥船改設趕繒船之處，亦無［容］庸議。又疏稱水師與陸路不同，

[一]『之中又先行陞用』七字疑衍。

水師官兵所重在船，嗣後水師把總缺出，仍就各營戰兵之內，選驗人材勇健、熟練船務、善能步射之人拔補。俟拔補之後，自備馬匹，演習弓馬。千總缺出，覆核考驗，如果弓馬嫺熟，即准拔補千總等語。查兵丁拔補千把，該督、提務將才技優長、弓馬嫺熟、諳練水務之人揀選補用。今該提督既稱水師與陸路不同，遇有把總員缺，就於各營戰兵之內，熟練船務、善能步射之人拔補。俟拔補之後，自備馬匹，演習弓馬，遇有千總缺出，覆加考核。如果弓馬嫺熟，即准拔補千總。倘或弓馬生疎，即將把總斥革，另行選補。應如該提督所題，嗣後水師營把總缺出，即於各營戰兵內選擇拔補。遇有千總員缺，會同督臣覆加考驗，倘或弓馬生疎，即將把總斥革，另行選補可也等因到臣。

蒙此，切臣一介庸愚，謬測管窺，蒙皇上天恩，不鄙芻蕘，奉有所奏事情，會同詳議之旨。臣跪奉綸音，不勝惶悚。隨赴省城，會同總督臣郭世隆、巡撫臣張志棟、陸路提督臣王萬祥會議得水師把總缺出，於各營內戰兵拔補一款，仍照部議，嗣後把總缺出，於各營戰兵內選擇熟識水性、善能步射者拔補外，至沿海將弁選擇保題一款，查邊海巡防控制，全在將領熟諳水性情形。苟用違其才，難以控馭調遣。計提標南澳等一十四營副、參、遊、守，共有二十七員，雖有於本省坐名題補之例，但福省各營將備，除揀選調補臺、澎之外，此等缺出，若再於福省各營揀選題補，恐乏其人。今議得前項缺出，照例於本省各營內揀選題補外，倘揀選不得其人，於附近浙省內素悉其熟習水性、諳練船務、才技優長之員，臣等會同保題調補，庶水師收得人之效，海疆更有裨益矣。

再鳥船改造趕繒船一款，查當日原存鳥船八十二隻，後臺、澎平定，於康熙二十六年經督臣王新命會同撫臣張仲舉、水師提督臣施琅題請［折］拆變七十二隻，惟留十隻為興販之需。至康熙二十八年停止興販，又經撫臣張仲舉會題，撥入標營經制之內。查近來臺灣之鹿耳門沙壅日淺，澎湖水道危險，出入維艱，船身重大，不便駕［使］駛。迄今十有二載，一應出哨巡防載餉諸務，曾未一用。若遇大修之期，俱是從新製造，需費甚多。況今昇平日久，海不揚波，各營趕繒等船足資巡防。此項鳥船，與其糜費錢糧，置諸無用之地，不若改造趕繒，可為實在軍需。應將鳥船改造大趕繒船十隻，其［折］折下舊料，變充改造之費。餘剩者，報部撥用。一轉移間，不惟可省歲修之帑金，而營伍制船盡得實用也。該臣等確酌詳議，伏乞皇上天恩，俯賜允准，則閩省海疆攸賴不淺矣。

奉旨：依議。

行間紀遇卷之六

康熙四十二年，聖駕南幸。英於正月初三日自廈起身，至二月十一日到蘇州迎接。十二日，隨駕。十五日，到杭州。本日，皇上親臨教場令將軍、提、鎮、都統演射弓箭。英連中三箭，龍顔喜悅。至十七日，蒙御筆親書『作萬人敵』之匾額以賜，仍賜五爪綠龍袍、貂帽外套，又賜人參、棉羊[一]、哈密瓜、乳子酒并各樣食物。十八日，送駕。二十一日，到蘇州。英回署日，敬將所賜匾額，摹倣刻石，懸掛於牌坊之上，並建立御書樓，以崇奉宸翰，世世寶藏焉。

康熙四十四年二月間，聖駕閱河，因巡幸江浙，英同本省督、撫、陸路提督星馳到江南接駕。[二]蒙聖恩疊賜古文淵鑑法帖、皇輿表、寶石、大小硯、玻璃各樣玩器、寶墨、棉羊、乳酒諸色品物，並賜英祖父祠堂匾額，御書『燕翼詒謀』四字。又賜七字聯一對：『但使虎貔常赫濯，不教山海有煙塵』。又七言詩一幅，五言詩金扇一握。[三]

隨駕至杭州。皇上親臨教場，令各提、鎮射箭。英連中二箭，天顔大喜，溫旨垂問。復送駕至蘇

[一]　原文如此，是否为『绵羊』，待考。

[二]　《大清聖祖仁皇帝實錄》卷二百十九載：康熙四十四年三月丙午清明節，『上駐蹕寶塔灣。福建浙江總督金世榮、浙江巡撫張泰交、福建巡撫李斯義、提督浙江學政靳讓、浙江提督王世臣、福建水師提督吳英、陸路提督梁鼐、溫州總兵官李華、平陽總兵官王應虎、定海總兵官施世驃、黃巖總兵官許國桂、福寧總兵官張玉麒來朝』。

[三]　《大清聖祖仁皇帝實錄》卷二百二十載：康熙四十四年乙酉夏四月己巳，『賜杭州将军宗室诺罗布、副都統阿喇纳胡什布、福建浙江总督金世荣、浙江巡撫張泰交、提督浙江學政靳讓、浙江提督王世臣、溫州總兵官李華、平陽總兵官王應虎、定海總兵官施世驃、黃巖總兵官許國桂、福建水師提督吳英、陸路提督梁鼐、福寧總兵官張玉麒御書』。

州。再賜八團龍袍褂、暖帽。靴襪、頂戴、孔雀翎。[一]

康熙四十五年，英以年屆七十，思海疆重任，恐滋隕越，於六月十九日繕疏具奏：

爲微臣年歲已老，水師責任匪輕，仰懇聖恩，俯准罷退，以重海疆事。

竊臣一介庸愚，蒙皇上特用之恩，自遊、參、副將，洊歷同安、興化、舟山總兵，旋陞四川提督，繼調福建陸路，移轉水師，歷任三十餘年。微臣不過竭盡犬馬之力，兢兢職守，毫無報稱。臣前後陛見，以至迎鑾，疊蒙我皇上解衣推食，錫予便蕃。內庭禁地，驚奉騎馬之榮；御筆宸章，匾賜『萬人之敵』。此皆古來未有之殊恩。顧臣何人，獲膺曠典。即使棄捐頂踵，碎骨粉身，尚且不能圖報萬一，何敢遽求休退？惟是水師爲閩省重任，臺、澎尤屬緊要，自非精明強固之才，難以勝任。臣今年已七十，筋力日以漸衰，精神未免不足。若復貪戀榮祿，不即陳懇於君父之前，萬一措施失當，貽悞海疆，臣罪更無可逭。臣謹冒昧陳請，仰懇天恩，准臣罷職歸田。另簡賢能，膺理斯任，則微臣餘生之年皆受恩之日矣。臣不勝惶悚，激切待命之至。

奉旨：吳英效力行間年久，沿海水師營務極其諳練。簡任提督以來，整飭營伍，和輯兵民，正資料理。着照舊供職，不必以衰老求罷。該部知道。

康熙四十六年，聖駕巡閱河工，南幸江浙。英赴江南接駕。二月二十九日，皇上駐蹕三叉河，英恭迎聖駕。至行宮啓請聖安，蒙賜克食。

三月初六日，隨駕至江寧府。

[一]《大清聖祖仁皇帝實錄》卷二百二十載：康熙四十四年乙酉夏四月己卯，『賜江寧將軍鄂羅舜、杭州將軍宗室諾羅布、京口將軍一等侯馬三奇、江南江西總督阿山、福建浙江總督金世榮、安徽巡撫劉光美、江蘇巡撫宋犖、浙江巡撫張泰交、福建巡撫李斯義、提督江南學政張廷樞、浙江提督王世臣、福建水師提督吳英、陸路提督梁鼐衣各一襲、帽各一頂、硯各一方』。

初八日，皇上親臨教場，傳英到御前。

上問：『你多少年紀了？』

回奏：『臣今年七十一歲。』

上又問：『你的鬚有染沒有？』

回奏：『臣鬚沒有染。』

上云：『你今年七十一歲，怎麽樣養得鬚髮都是黑的？』

回奏：『受皇上福庇。』

上又問：『你一身有多少傷痕？』

回奏：『蒙皇上天威洪福，臣水陸身經百戰，從來不帶傷。』

上云：『我們滿洲當初亦有一將，各處用兵，總不帶傷。人問他：「你到處殺賊，如何不帶傷？」他說：「我若帶傷，就了不得了，天下的賊就無人殺了。」像你一樣，都是你們自〔已〕己帶來的造化。不然，你一人經過許多征戰，豈有不帶傷之理？』

又奏：『臣蒙皇上天恩，重用三十餘載，特用提督二十餘年。臣今年七十一歲，日見筋力漸衰，海疆重任，惟恐稍有差悞，負罪匪輕。臣去年故敢具疏乞休，蒙皇上天恩，格外嘉獎。臣從今有生之年，皆是受恩之日，就是粉骨碎身，亦難圖報。』

上云：『你今年纔七十一歲，貴州提督李芳述今年八十歲了，我留他。你是久經歷練的老將，正要用你，怎麽辭得？如今不用你的身子出力，只用你的心與口指揮調度就是了，何必告辭。』

隨叩謝而起。

初九日，皇上在行宮發旨意與大學士，傳問浙閩總督梁鼐、福建水師提督吳英：『漁船雙帆過省，此事關係重大，汝等必須酌議妥當，方可舉行。』

梁總督云：『漁船出洋，必須雙帆方能駕〔使〕駛。若單帆，即如騎馬無扯手一樣，難以回頭。』

英云：『福建山多田少，以海爲生。自古來採捕漁船，春冬即在福建、浙江海洋取捕帶魚。至夏秋，則往浙洋捕取黄魚。若單帆，只好近山邊行〔使〕駛，難以越出重洋。』

梁鼐又云：『漁船現在議要十船連環保結，方許出海。如一船爲非不報，則十船連罪。求皇上天恩，准其雙帆，萬民捕魚有賴矣。』

英又云：『現在各省商船俱准雙帆往來，俱不防其爲盜。漁商總屬一體，求皇上天恩，准其雙帆越省採捕，沿海百姓無不感激。』

大學士云：『既你等以爲可行，即將此話開明摺子，以便啓奏。』

總督梁鼐隨即寫摺子交與大學士啓奏，奉旨准行。[一]

四月初二日，隨駕到杭州。

初四日，在杭州行宫，蒙皇上賜人參一觔，松花江綠石硯一塊，並葡萄根匣硯盂一個，並玉匙一枝，御墨一匣，糟鹿尾十個，糟野雞十個，風乾魚五尾，風乾魚肉條六把，哈密瓜條一團，哈密瓜二個，松子塔七個，松子一大口袋，榛子一大口袋，乳餅一袋，乳花條一袋，乳酒一礶。

初五日，又賜御馬一匹。

十一日，又賜貂帽一頂，八團龍油綠袍一件，八團龍藍緞褂一件，藍緞皂靴一雙，藍雲緞襪一雙，黄辮珍珠壽字，松兒石結子荷包一對，御書『世錦堂』匾額一幅，對聯一副，內書：『國恩優渥褒成

[一]《大清聖祖仁皇帝實錄》卷二百二十九載：康熙四十六年三月戊寅，『大學士馬、劉等奏福建浙江總督梁鼐請將出洋漁船照商船式樣改造雙桅之事。臣等遵旨問梁鼐，據稱漂洋者非兩桅，船則不能行。且漁船人户所倚爲生者，非但捕魚而已，亦仗此裝載貨物，以貿易也。若准其照商船樹立雙桅裝載貨物，甚便於民。上曰：所奏甚是，着如議行』。

績；臣職勤勞勉後昆』。即在行宮謝恩訖。〔一〕

十五日，送駕到蘇州。

十七日下午，皇上宣英進行宮。

上問：『你有甚麼啓奏？』

英奏：『蒙皇上天恩，豢養四十餘年，自遊擊、參將、副將，三任總兵，二十餘年提督，就是粉身碎骨，亦難圖報。臣年過七十，蒙天恩留任海疆，格外恩綸褒獎。臣只是盡老年殘軀，鞠躬盡瘁，以報效萬一耳。』

上問：『你是〔那〕哪裏人？』

英回奏：『是福建泉州府晉江縣人。臣祖居近海，遭時擾亂，片瓦無存。因〔住〕駐劄在興化，將祖墳遷葬在福清、興化兩處。因此在四川提督任內題明，蒙聖恩准立籍興化。』

上問：『你識字麼？』

回奏：『認得字。』

上又問：『會做文麼？』

回奏：『自幼從戎，文字不曾十分講習。只是要緊本章公文，俱是臣自己動筆改正。』

上云：『這就是了。』

上又問：『如今福建、廣東海洋裏有賊沒有？』

〔一〕《大清聖祖仁皇帝實錄》卷二百二十九載：康熙四十六年夏四月癸巳，『賜杭州將軍宗室諾羅布、福建將軍祖良璧、福建浙江總督梁鼐、浙江提督王世臣、福建陸路提督藍理、水師提督吳英、浙江巡撫王然、杭州副都統覺羅噶珥圖道福塞等衣各一襲』；甲午，『賜浙江提督王世臣、福建水師提督吳英、陸路提督藍理、浙江溫州總兵官崔相國、福建漳州總兵官許鳳等御書匾額』。

英回奏：『海洋沒有賊。有巢穴，船隻聯綜，有名色，這纔叫做賊。如今不過偶然有遊手好閒的光棍，或十人二十人，在海洋中像鷹鷂撲小雞一樣，撲得着就撲去，撲不着就走了。』

上云：『像這樣的賊也就難拿了。』

回奏：『在旱地裏，有城池關隘，鄉村家甲，可以稽查。又有汛防官兵，鼠竊狗偷盜案，尙且不免。海洋萬里無邊，有三個商船，一個窮的，兩個富的，窮的就算計那富的，古來皆是如此。海洋雖是謹慎，這些小竊也不能全無。總是福建官兵船隻安設巡邏謹慎也。要浙江、廣東文武得人，官兵船隻安設妥當，海洋自然寧靜。雖有一二小寇，不過是窮民搶食，算不得賊。如當初澎湖、臺灣，強踞海島數十年，船隻連綜，這纔叫做賊。當年打澎湖時，賊眾踞險，炮火又多，誰人不怕？總賴皇上洪福，臣等一鼓而破。』

皇上又問：『福建比浙江如何？』

英回奏：『福建怎麼比得浙江，浙江是桑麻富庶之地，福建山多田少，以海爲生。福建豐熟之年，一年收成，不勾半年的糧草。自古來全靠江浙、廣東的米糧接濟。』

上云：『這是怎麼說？』

英奏：『福建山多，海多，人多，田地少。不是飄洋，就是捕魚；不是捕魚，就是爲商。近蒙皇上天恩，准這些漁船雙帆過浙捕魚。福建幾千萬生靈，感皇上天恩無涯。』

上云：『這個該准他捕魚，爲甚麼禁他？』

英又奏：『福建海洋，臣蒙皇上留任，海疆總無煩皇上天心。又蒙皇上以梁鼐爲浙閩總督，狠好，狠妥當。諸事留心謹慎，與臣同心同氣。凡有海疆大小事情，必與梁鼐商量妥當而行，再不得差悮。就是這些識水性的大小官，蒙皇上聖明，又都放在沿海水師裏用，狠好。伊等俱是輕車熟路，各得其宜。如有個甚麼事情，臣好商酌調度。』

上云：『這樣纔好。』

十八日，皇上出虎丘，駐蹕。

十九日，皇上對大學士發旨意：提督吳英行間效力四十餘年，身經許多戰陣，九死一生，所奏言語，狠通文理，好個老提督，〔那〕哪裏有！這是狠靠得的人。邊海是離不得他的。即發上諭與兵部，加授福建水師提督吳英『將軍』，傳旨大學士議將軍封號。［一］

二十日旦，賜福建、浙江將軍、督、撫、提督各御書詩畫金扇一把。本日上午，大學士議『靖海將軍』、『鎮略將軍』兩封號，要上請。大學士又傳問定海總兵施世驃：『當日施將軍是甚封號？』施世驃回覆：『是「靖海將軍」。』大學士回奏。

上云：『歷來封過的，不要重了。叫他們再議。』

馬大學士啓奏：『年代多了，歷來將軍的封號，久了也忘記了。俟回京查明檔案，隨後請旨裁定封號，加入勅書。』

上云：『既然如此，可將朕的上諭，你們先宣與吳英。到了京，然後寫勅與他。』

大學士隨在行宮前宣讀上諭：

諭兵部：國家綏緝兵民，乂安海嶠，必資威望素重之臣，以畀干城之寄。有能久鎮巖疆，實彰勞績者，則錫命酬庸，即加顯秩。福建水師提督吳英當王師初定八閩，即親履行陣，自偏裨以至大將，敭歷四十餘年。比任提閫以來，益殫壯謀，克修軍紀。目前諸將中明習水性、訓練舟師者，罕與媲倫。是用

［一］《大清聖祖仁皇帝實錄》卷二百二十九載：康熙四十六年四月庚戌，又諭曰：『朕召福建提督吳英入語良久，見其爲人篤實，深得大體，而心中明達。朕語及海寇，吳英奏云：海寇斷不至蔓延，苟至蔓延，則任臣等何用？然亦不能使不爲小寇也。海中與城郭不同。城郭有里甲易查，寇盜無所棲止；海乃汪洋之水，賊乘一小舟，到處藏匿，難以緝獲。然而爲盜者，大都皆係商販，本利虧折，不得已而爲之者多，此即可謂之海寇乎？所奏之言，深中竅要。且效力年久，著加授將軍銜。』

特渙殊恩，俾膺異數。着授爲□□將軍，仍管水師提督事務，以示朕優眷勞臣至意。爾部即遵諭行。特諭。

宣畢，即在行宮九叩謝恩訖。

二十一日早，[一]到行宮伺候。皇上傳旨宣進，跪奏：『臣蒙皇上天恩，不能與國家出絲毫之力。又蒙皇上天高地厚之恩，加臣將軍，不但臣今生今世粉骨碎身，不能圖報，即生生世世爲犬馬，也怎能報得？』

又奏云：『臣十年披盔擐甲，自甲寅年起至甲子年臺灣回來纔卸甲。因蒙皇上天恩深重，凡是臨陣，心裏想總是前無敵人後無家，只要盡此身以報國。賴皇上洪福，臣在千鎗萬炮之中，處處殺賊，臣身總都不得死傷。當年怎敢料有今日安享皇上四海昇平之恩？臣十年征戰，也算不得許多。只是三遭大要緊處，皆是天護國家，纔得成功。』

上云：『你坐着說。』

回奏：『不敢。』

上云：『你是有年紀的老功臣，坐着不妨。』

回奏：『再不敢。』

上問：『〔那〕哪三遭要緊？』

回奏：『當日曾養性圍困台州，四面危迫。臣獻奇計于貝子，領先鋒，明修茅坪，暗渡凉棚，殺敗劉邦仁，曾養性逃遁溫州，台圍遂解，連處州圍亦解。丙辰年二月十七夜，曾養性賊兵數萬，分爲幾路，用火燒攻我滿漢營盤。臣見貝子，言各處營盤俱是草房，賊用火攻，自無不破。但生地宜守，死地

[一] 原文为『二十一早』。

宜戰。速令各營兵馬撤出營盤，踞險拒敵。賊昏夜自不敢進，天明方可破之。臣帶領官兵八百餘眾，當頭迎敵。同滿騎數百，黑夜兩次衝殺。臣那時即對都統說，黑夜兵馬亂殺，好僕傷盡，天明無人可以殺敵。今賊眾出城，必過五里平地而登山，須發大兵五百騎，埋伏左邊山下，其餘滿兵可盡撤上後山。俟至天明，衝開木馬，前後夾攻，包管賊人片甲不歸。都統不肯依。趙和尙轉啓貝子，用臣之計。至天明，就破了賊了。本夜殺到三更，臣騎鐵青馬，穿青甲，執弓箭。臣背後滿〔州〕洲兵看見臣騎的是白馬，穿的是白甲，手裏拿的是鎗。若不是神靈護助，臣就是鋼鐵打的，經這一二萬排鎗行營炮，也打得稀爛了。不在這一次奇異，當日打澎湖，也有許多奇異。」

上云：『當日打澎湖，若不是潮水儘足〔長〕涨不退，你們也難得成功了。』

回奏：『不但〔長〕涨水奇異，六月十八日，澎湖各大澳都被賊船佔了。我們的船有四百餘號，泊在八罩。福建海洋六月十二、十八，皆是大颶風之期。本日天上忽然黑雲、紫雲四起，北風已經飄動，眾官兵一見驚懼。忽空中一聲天鼓響，雲都散了，北風止了，就轉南風。二十二日打仗，賊已殺完。臨了，臣燒賊鎭陳啓明一隻大船，因水退了，臣船與賊船一總相連，高擱在石頭上。賊船火起，有副將詹六奇搖小杉板來，要請臣過船。臣說我船上四百餘眾，同我捨命破賊，要死則同死，生則同生，安有我一人逃生之理？眾人痛哭跪求，臣總不肯。正說話間，臣的船又無風忽然退下深水二三箭地。不在此兩三次，屢次征戰，到緊要處，都有奇異。總是皇上是個大佛，天送下來治世。皇上是聖明的，自古來帝王的天下，何曾有皇上的幅員如此廣闊，四海如此昇平。臣的身也必是天先遣下來伺候，與皇上看守門戶，掃塵埃的。』

皇上大悅，問：『你有幾個兒子？』

回奏：『臣有九子。』

上問：『都做甚麼？』

回奏：『長子原是貴西道，後陞開歸道。因貴州土司的事，與布政司孟世泰、按察司何顯祖一齊註累。後皇上天恩，復還原職，現在京中候補。第二的刑部郎中。第三的是壬午科舉人，候補主事。第四的，臣令在營中操練，習營務，學弓馬，後來好承臣的世襲，替臣與皇上看守門戶。第五的在家讀書。其餘的尚小。』

上問：『你是甚麼世襲？』

回奏：『是阿達哈哈番。』

上又問：『你的女人是結髮的麼？』

回奏：『是結髮的。』

上問：『這九子都是（他）她生的麼？』

回奏：『二、三、四是臣正妻生的，其餘者是妾生的。』

上問：『你的女人還在麼？』

回奏：『大前年六十四歲沒有了。』

上云：『六十四歲，也罷了。看起來你是一個福人。多子多孫，又夫妻到老。身經多少征戰，九死一生，不帶傷。年紀七十多歲，還是這樣結實。當年天下好僕也多，也有建過許多勞績，纔放他一個大些的官兒，就沒有了。亦有受過多少勞苦，纔放他一個大些的官兒，不能善保功名。這都是沒福的。似你這樣，誰不要？但是人所不能及的。』

回奏：『這都是受皇上天恩。』

皇上又問：『天下的武官感激朕麼？』

回奏：『皇上優待天下大小武臣，恩顧功臣之後，這都是亘古所未有的。天地間人才間生有限，皇上如此大恩大德，天下的大小武臣，凡有一藝之長、一臂之力者，無不切心要捨命圖報。但皇上洪福，四海昇平，無有出力之處。自古來周朝天下八百年，謂之最久。皇上如此之法，傳與皇子皇孫，都是如此而行，就是八千八萬年，天下也是太平的。』

皇上又問：『你在四川做幾年提督？』

回奏：『臣在四川做了十二年，經過五個總督、三個巡撫。臣只仰遵皇上教誨，文武和衷，兵民相安。凡事與督、撫商量，大事化小，小事化無，不敢致煩皇上天心。賴皇上洪福，十二年四川都是太平的。』

上又問：『經你管過的官，做提督的有幾個？』

回奏：『有八個了。』

上問：『是〔那〕哪八個？』

隨逐一奏明。

上屈指計算，笑曰：『管過的人，做提督的有了八個，封你將軍是該的。』

奏畢，皇上起駕回京。

英五月回署。

七月初九日，准兵部咨文：

爲欽奉上諭事。

康熙四十六年五月二十九日，奉上諭：吳英着授爲『威畧將軍』，仍管水師提督事務。[一]

[一] 《大清聖祖仁皇帝實錄》卷二百二十九載：康熙四十六年夏五月二十七日（戊寅），諭兵部：『國家綏輯兵民，乂安海嶠，必資威望素重之臣，以昇干城之寄。有能久鎮巖疆、實彰勞績，則錫命酬庸，宜加顯秩。福建水師提督吳英，當王師初定八閩，即親履行陣；自偏裨以至大將，敭歷四十餘年。比任提督以來，益殫壯謀，克修軍紀。目前諸將中明習水性、訓練舟師者，罕與媲倫。是用特渙殊恩，俾膺異數；著授爲「威略將軍」，仍管水師提督事務，以示朕優眷勞臣至意。爾部即遵諭行。』

九月十五日，軍政自陳：

為遵例自陳，仰祈睿鑒事。

康熙四十六年四月十六日，承准兵部劄付內開為題明考選軍政事。查康熙四十六年武職官員例應軍政，提督、總兵官仍照例自陳等因到臣。切臣介冑庸愚，蒙皇上天恩特用洊膺今職。所有從前事蹟已於康熙四十一年軍政自陳不開外，四十二年正月內，恭逢聖駕南巡，臣馳赴蘇州叩迎。隨至杭州，蒙賜『作萬人敵』之匾。復賜貂帽、龍袍、緞褂、人參各樣品物。陛辭之日，祇聆聖訓，奏謝在案。

四十四年二月〔問〕間，皇上閱視河工，臨幸江浙。臣在常州地方迎駕，隨扈扈班。蒙賜御製法帖、墨、硯、對聯、詩扇，并賜臣祖祠『燕翼詒謀』匾額以及輿表、玻璃器、羊、酒、食物。特賜戴翎並貂帽、龍袍、緞褂、靴襪等物。

四十四年六月間，承准部文為揭參不職等事案內，奉旨：王傑着於見任罰俸一年，吳英從寬免罰俸。奏謝在案。

四十五年六月內，為微臣年歲已老等事，疏請乞休。奉旨：吳英行間效力年久，沿海水師營務，極其諳練。自簡任提督以來，整飭營伍，和輯兵民，正資料理。着照舊供職，不必以衰老求罷。該部知道。欽遵奏謝在案。

四十六年正月內，皇上閱視淮黃，巡幸江浙。臣在揚州三叉河迎駕，隨扈江寧、蘇松、杭州等處。蒙恩賜貂帽、龍袍、龍褂、靴襪、黃辮珠包、人參、瓜果食品，兼賜御馬，并『世錦堂』匾字、對聯、詩畫金扇。在虎〔邱〕丘行宮，奉宣上諭，特授將軍。隨即叩謝天恩。又蒙聖恩召問歷蹟，褒嘉異數。七月內，准兵部咨，為欽奉上諭事，授臣『威畧將軍』。恭謝在案。

切臣駑駘下乘，遭逢皇上特達之知，濫膺重寄，竊祿多年。近臣三接聖駕，疊荷殊恩，加授將軍，寵榮無比。臣感激之極，不禁涕零。但臣年暮力衰，識踈才短。雖復勉供職守，終難報答涓埃。去歲曾經具疏請休，未蒙俞允。水師為閩省重寄，臺、澎乃層洋要區，恐非微臣所能勝任。際茲舉行軍政澄敘官方之日，伏乞皇上立賜罷斥，另簡賢能，以固海疆。臣不勝惶悚待命之至。

十一月三十日，啓奏天下提鎮軍政本。

康熙四十七年正月內，接准部文，奉旨：

卿才識超越，謀略優長，行間宣力四十餘年，所至累建功績。自簡任提督以來，綏輯兵民，威望益著，故特授將軍，以旌勞勩。目今熟諳水師營務，罕與卿比。坐鎮海疆，殊有裨益，着照舊供職。該部院知道。

道光重刊記[一]

先少保公起家軍旅，奮迹偏裨。當耿藩叛亂之日，由閩趨浙，勢極猖獗。出九死一生之計，搗其無備，攻其必救。不避險阻，屢瀕於危。用能摧曾養性十數萬獷悍無前之衆，釋台、處二郡之圍，平浙東門庭之寇。迨耿逆既降，鄭孽猶熾。復隨大軍入閩，恢復金、廈二島。後乃佐施將軍乘夏令南風，用舟師破澎湖，遂受臺灣降。海波安貼，勳績赫奕。膺聖祖仁皇帝寵眷，三任總兵。用爲四川提督，復用爲福建水師提督，先後凡二十八年。晚歲扈駕蘇門，授『威略將軍』。恩遇之隆，在漢人中爲罕覯。

是書其紀遇之作也。日久版蠹書佚，先府君心峴在日搜求，不獲見。儒珍亦屢尋之。今儒珍年八十矣，始聞水南拔貢生陳君陶亭得於殘書之中，急修束往求，久乃見寄，宛然全帙，惟字畫閒有殘缺。急爲校對，重抄付梓，爰識顛末，俾世世子孫之知所寶貴云。

道光乙〔巳〕巳夏六月

元孫儒珍謹識

終

[一] 此標題爲點校時所加。

【清】吴英 撰

清威略將軍吴英事略

李祖基 點校

目錄

一、夜夢天門授書

予穉年時，先太夫人屢與言曰：當明季崇禎丁丑（崇禎十年，一六三七）春正月夜，汝母夢遊浯塘後山埔，[一]望見西北之間天門忽開，旁列甲士，門內紛紛飄下其物甚多，汝母以衣承之，得書一卷。是月即娠，至十月初七卯時而生汝。既應天書，吾兒必非凡品，想汝祖宗累世修德所致。但汝母本來乃仙姑降世，來在汝家。吾兒十八歲可能自立，汝母三十八歲即欲歸去矣。其言如此。往往家中吉凶未來之事，無不預知，閭里稱異。至年三十八歲，果即辭世。予今每一念及生養教誨，不禁涕零。繪圖誌此，以敘厥初。

二、時值陽春降誕[二]

嘗聞先大夫及先太夫人曰：吾兒初生之日，越宿方啼一聲，響若雷鳴。但雙眼合閉，先王父母甚以爲憂。至七日忽然而開，眼光四顧，舉家喜出望外。鄉黨談及，無不稱爲奇異云。

[一]　浯塘，地名，即大浯塘，在泉州晉江市羅山鎮，今屬靈源街道辦事處。

[二]　俗稱陰曆十月爲『小陽春』，吳英生於崇禎十年十月初七日，故云『陽春降誕』。

三、水頭神燈領路[一]

余祖居浯塘，因濱海遭亂，室廬荒廢。先王父時已辭世，賦役難支。余身在襁褓，雙親見時勢維艱，不可久處，遂星夜束裝，奔移水頭，欲依姑家。時道路荆榛，夜行徑錯。忽見前途隱隱一燈，先太夫人曰：可隨此燈而行。比及天明，燈滅不見，而水頭鄉已在望矣。因〔悮〕悟夜來領路者，乃神燈也。

四、扇蚊神人入夢

水頭寄寓，屢更寒暑。時余七歲，先大夫從戎在外，先王母亦已去世。偶一日，因下邦鄉堂姑之子合巹，我先太夫人往賀。是晚姑家留宿，夜深不見歸來。時維六月中旬，雖月明如晝，而房中寂寞，未敢入寢，即就門內木橙假寐。但暑夜蚊多，欲眠未穩。纔交睫，不覺清風拂面，朦朧之際，忽見身旁立一老叟，扇風驅蚊。余孑然而恐，閉目而思，即開戶趨告鄰嫗，適逢未睡，到家伴宿。天明母歸，以事白之。母曰：此神人也。我夜間亦夢老叟言汝家中不安，故辭汝姑而歸爾。

[一] 水頭，地名，即今泉州南安市水頭鎮。

五、寄寓安平鬻販[一]

曩時先大夫在外告歸，遣余就學。不數月，適遭變亂，東奔西徙，迨兵燹稍息，寄寓安平，先太夫人令余鬻販。先大夫曰：稚子未知生理，何必自苦？母曰：非也，吾非欲此子覓利。因見時值多艱，且移出他鄉，讀書不成。若聽其安閒遊佚，未免涉於放蕩，須令身歷諸艱，磨厲筋骨，知人情物理，俾將來有用，非但爲生理而已。於是，凡挑負之事，無不令余爲之。

六、仙嫗採藥愈疾

予十歲時冬月，而小濡忽破，初不爲意，醫治半月，潰爛僅存纖末，小便由腹邊四出。先大夫見安平醫治無效，將負予往水頭姑家再延。一醫言瘡毒難治，議曰：今已無用，將毒藥爛去纖微草管，以作閹人，免小子痛楚也。醫生即敷毒藥，夜深疼痛難當，昏迷數次。至天明，抱棄門外。忽有路過老嫗向余細視患處，曰：此乃熱毒，小子焉有瘡毒？既粘毒藥，須以草藥煎湯浸去。每日溫洗，又將煮爛草葉貼之，數日小便可歸正道，半月復原。先大夫問曰：有此靈藥，是何草名？老嫗隨喚同往山中摘取，視之，乃紅莖蚶殼草也。即將此藥如法洗貼，果至半月全愈。後訪問老嫗，已杳乎不知所之。若非神力，焉能速效如此！

[一]　安平，地名，即今泉州晉江市安海鎮，與水頭有五里橋相連。

七、普庵化示祭禳

予十一歲往水頭姑家，及歸，而渾身暴熱。次早，左足作痛，忽然彎曲，醫治罔效。至半載血枯氣竭，竟成廢疾。適來一僧，見予憔悴，詢及其由，謂先太夫人曰：此疾貧僧能醫，今夜先備羹飯百碗，向東南禳之。明早下藥，可保立愈。問其住宿，僧曰：偶寄廣福庵耳。是夜如言禳之，先太夫人夜夢一僧執拂，獨立於橋，橋下拘吊多人，喧呼不敢。覺，謂先大夫曰：我夢若是，昨之僧人非凡，吾兒之足可愈矣。比天明，予睡醒，兩腳忽伸，不見痛楚，細視之，已全愈也。雙親喜出望外，乃往廣福庵尋僧謝之。祝言此庵從不宿僧。及登堂，望見祖師佛像，手執棕拂。先太夫人曰：此如夢中僧人也。始知救苦佛恩，不可思議，遂焚香頂禮焉。

八、佛力負逃急難

余足疾纔愈三日，先太夫人復夢前僧示之曰：此鄉明日有大難，速往北山避之，叮嚀數次。醒謂先大夫，將信將疑。晨起裝束應帶之物，其餘開地藏之。早飯後，鄰人相傳有馬兵數百由大盈過溪而來。[一]先太夫人隨扶予向北山而走，官兵見有人出鄉，飛騎來追。時先大夫早已負物登山，先太夫人挾予疾趨，回顧身後，有兵殺人。予曰：事危矣，可奈何？母曰：與吾兒同死耳。正在危急，忽有巨人露頂赤足，渾身白衣而來。母曰：爲背吾兒，自當厚謝。其人不發一語，背予奔過一山，隱處藏之。先

[一] 大盈，地名，即今泉州南安市大盈村，在水頭鎮以北約五公里。

太夫人追及，喜曰：頃背吾兒者，非凡人也。眼見二丈餘山坑，一躍而過，神跡顯然。事平，詢知洋尾墓鄉黃姓謀逆，官兵剿滅，將鄉內三百餘家男殺之，女掠之，房屋焚之。獨予一家賴佛保全。及予鎮同安，修建寺宇，築報恩亭，鐫一聯於石柱曰：半載魔風，佛力半宵全愈；一時兵難，神扶一刻平安。詞雖未工，亦足答神庥於不朽云。

九、溺海神人拯起

辛卯年（顺治八年，一六五一），余十五歲。所居安平因鄭氏作亂，海濱不寧，乃移白沙，[一]依附中表。白沙距安平一潮耳。當移居之時，正值秋風盛發，同行數船盡泊石井海中。[二]余雙親時已登岸，所有行李令余看守。余夜在船中，不覺風狂浪大，不知〔橙〕椗纜何如，欲往視之。不期足滑，忽溺於海，舟子熟睡不知也。鄰舟女〔梢〕艄呼曰：隔船有人溺水，可急救之。余在水中隱見一人援之以手，忽攀一索，遂從女〔梢〕艄之船而起。是夜寄宿，天明逑告雙親，乃謝女〔梢〕艄，亦一奇事也。

一〇、神醫眸子重光

予十六歲時住白沙，只一載耳。忽一日，兩目痛腫，至月餘盡生白翳，醫治罔效，不辨晝夜，扶杖而行。偶往白沙福德祠靜坐，一老人問曰：如此少年，何爲若是？余以始末答之。老人曰：我有一方，

[一] 白沙，地名，在泉州晉江市東石鎮南部海濱，今爲白沙村。
[二] 石井，地名，即今泉州南安市石井鎮。

以廣東青魚膽、竹葉包乾者二枚，將井華水泡爛，復用古宋錢生綠者二文與葉同浸，不論日夜，將錢邊輪轉眼睛，數日之間，白翳自消。若兩眸尚有白珠，另用穀精草一兩，大柿餅一塊，安於磁罐，水二大碗煎過半，清心帶柿服之三早，其根自除。予謹記之，因詢里居，果好躬謝。老人曰：我遠方偶來，少頃即欲問渡，何以謝爲？予歸告雙親，依老人之言治之，半月而兩目全愈。神方之妙若此。

一一、鷺門汲水承歡

曩居白沙，因鄭鴻逵作難，壬辰年（顺治九年，一六五二）移居廈門。不幸是年三月初七日，先大夫卒。予蹌地呼天，淚繼以血。因念慈母在堂，節哀〔待〕侍養，乃與表姊丈就廈開張小鋪，頗獲利。凡養母之物，晨夕備至。惟日用之水，必令自擔。予稟曰：鋪中事繁，一擔二文錢可得，何用乃爾？先太夫人責曰：我豈惜錢耶，顧今世亂，當試諸艱，以備他日之用，豈可惜力，以悞將來？因是凜遵慈訓，雞鳴早起，先挑水，後出鋪，日以爲常云。

一二、石佛化身救難

癸巳年（顺治十年，一六五三），余從先太夫人往祖家浯塘安葬祖父之墓，遂由廈門僱船，東石登岸，[一]母乘轎，余策驢。至許西坑地方，忽有人報曰：守大盈千總林增帶兵巡哨，見有海上人來，即拏去。指余曰：汝有頭髮，當速避之。轎夫聞言，即解還行李，驅驢而去。先太夫人曰：速着母衣，

[一] 東石，地名，即今泉州晉江市東石鎮，西與石井隔海相望。

扮作女兒，行李自負之。正行間，忽見一僧露頂赤足，身穿白衣，手執書卷，忙告曰：林增兵馬來矣，速避別路。答曰：別路不識，奈何？僧曰：由田間小路，向北而行，前途窑邊有人，求其引路可也。言訖不見。先太夫人曰：此處有寺院否？頃者是佛非僧也。余稟曰：此去西南不遠，有石佛大寺。遂行百餘步，果見窑邊有一人，僱其擔負引導，其人欣然。向田中路走入田坑鄉，突進老媼家中，其人卸擔而去。而老媼乃王姓之母結契之親，舉頭驚問曰：我兒何來？先太夫人曰：速藏孫子。即引余入草間藏之。時林增入鄉查尋無跡，至晚方去。次早，令余薙髮。母曰：我有王母可以伴行，汝先回東石等候。順途至石佛寺叩謝，仰見西邊石佛手中執卷，自覺駭異。隨即叩禱：若將來有發跡之日，自當重興寺宇。後數日，先太夫人往祖家營葬畢，遂向東石同回廈門云。

一三、聞喪悲號陟屺

癸巳年，鄭成功將廈門居民搬空，以避大兵，遂移居高浦。時先太夫人染恙，謂予曰：我年三十八歲，當終，言之屢次矣。但自汝生至今十有八歲，歷過許多險難，見過許多奇異。成器之日，着實爲善，不可妄動。汝母雖在冥冥之中，亦快然矣！所聘蔡親其女尚幼，合巹之事，吾兒他日自行之。汝母不及見也。予泣稟曰：母若不幸，兒當死隨。先太夫人誡曰：是何言也。汝宗族衰替至此，幸祖宗積德，生汝一身，汝母受盡艱辛，撫養汝得成人，全望將來做一場事業，顯祖耀宗。汝出此言，可謂不孝。至七月初旬，病稍愈，命予曰：我前有銀付汝表姊丈在廈門生理，可去取來家用。銀有無多寡，限汝七日到家。予奉命即於初七起身到廈，因銀未便，延遲至十二日，忽家人朱任來報知太夫人于十一日仙逝。予時肝腸寸裂，隨促舟歸家，泣血治喪，扶柩暫葬于高浦城東云。

一四、神火焚山點穴

甲辰年（康熙三年，一六六四），余以平島軍功，部授都司職銜，給食全俸。每念親骸寄葬他鄉，日夜懸掛，遂延林姓堪輿往漁溪石鑼頭資福寺外尋覓風水。望見高岡之下，有一小山，形勢奇異，即踏勘之，果有來龍。因詢寺僧惟諒，並告以欲購之意。僧曰：君所擇之處，廼此寺之地，名金龜山，合意自當如命。余於是年即遷親骸及祖父母骸，擇乙〔巳〕巳年（康熙四年，一六六五）臘月廿三立春日酉時開壙。山上草茂，業已午時，點穴因時辰未到，暫坐寺中。忽見寺外火發，趨視之，乃係墳山發火，四望無人。火燒之處，離所點原穴低八尺許。余遂〔從〕重新定之，開壙土色如硃，奉骸葬訖。堪輿曰：焚山點穴，天神所賜也。且葬以立春日，則爲丙午年，發祥當在寅午〔戌〕戍相會之歲。余細按自安葬之後至庚〔戌〕戍、甲寅、戊午、壬〔戌〕戍、丙寅、庚午等年，果然連生男子。願我子孫世守勿失，受庇無疆云。

一五、禱神連擲十聖

丁未年（康熙六年，一六六七），時余住居漁溪嶽前。正月朔，余同親友數人往屋後山坡遊玩，見園內有石數塊，架一土地祠，無神像。磁爐一，竹筊一。余戲言禱曰：我將來若能作大都督，與我十聖。擲之，連得十聖。復禱曰：若果有此位，再賜三聖。擲之，又如所言。眾人共異之，余亦竊自疑也。及余鎮同安時，即就其地建祠、塑像，題其匾曰『十聖廟』，[一]以顯神靈，用垂不朽。

一六、浙江幸遇塞公

庚〔戌〕戌年（康熙九年，一六七〇），予分入浙江寧波府提標效用。一行同寅二十餘員，停宿萬壽寺。夜夢步出大殿，見廊間有三人指予而言曰：此乃將軍也。及曉起視之，見神像乃關聖帝、張睢陽及境主三神也，[二]竊自驚疑。未幾，浙提督塞公諱白理新任，予往杭州迎之。一見大悅，恩遇特隆。因浙海寇亂，屢次命予出海招撫。予往舟山金塘撫來數起賊眾，船大小數十號，盡入寧波歸誠。塞公大悅。從此解衣推食，如魚得水，凡邊海大小事情，無不垂問。此誠千載知遇，不勝感念也。

一七、隻身江邊喚賊

甲寅年（康熙十三年，一六七四）六月，靖南王耿精忠叛踞福建，遣賊帥曾養性等侵犯浙江，破平陽，圍瑞安。溫州鎮急請救兵，提督塞公帶兵往援。余隨師至溫州江北岸溪竈地方，無船可渡。塞公

[一] 原文爲『扁』，古文『扁』與『匾』通，今一律改爲『匾』。

[二] 張睢陽，即張巡（七〇九—七五七），唐鄧州南陽（今屬河南）人，開元進士。安史之亂時，以真源令起兵守雍丘（今河南杞縣）抵抗安祿山軍。至德二年（七五七年）移守睢陽（今河南商丘），在內無糧草，外無援兵的情況下，堅守數月不屈。睢陽失守後，與部將南霽雲等同遭殺害。後人感其忠義，以神祀之。所謂『境』，即一種民間信仰的單位，類似於祭祀圈，有明確的地域範圍，『境』的大小不一，小的僅有一個村落，大的有好幾個村莊，『境主』指境內居民所奉祀的保護神。

曰：江上俱是賊船，隔岸信息難通，奈何？余曰：易耳。遂隻身到江邊，立喚一賊登岸，攜之到營。問知溫州祖總鎮昨日已降，明日進兵新橋，取樂清縣。塞公謂諸將曰：此欲斷我歸路耳。不如暫回寧波，踞守寧、台，以待大兵。遂即日回師。至台州，塞公問余曰：前在溫州江岸，汝一人如何喚得賊來？余曰：此時謀叛者多，某一人往呼，彼必疑爲交通密信，所以料其必來也。塞公曰：今番非汝一人，不但數千官兵遭害，浙東大事去矣。隨將余前後勞績陳奏，即奉特旨，准以遊擊即用焉。

一八、全活寧海官兵

甲寅年八月二十日，[一]予署理浙江提標左營遊擊任。時提督塞公屢聞飛報：寧海官兵陰行反叛。廿一日，令予領兵到寧海應援，又令熊參將將該營眷口移入寧波安插。而熊參將以衆言寧死不移回覆。塞公怒其反情是實，密諭定海馬參將、右營郭遊擊、城守任遊擊及予等盡剿寧海官兵回報。衆議分界開刀。予曰：寧海反情未確，不移眷者，皆因兵丁土著居多。今若妄動，關係滿城性命，尚須斟酌。衆曰：此乃憲令，誰敢有違？予曰：將在外，君命有所不受。在憲臺亦不過封疆起見，豈肯樂害生靈。諸公少待，我往說之。如不悟，再作區處。予遂見熊參將，[二]曰：君守邊海孤城，水陸寇盜相侵，致有紛紛之論。今憲令搬眷，正心迹得白之秋。君故違之，倘上憲稍有疑忌，君之全家危矣。熊跪且哭曰：願公教之。予曰：君爲營主，眷屬先行，誰敢不從？遂引熊參將會諸公，[三]傳伊營兵搬眷。衆曰：將主夫人既往，某等安敢落後？即日盡絡繹出城。塞公聞之大悅。此予初理軍務一日，而寧海滿城之命，只予

[一]　原文为『甲寅八月二十日』。
[二]　原文爲『予遂見熊將』。
[三]　原文爲『遂引熊將會諸公』。

一言救活而生全焉。

一九、追斬雙門賊衆

甲寅年九月，[一]曾養性攻破黄巖，總兵阿爾泰降，賊臨台州。時隨征福建提督段應舉領滿漢官兵，於浮橋頭失利，退守台城，急請救兵。提督塞公率中營洪起元、前營胡鑣、城守營任惟我偕予共四營往援。至雙門地方，離台八十里許，令予領官兵防守雙門。時曾養性賊眾十餘萬，連營數十里。雙門乃寧、台運糧大道，自忖三百之兵，何能踞守？隨在各山頭虚立木柵、營盤，夜盡撤出，各處埋伏。附近鄉村俱有賊衆催追糧米，予常夜帶精兵，假扮賊裝，潛入其境，屢次擒斬，賊聞風遁去。台城以東數十里，民獲安堵。

二〇、寵受貝子王恩

甲寅年十月，[二]貝子王富喇嗒到台州。提督塞公引余進見。王曰：好一將官，是〔那〕哪裡人？塞公曰：此將乃福建人。王默然不語。塞公曰：此將之心，提督敢保。此將之才，提督不如。凡軍旅大事，必與之謀。所言必中，所向必克。王喜曰：有此將官，我所深幸。遂賜袍帽、弓箭。嗣後言聽計從，待余心腹。感恩知己，可謂兼矣。

〔一〕　原文为『甲寅九月』。

〔二〕　原文爲『甲寅十月』。

二一、駕單船救四船

乙卯年（康熙十四年，一六七五）三月，水師提督常進功統兵出海，見賊船眾多，求請益兵。王檄予同前營遊擊胡鑣領兵三百名往聽配船。我船大小四十餘號，泊寧波三門港。四月初十日，僞水師張拱垣等船二百餘號直衝毛頭洋。我舡與之交鋒，因官兵多不諳水性，且在下風，被賊所陷。常提督見眾寡不敵，收回兵船。余見賊艘之後四船是我師帆號，予即駕單船直衝入賊艅。當有賊艘數隻遂來夾攻。予親抱火桶攻燒，砲箭發，僞將軍中砲身亡，賊遂敗退。救出千總崔武、周文進等四船。予船守後，護眾船歸入定關。見貝子王，溫諭曰：此遭着實虧汝。即賜袍帽，令予移守台州東門外蔡嶺，與賊對壘焉。

二二、修毛坪取凉坪

予之防守蔡嶺，賊方猖[一]。時衢、處二府對壘二載，我師不能寸進。又聞賊人欲斷我糧道，賊船欲入錢塘江，取我杭州。余思滿漢官兵在外，恐杭州城池有失，江、浙危矣。随令人細探台州毛坪後有小路，可通黃巖。繪圖進獻貝子王，請先鋒，出奇兵，進取黃巖，以抄賊後。王見圖内高山險嶺，遲疑未決。越日，聞象山副將羅萬里叛賊，台、寧糧道截斷。天台一路皆賊，我師困守孤城，戰守無策。予復切言進啓，王遂命都統吳申吧兔魯等帶領八旗滿兵千餘，予爲先鋒，率同松江、京口、黃巖官兵三千餘眾。臨行，謂塞提督曰：卑職起身後，每日又當令城河小船數十隻，撥官兵擡東移西，假作渡江之勢，

[一]『賊方猖』下似脫『獗』字。

賊必加意防備。毛坪萬山險峻，彼疑我進兵，乃虛張聲勢，輕不爲備。但延半月，我功成矣。乃於乙卯年七月十五日由台州進兵，十七日到仙居縣。一路山高路險，日行二三十里。予曰：如此行兵，賊知虛實。吳都統曰：汝意若何？余曰：此去三十里有毛坪山，賊踞此山之頂，我兵盡到山下劄營，每日假修毛坪，欲作進取之狀。予帶精兵數百，星夜由烏巖到涼坪，踞奪險要，開山修路，俾大兵可以行走，攻其無備，自無不破，遂將此議報王，依予之議而行焉。

二三、破陣取涼坪嶺

予領兵假修毛坪山路，每夜擒斬守塘之賊，絕其消息。曾養性果防我兵渡江，後又添賊固守毛坪。既聞我兵進取涼坪，遂斷我後路。予獨領兵急進，八月初二日已到直路。吳、季二都統繼至。[一]初四日，賊帥劉邦仁統賊萬餘踞涼坪半嶺。[二]予謂二都統曰：前山已被賊踞，可將各營綠旗官兵分作三路而進，大兵隨後架梁，先得右邊高山，方能破賊。都統依言。予遂選精兵三百餘人，身先士卒，直取右山，單騎衝入賊陣，親冒火炮，連斬十餘賊。我盡力攻擊，賊衆大敗。衆見賊敗，滿漢官兵齊進，斬殺五千餘衆。劉邦仁逃入涼坪口，踞險固守。予請二都統領兵假從正路攻取，予由兩邊山分三路而下，約先到賊營者爲首功。予遂領官兵從右邊深林殺下，賊衆敗遁。劉邦仁逃見曾養性，言我師數十萬，勢不可當。[三]養性知涼坪已失，賊衆十餘萬棄甲逃遁溫州。貝子王遂渡江，撫予曰：汝明修毛坪，暗取涼坪，與古修棧道，暗取陳倉相合，此爲浙江戰功第一。

[一]　原文誤爲『吳、李二都統繼至』，今據《行間紀遇》改。吳都統爲『吳申吧兔魯』；季都統爲『季爾塔佈』。

[二]　原文爲『統賊萬衆』，今據《行間紀遇》改。

[三]　原文爲『勢不當』，今據《行間紀遇》改。

二四、乘勝破上塘賊

凉坪之役，賊眾破膽。貝子王撫予曰：塞提督言汝才能智勇，諸將莫及，果然不差。我當初一見就知汝是一個好漢。今後有奇計長策，當盡言之，我無不聽也。復令予爲先鋒恢復太平、樂清縣。兵至上塘時，賊眾二萬餘前來迎敵。〔于〕予同滿漢官兵衝殺賊陣，淹死者一萬餘眾。曾養性復令賊帥許奇領賊兵萬餘踞守綠帳地方，與我師只隔一河。貝子王問予曰：此地一邊高山，一邊大江，賊已踞險，我師如何得進？予曰：敗餘殘寇，破之不難。某看此河潮來水滿，潮退水乾。可令綠旗官兵明晨各執草一綑，潮退之時，抛草河內，可以徒涉。山邊上〔流〕游水淺，滿〔州〕洲馬兵從彼而過。上下夾攻，賊無不敗矣。

二五、渡綠帳殺賊眾

貝子王依允渡河之議。次日，予領先鋒，值潮水正退，綠旗官兵丟草塡河，一擁而過。滿〔州〕洲馬兵從上〔流〕遊而過，分頭攻殺。陣斬淹溺者，不可勝計。賊眾大敗，逃走上船。王即到綠帳地方劄營，謂予曰：眾都統屢對我言，前途險阻，不進兵。但我已上本欲到青田，不得不進。今前面全在汝相機，[一]後面我自接應。應行應止，須時時具報，我自依汝言而行，亦不由眾人也。

[一]《行間紀遇》卷一爲『今前面全在汝相機主意』。

二六、復青田解處圍

予訪青田之路於鄉民，曰：此去三十里乃猴孫嶺，[一]有賊守。必由此嶺經過，方得到青田。予遂帶精兵二百名扮作鄉民，星夜登山。天明到嶺，擒斬守山口賊眾。大兵陸續俱到。江中賊船不敢上山。[二]次日，到韓埠，山嶺崎嶇，兵馬難行。提督、都統各領兵官俱無怨詈於予。[三]言未畢，貝子王至，催促官兵下山，遂到小荆地方。賊人逃入溫溪，山路盡被掘斷，只有鄭山一路，賊人築堡堵守。予領先鋒，身冒矢石攻擊。至晚，賊棄堡遁去。天明，大兵齊至。予首先下山，攻破賊營，斬殺賊眾不計其數。江中賊船盡行逃遁。我兵即剳溫溪，離青田四十里。予奉王命，九月十九日午時到青田縣。賊見予兵至，隨棄城逃走。予領兵追趕，斬賊百餘眾，生擒數十人，解赴貝子王。時賊首連登雲連營數十里，圍困處州二載。聞我兵已破青田，溫州糧草不繼，二十一日，亦棄營逃遁石塘。處州之圍遂解。王乃再議取溫州焉。

二七、鏖戰大羊山口

丙辰年（康熙十五年，一六七六），我師圍溫州城，日久不下。二月十七日初更時候，賊首曾養性

[一] 原文爲『猴孫嶺』，今據《行間紀遇》改。

[二]《行間紀遇》卷一爲：『至天明，見江中賊船數十，盡到猴猻嶺下。我兵已扼其險，大兵陸續俱到。賊驚懼不敢上山。』

[三]《行間紀遇》卷一爲：『次日，我兵到韓埠，山嶺崎嶇，馬不能騎乘，步不能並行。……滿漢將弁齊聲憤詈。』

等率賊數萬攻燒我營。余急見貝子王曰：各營俱是草房，賊用火攻，正中其計。但生地宜守，死地宜戰。須令各營兵馬撤出營盤[一]，踞險拒敵。賊見我兵不亂，昏夜之中，不敢輕進。俟至天明，方可破之。王隨付令箭與予，便宜主意。余即傳附近各營未燒之者撤出。賊來見是空營，遂攻上大羊山。予隨率官兵數百當頭迎敵。二更時候，我兵傷失甚多。余謂都統曰：賊用木馬，夜間難以前進，可將滿〔州〕洲兵馬撤上高山，只留馬兵二百餘騎，離我二百步爲援。此處予獨領本營官兵抵當。今賊出城過五里而登山，須發五百騎埋伏於左邊山下，俟至天明，伏兵齊起，前後夾攻，包管賊衆片甲不歸。遂將此議啓王，依計召撥。予領五百餘衆，在大羊口抵住數萬賊兵，殺至三更，官兵盡皆帶傷，不傷者只五十餘人。予叱曰：今夜生死就在此。各兵捨命相隨，予身被四鎗，幸未透甲。坐馬亦傷四鎗，未致命。延至天明，余單騎率兵數十人，破開木馬，殺入賊陣，手斬賊數十人。時我兵齊進，伏兵盡起，奮力夾攻，賊衆大敗。計斬殺數千，淹死者二萬二千餘衆。[二]僞鎮死者三百餘員，曾養性脱走入城，予復單騎追殺焉。

二八、王賜並馬入營

方予之追曾養性也，至近城，四顧並無我兵。所乘之馬，忽被溫州三角門大砲打斷後腿，予下馬步行。急迫之際，一賊帶盔無甲騎馬奔來。予一刀刺下，奪馬騎回。時貝子王收集滿漢官兵，不見予在，忙問於衆。有隨予滿〔州〕洲兵稟曰：吴將官一夜單騎穿白甲，騎白馬，領兵當頭抵敵。至天明，見他

[一] 原文『須令各營兵馬撤出營』下脱『盤』字，今據《行間紀遇》補上。
[二] 原文为『淹死者二萬二千餘萬衆』。

又是穿青甲，騎青馬，帶兵破開木馬，衝入賊陣。此時不知何處去矣。王倉皇尋覓。予從城邊過將軍橋，飛騎到山邊，下馬趨見王。王當眾抱予曰：真好漢！真好漢！王即回營，命予同行，攜手並馬，直至行營涼棚前下馬。[一]撫予曰：汝一人之身，獨當數萬之鎗砲，一夜殺至天明，不但我未見其人，即古書上亦未聞其有。且汝青甲青馬，夜來眾人見汝穿白甲，騎白馬，皆上天見汝爲國赤心，神靈護庇。此遭大功，疏內書之不盡，必俟我回朝面奏之日，方得明白。高爵厚祿，皆汝分內所宜有也。

二九、履中軍參將任

丙辰年十月，塞提督將予題補提標中軍參將。十一月，塞提督在寧波病故。時有提督石調聲新任。越明年三月，貝子王諭予曰：汝所領之兵，因汝一人忠心爲國，處處衝鋒，勞苦可憫。日接石提督具報，寧波山海有賊〔搔〕騷擾，今暫令汝假回，與石提督商酌剿平。另將中營精壯兵馬整頓候調。四月初九日，予辭王。王曰：汝去速來。隨親手賜煙，言曰：我專望汝一人掃平賊寇，如食此煙，一片心熱騰騰的。予即束裝到寧履中軍參將任，整頓兵馬。

五月初十日，忽有賊船二百餘號，直臨定關港口。石提督會道、府擬撥兵民守城。予曰：遣撥百姓守城，恐遠近人心徬徨，可先撥將官一員，帶馬步兵一千，沿江南行，探賊處所，分踞要口，安設馬塘。如有情形，時刻飛報。但賊突至，必非無因。須要密訪。次日，果有吳得功首報定海營守備方俊受耿精忠總兵之職，欲作內應，獻定關。予隨回明提督，單騎扮作差官，星夜到定關，與常提督設計擒方俊併同黨正法題報焉。

〔一〕原文誤爲『凉柵』，今據《行間紀遇》改。

三〇、破石門復象山

定關賊船知方俊敗露，遂全艅南回，攻破象山縣。石提督同予率各營官兵前去恢復，兵劄黃墩地方。次日，余告石提督曰：此去二十里乃石門嶺，現有賊守，大路掘斷。某今夜領兵一千，從兩邊山路而上，另兵一千，撥六百名交將官侯奇埋伏兩邊山樹林之內；撥四百名交將官張靖，假由大路進兵。賊如大夥全來，即傳炮爲號，憲臺督兵前進。某所領之兵即跟賊下山，必由我埋伏之處，某由兩邊衝擊，伏兵齊起，前後夾攻，敗之必矣。如無迎敵，某領兵到嶺攻堡，奪得此嶺，象山唾手可得。提督依計。六月十一夜，予遂進兵。十二早，東方微明，余率官兵從兩邊山直上，開炮夾攻，賊衆敗遁，死於鎗砲者甚多。我師佔踞石門。本日進兵，下山攻擊賊營。賊棄營登舟，予率官兵沿海追殺，死者不可勝計。賊遂遁外洋，十三日，恢復象山，交副將汪國祥防守。十六日，班師焉。

三一、涖處州副將任

丁巳年（康熙十六年，一六七七）七月，康親王諭李總督，將予題補處州副將。寧波百姓聞知通城罷市，會同營官兵齊赴提督轅門懇留。提督見兵民懇切，遂繕疏保留。疏內有云：吳某之在邊疆，非僅臣標之臂指，實係沿海之耳目。今兵民聞知陞去，營伍相率泣籲請留。有若吳某之不可一日離沿海，而沿海之不可一日無吳某者。願請以副將新銜，仍管臣標參將，後照副將轉陞等語。時貝子王聞知，遂差官到寧波諭提督，併催予帶領提標兵前赴處州，遂即起行，於八月廿三日到處上任，剿平景寧等縣賊寇焉。

三二、乘夜到楊梅灘殺賊

丁〔巳〕巳□□□□□□□兵到松陽縣，[一]賊首馮公輔率眾投降，尚有賊首林惟仁等聚賊三千餘眾在遂昌縣黃避地方，害民抗撫。予率官兵前去剿滅，聞知賊眾遁劄福建界楊梅灘。予計山路遠近，具報李總督定於十二月廿三日卯辰二時破賊。幕客書吏告曰：霜寒路險，只可報進兵日期，破賊之日尚未可定，豈可定以時辰？余曰：但以我言具報可也。遂分撥官兵，埋伏山口。又令守備劉學文領兵一千併付囊中密計，到龍泉縣七都地方開〔折〕拆。次日，予督官兵扳籐附葛，冒雪爬山。至廿二晚到西坑，[二]糧米只支一日。予曰：今與賊相隔一山，可將一日之糧，盡炊作飯，眾兵一飽，乘夜過山，天明出其不意，破賊必矣。官兵依令，緪繩連貫上山。未及更次，天黑繩斷，峭壁難行。予令三人一火把，撥雪劃草，得藉微光，天明齊到楊梅灘。即遣將官馬伏秀帶兵二百名，埋伏賊營山後。時正卯辰之交。予領兵進攻賊營，斬殺數百餘眾，賊走前山。余曰：前面有劉學文埋伏，靜聽捷音。不料，賊人將到，學文官兵開炮攻擊，賊奔兩邊高山。即拿學文候參，因各官求懇寬釋。時賊五千餘眾被斬過半，逃散滿山。余將陣擒之賊釋放，付以傳單，令守口官兵，放開一路。餘賊聽其前往衢州投誠。處州之賊遂平。

[一]　『松陽縣』，原書誤爲『陽松縣』，徑改。又原書『丁巳』下空缺七字，丁巳，爲康熙十六年。查《行間紀遇》卷三記載，吳英於康熙十五年『九月十八日親領官兵直至松陽縣……馮公輔進退無路，率眾出山投降』。抄本時間與其相差一年。

[二]　原文爲『至廿二晚到　坑』，今據《行間紀遇》在空格處補上『西』字。

三三、入閩解泉州圍

戊午年（康熙十七年，一六七八）五月，予同石提督統兵入閩援剿。六月，到福州，知海澄縣被海寇所陷。又偵知劉國軒率賊眾數萬，圍困泉州，燒斷洛陽橋。我師進剿興化。巡撫吳同楊、石二提督傳各路將官問曰：賊眾我寡，欲解泉圍，諸將有何妙策？予曰：賊眾雖多，我兵用之得法，可不戰而自走也。巡撫曰：劉國軒海上亦算得一個，豈可輕視！予曰：算得一個，須走得快。若走遲，全軍覆矣。予隨繪圖進策曰：劉國軒烏合之眾，意在搶掠，不在得城。今橋已斷，正路難進，必須分兵三路，一進仙遊白鴿嶺，出永春，到南安會齊。一進仙遊廣橋，出河市，會合南安。一由惠安正路攻洛陽。各處守口之賊見我兵分道而進，必求援於劉國軒。海賊根本倚重在船，豈敢分兵應援深山，勢必逃走。稍若遲疑，三路齊至泉城，滿漢兵馬，四面夾攻，賊眾不得生還矣。巡撫聞策，喜曰：如此何用多兵！即於二十日分兵，巡撫進白鴿嶺，楊、石二提督進廣橋，予領先鋒進惠安。二十五日，守泉將軍楊遣人從山路來報：劉國軒聞我師分路進兵，已於二十三日連夜解圍逃遁，只有賊船數十隻踞洛陽橋。予由上〔流〕遊攻破陳三壩，斬賊六百餘眾，餘賊逃散，泉州之圍遂解。

三四、奪山破歐溪賊

〔巳〕己未年（康熙十八年，一六七九）四月十七日，劉國軒等率賊萬餘到江東歐溪頭，沿山排隊。時賴將軍、姚總督、楊、石二提督同各鎮營齊到江東，見對峙高山上有涼棚、馬匹。賴將軍曰：此必劉國軒親在其間，誰奪此山，即為首功。余應：願往。即領本標遊擊張旺、薛受益等官兵二千餘，予當先衝陣，賊棄山走，遂分三路前來迎敵。予陣亦分三股下山。予先入賊陣，手斬數賊，江東副將詹六奇領兵夾攻。賊眾大敗，計斬千餘人。劉國軒遂登舟遁去。

三五、窑頭殺賊救民

〔巳〕己未年五月十七日，[一]姚總督檄予前往同安縣躧看情形。十九夜二更時候，聞城外東北角號炮聲喧。同安馬總兵曰：此必海賊臨城，已調兵嚴守矣。予曰：非也。號炮東北聲喧，必在西南搶掠。但賊由海來，當往海邊尋攻伊船，邀其歸路。汝守城池，我出殺賊。遂領遊擊李全信、趙邦試等出西門。至窑頭，天尚未明，月影下望見許多賊船倚岸待渡，予伏兵以待。少頃，見賊二千餘眾紛紛到岸，所掠人口正欲上船。我官兵分股截攻，賊逃四散，斬殺淹死者一千餘眾，生擒廿餘人，斬賊首五員，擒一員，計救回男婦千餘口云。

三六、沔洲捷取四島

〔巳〕己未年臘月，[二]余奉特旨授同安總兵。庚申年（康熙十九年，一六八〇）二月十八日，[三]

[一]　原文『己未』下無『年』字。
[二]　原文『己未』下無『年』字。
[三]　原文『庚申』下無『年』字。

姚總督、楊將軍同到同安東浦，欲築高浦炮城。予往見，曰：此時賊勢已搖，須速取觀音山、海澄，[一]何必作此緩圖也。今我水師提鎮戰船二百餘號，在閩安擬乘北風南下，賊巢在廈，勢必退守。又聞賊船百餘號分泊海壇、崇武，在廈多是空船。但賊有上下二策，若出下策，劉國軒聞我舟師南下，必棄觀音山，退守廈門。我師乘巨艦，佔上風，沿海各灣陸師踞守，賊船不得取水灣泊，必敗之道也。若出上策，海壇賊〔艘〕船見我舟師一到，退避外洋，我船乘風而下，隨尾我後，反佔上風。劉國軒棄觀音山回廈，配兵空船，駕出金門以會崇武賊〔艘〕船。俟我船到，彼退圍頭。我若追至圍頭，前有迎敵，後有牽兵，中有劉國軒，若能取勝，全賴朝廷洪福也。姚公曰：以公所料，觀音山、海澄有可取之機乎？予曰：如憲意猶豫，請領精兵二千，管此數日奪來。姚公曰：浙江同事，素所深服。若得觀音山，莫大之功也。即停築砲城回漳，檄予整兵以待。隨聞萬提督從閩安開船，海壇賊〔艘〕船退回崇武合䑸，果從下策。廿三日，余方起身赴漳，忽姚總督公文言劉國軒於廿一日撤回廈門，我官兵乘勢連破十九寨并海澄。止予不用往漳，速從同安港進兵，恢復廈門。廿五日，余即取浔洲。廿六日，取潯尾。廿七日，渡海取高崎，進攻廈門。賊見我師已到，眾叛親離。鄭經勢窮，遁回臺灣。廿八日，姚總督、吳巡撫到廈招撫餘寇，出示安民，會疏報捷焉。

三七、出界救活萬民

庚申年四月，沿海各府大饑。每石米價湧五六金。百姓流離，饑死載道。予鎮同安，星夜往漳見姚總督，曰：憲臺生民之主，今百萬生靈危在呼吸之間。若捐金買米，恐賑濟有限。惟有權准百姓出界採

[一] 原文『觀音』下脫『山』字，今據《行間紀遇》補上。

取薯根、魚蝦，以一月爲限，一月後早禾登場，民可得生。總督曰：未曾奉旨開界，何敢擅放？予曰：今寇已平，名爲界外，實官兵行走之界內。權准出界一舉，勝於百萬賑濟。倘有罪責，某願受之。總督喜曰：謹奉教。隨星夜出示，飛傳沿海各府，百姓歡天喜地，扶老攜幼，盡出界外取食濟饑。沿海百萬生靈盡得生全焉。

三八、銅山誓戒三事

壬〔戌〕戌年（康熙二十一年，一六八二），提督施公與總督姚公意氣不和，題請專征，游移一載。時施公親到同安，請予同征。予見督、提不和，未敢許允。癸亥年（康熙二十二年，一六八三）三月，[一]施公咨姚公，欲予彈壓廈門，進退可以接應。予奉令統兵到廈。施公會予曰：進攻澎、臺，非公不可。再三固懇。予曰：公若傾心降氣，與姚公和衷，求其許我同征，破臺俱在我也。施公曰：既荷許諾，大事濟矣。五月，姚公到廈犒師，施公與言曰：水師只宜水戰，若到澎、臺陸地，須才能總兵統領陸師，方能破敵。茲有興化鎮智勇雙全，能勝其任。姚公曰：彼未奉旨，恐未肯行。施公曰：吳總兵素懷忠心，貴部院若先行文，言國家大事，令其統師，隨後題明，彼無不同心圖報也。姚公許諾，照會到。予隨調水陸諸將，選兵齊備，於五月十九日登舟。姚公親到予船，問曰：此行料敵如何？予曰：臺、澎不破，斷不生還也。但賊有上中下三策，若行上策，盡撤澎湖之眾，退守臺灣，只留快船數十隻在澎。俟我船到，彼竟出我師之後，擾我沿海，絕我糧運。臺灣處處皆險，可登岸者只有一二處。賊堵守百日易，我師船泊大海十天難，必須先踞澎湖，追剿沿海賊艘，多積糧草，待時而動，功難速成也。

[一] 原文『癸亥』下無『年』字。

其中策者，賊船合䑸在澎以待我師，敗則遁臺灣，不敗則踞守。我須重兵相持，乘南風進臺之北山上淡水，鼓勵土番，且進且止，以分賊勢，方可破之。其下策者，盡臺灣之眾，以作孤注，分水陸守澎湖。我主兵者，身先士卒，用破釜沉舟之法，澎湖若破，臺灣不攻而定矣。乃於廿三晚到銅山。廿八日，予告施公曰：公與海上有父弟子侄之讐，但鄭家負嵎已久，爲讐甚多。今日進剿，須爲國出力，爲民除害，一則不可挾報私讐，二則不許殺降，[一]三則嚴禁搶掠。擇日傳齊各鎮大小將弁，以此三事告天，則海島共戴仁慈，功可成也。施公依言，會集各鎮協營大小將領，就於六月初一日在銅山當天立誓，三軍將領莫不歡騰踴躍焉。

三九、衝救前鋒七船

我師戰船會集銅山候風，於六月十四日開駕。十五日，到八罩。十六日，進澎湖，見賊船二百餘號，兩邊山頂砲甚多，未敢前進。只有前鋒七船進入港內，被賊圍困無援。予見危急，即單船駕雙櫓衝入賊䑸。僞水師總督林陞見予一船衝入重圍，遂棄七船，統率賊船前來夾攻。余嚴督官兵砲箭齊發，賊〔船〕眾死傷甚多。林陞打斷左腿，各船賊兵不敢擡頭，敗退入港。余以單船前後無援，姑退出港。見我眾船俱向西行，即坐小船趕至西嶼頭外海，到施公船上。施公曰：我見前鋒被圍，公駕單船救出，又復深入賊陣，時呼各船應援，俱不向前。幸公殺出重圍，攻敗賊眾，今日出力，獨公一人。我回去當天寫本，餘人聽其自辨，我惟請罪而已。予曰：我國家數十年，爲此海寇所費兵馬錢糧何啻千萬，不滅此賊，沿海生靈，永無寧靜之日矣。今日非容易到此，即死此處，亦分所宜。依我愚見，若不破賊，親任

[一] 原書誤爲『不許投降』，今據《行間紀遇》改。

其罪。且我殺入重圍，見賊船雖多，當頭者只有二三十隻，果是兇猛，其餘逐陣而已。我師皆因船多，彼此觀望，須明早收回八罩，依賞罰之例，將不向前將領，盡行綁綑，欲以軍法從事。我會各鎮保領，各立軍令狀，以功贖罪。將我船四百餘號，選出大船四五十隻，餘船隨後架梁，挑選好漢官兵，每船上站得二百人者，艙底再伏二百人，死傷更換。令兵盡抱火桶火罐，伏在舦邊，衝入賊䑸，二三船攻燒一船。賊之大船燒盡，其餘無不就擒矣。施公曰：眾人之心，不似爾我。若如前不齊，致有損兵折將，誰任其罪？予曰：令各船帆上大書姓名，各鎮當先，諸將不敢不進。如此若不破賊，我頭自取也。施公曰：既如此，破賊之任，全在於公。我船隨收回八罩。次日，即行賞罰條例，各將俱立軍令狀，以奏膚功焉。

四〇、攻克澎湖島嶼

六月廿一日，施提督會集各鎮，商議拈鬮，分疊進兵。時海壇鎮林賢第一，平陽鎮朱天貴第二，予第三，銅山鎮陳昌第四，金門鎮陳龍第五，廈門鎮楊嘉瑞第六。分派已定，廿二日巳時，我船五十餘號，排列進港，餘船隨後架梁。港內賊船衝出，火炮沸海，煙焰蔽天。林賢先衝賊船，被傷退出。朱天貴纔進，中炮身亡，船亦退出。予見勢急，嚴督殺入，燒賊大船。予右耳被銃傷裂，忍痛率船奮力攻燒，又燒殺賊鎮陳啓明大船一隻。我兵只顧鈎搭，余舡連賊船，隨擱石上。賊船着火將近，副將詹六奇親出杉板，勸予速下小船。余曰：我船四百餘眾，同心血戰，生死與共，豈肯獨生！眾人求勸，余再三不肯下船。危急之際，余船忽浮水自開數箭之遠。此皆賴朝廷洪福，鬼神呵護所致。

是役也，賊眾覆沒矣。計燒燬及獲賊船一百九十餘隻，燒死、投降僞官三百餘員，賊兵斬殺、投降者萬餘眾。是晚收入澎湖灣泊焉。

四一、醫遣俘賊回臺

六月廿三日，余領陸師登岸劄營，與施提督公議，將所獲之賊，醫治給糧，遣回臺灣去後，各賊相傳我師仁德，臺地兵民皆望王師速至。劉國軒見勢瓦解，遣員到澎湖議降。施提督請余密商，言：臺灣鎮將二百餘員，自請舉事，擒獻巨魁，不用我師費力。余曰：臺灣餘寇，旦夕可定。前已當天立誓，陣擒尚且不殺，若輕聽妄動，殘害生靈，是欺天也。且風聲一漏，鄭氏一家飄遁別國，何處追尋？縱得臺灣，亦難班師矣。即不允其請，惟准其投降，遂題本報捷焉。

四二、師進臺灣安撫

余以澎湖蕩平，臺灣投順，可以不用陸師，即欲辭回。施提督曰：此行賴公大展智略，三日登舟，一月成功，掃除數十年海外之巨寇，不世之勳也。但臺灣雖降，必須同往商酌，遣發降弁渡海，共收全功。遂於八月十三日，齊進臺灣安撫。兵不血刃，民獲安堵。即發僞首領渡海入京。十月內，施提督班師回廈，造報功冊。余在臺灣彈壓焉。

四三、祭魂風平浪靜

甲子年（康熙二十三年，一六八四）四月間，[一]臺地僞鎮協營陰謀不軌，隨擒爲首數名梟示，餘釋不究，以安眾心。五月間，各鄉屢報強盜夜行劫掠。隨設法獲真盜五十餘人，將爲首八名梟示，餘各重責。內有康福、洪碧，壯勇可用，密給衣食，留爲偵探。十月十九夜，福報賊首蔡機功領二千餘眾，在小岡山同謀造反，還有六七千人在各標營，俱有領其劄付，約作內應，議二十四日會集僞弁關顯家。十一月初一日舉事燒營，恢復臺灣。予恐福詐，令家人同去入夥，果領僞總兵之劄。暗給器械攜去，以信賊心。又恐漏泄，日夜提防，托事點兵。內有同謀者，不敢離伍。賊知事露，逃入小岡山。予隨令副將詹六奇、遊擊李傳信領兵并土番攻剿。斬賊首五百餘級，臺地安寧。

十一月十四日，新陞總兵楊文魁到臺，予將地方交付。本月十七日，領官兵登舟回廈。晚到澎湖，狂風巨浪，旬日不息。予思澎湖血戰，我官兵用命，死者數百餘人。數十年巨寇一旦覆沒，浮屍滿海，盡歸魚腹。雖逆天威，命在有數，皆是爲我一人而死。目擊情形，甚可悲憫。魂魄無依，興風鼓浪，理或有之。遂令備品，致祭海邊。次早，風平浪靜。是晚即到廈門。十二月十六日，回興化，束裝陞見焉。

[一] 原文「甲子」下無「年」字。

四四、寵賜騎馬入宮

乙丑年（康熙二十四年，一六八五）三月十五日，予到京陛見。廿二日，蒙賜鞍馬一匹。到景山賜宴，詢問臺灣情形，予遂條陳官兵屯田、減少船隻二事。皇上大悅。薄暮回宮，命內大臣馬武、吳達禪二大人引予騎馬，由神武門入。二大人曰：此宮內諸大臣走也不敢，不但騎馬。旨意說汝是有功的大臣，賜騎馬，命我引汝進宮，賜汝東西。這是從來沒有的。予隨二大人乘騎由神武門入，至乾清宮景運門亭前下馬。蒙賜金蟒紗朝服一件、寸金蟒（掛）褂一件、大御馬一匹、鍍金鞍轡一副，復蒙賜茶。予隨（扣）叩頭謝恩。二大人命予穿朝衣蟒（掛）褂騎馬出東安門。廿四日，隨上條陳一本。

四月初一日，調補舟山總兵。隨即回閩交代。六月，由興化起程，八月廿五日抵舟山任。十月廿日，遂陞四川提督焉。

四五、剿平楊帥二賊

丙寅年（康熙二十五年，一六八六）四月初六日，予到四川提督任。六月間，重慶鎮王度沖報梁山縣賊首楊善聚寇數千，[一]自稱年號，破長壽縣；川北鎮馬子雲報廣安州賊首帥九經領賊數千，攻巨縣。各請救兵。予會商姚巡撫，知此寇乃譚宏、吳三桂餘黨，遂選各營馬步精兵三千，令衛參將統領前去剿滅。據報賊與官兵交鋒三次，楊陣亡，九經投水，斬賊甚多，只有餘黨八百餘人逃入廣安州，名曰『旱山』，三日無水。予令各官兵竹筒貯水，自負行糧，追入深山。賊見官兵追急，自殺妻子，只剩三百餘

[一] 原文誤爲『楊喜』，今據《行間紀遇》改。

眾，俱被官兵擒殺，解回賊將軍尤德宛等五十三人，獲器械、印劄無數，遂題請正法焉。

四六、蒞泉撫賊寧民

丙子年（康熙三十五年，一六九六）七月，予奉特旨調任福建陸路提督。十月初八日，自成都起程。丁丑年（康熙三十六年，一六九七）二月初一日，[一]蒞任泉州。予在川中聞前任提督將漳、泉二府設立十三行，凡民間諸項貨物，俱歸行抽稅，民甚苦之。予到任數日，盡行革除，萬民歡樂。又聞漳屬地方有匪類嘯聚劫掠，其最著者賴立、江孝，盤踞山中已二三年。予赴省會督、撫，謂：此小寇，撫之不敢來，剿之無定所。若不設法掃除，終爲民害。計惟寬免此輩從前過犯，准其自新。查伊等各有親屬，給與免罪印牌，令其尋出，庶免擾害。督、撫曰：如此萬分妥當。但此輩若如前抗玩，則如之何？予曰：若復不來，我自有剿除之法。予隨回泉，喚親屬往撫。時江孝、賴立、李服等聞開一面之網，出山歸伏，黨羽分散，民獲以寧。

四七、劍石瑞雲恩雨

余祖晉江浯塘，少遭變亂，自雙親去世，即被擄赴海從戎。至癸卯年（康熙二年，一六六三）歸誠，駐劄興化，回視祖家，室廬盡廢，族人流散無存，幸歷代墳塋無恙，多有可觀。惟曾祖墳及祖墳並暫寄高浦之親墳，見其有傷，遂延形家，同尋吉穴。興屬福清深山僻壤，無不歷遍。雖嚴寒酷暑，不憚其勞。乙巳年（康熙四年，一六六五）得一穴於福清資福寺之金龜山。因穴場結束，不堪多附，遷祖

[一] 原文『丁丑』下無『年』字。

骸、親骸，擇丙午春葬焉。

越年丁未（康熙六年，一六六七），移駐浙江，以曾祖考妣未得其地，時囑族叔同堪輿擇地以葬。辛亥年（康熙十年，一六七一），堪輿爲擇資福寺北之南山，就田中一堆土，名曰『出水蓮花』。余隔遠，不及商酌，家中遂爾安葬。越甲寅（康熙十三年，一六七四），余出仕浙江，至戊午年（康熙十七年，一六七八）隨石提督援剿福建，往觀南山之地，氣脈俱無，訝其穴中有水，決意重遷。但時當軍興，日無暇刻。未幾，鎭同安，調興化，出師平臺，勤勞王事，奚暇祖墳。隨而轉調舟山，陞任四川提督，請籍莆陽，即令兒輩亟尋吉地。時有陳堪輿擇一穴於莆之溪上，又有呂堪輿擇一穴於莆之劍石。二師屢次致書，俱以此地非比等閒，而族衆及來川之人皆云二地點無真穴，俱以南山爲佳，遲疑久之。及丁丑年（康熙三十六年，一六九七）余調任陸路提督，到興往觀劍石之地，乃是一大幹龍，但所定之穴，乃在左足，向首亦差。余遂指定『退後、坐深、吊向』六字授堪輿，乃遷南山之骸，果然，瓦棺皆水，群服余言。遂擇丁丑冬就劍石奉骸安葬。開壙八尺，皆是金黃之土。左右前後皆沙石。方葬之時，青天炎陽，忽有瑞雲騰蓋此山。葬畢，有雨數點。此乃上天先賜吉地，而臨葬又降祥雲甘雨，鄉黨諸親莫不稱爲奇異。余思年已六十餘，其心已定，自遷葬後，六十三歲至七十，連添五子，豈非風水興發之驗乎？

四八、帶理水師獲逆

丁丑年冬，水師提督張旺上密本，以水師提督非余不可。戊寅年（康熙三十七年，一六九八）四月，提督張進京陛見，郭總督咨余帶理。廿二日，到廈。至六月間，密訪得漳州奸徒楊俊、陳敬、蔣欽、洪輅等僞造印劄，各處招黨。余即令親信數人投入，領有印劄。又據差員張國密報，賊黨數千人約七月十六夜破漳州府。復有賊首在石碼、海澄約坐小船數十隻，是夜到廈門刼船。余即遣親丁扮作鄉人，同張國往漳。十六早，在漳州東門外葱園地方擒蔣欽、洪略、陳敬、楊俊等，搜出牌劄數百。隨咨督、撫，委甘海道會審，據各供招謀反實情，欲究黨羽，恐其扳累，遂將四逆首處死示衆焉。

四九、應期天賜六郎

戊寅年八月，余實授水師提督，前任提督張改調廣西。十一月，余側室張氏有娠，〔巳〕己卯（康熙三十八年，一六九九）閏七月內當分娩之期。是月初九日，余與星士談論命理，問：此月若得男子，當以何日何時爲佳？星士即按日推詳，答曰：惟此月廿三日巳時，乃是貴命。余遂焚香告天，賜一福人，以應吉課。至廿三日巳時三刻，果然降生，是爲第六子，取名應星，此子將來是未可知。余思此事千古所未有，深感天恩，其曷有極！

五〇、省費改造戰艦

澎湖平定之後，奉旨將大鳥船十隻留守臺、澎，例皆三年一修，五年再修。每當修船之期，通省百姓俱受科派，計銀三十餘萬，頃刻難緩。富者猶能完納，貧者遲緩，即行鞭撻，甚至破衣敝被，變鬻交縣。余耳聞目見，實切痛心。念此修船一事，與天同久。貧民之苦，何時得休？此等船隻一年修竣，駕至廈門，閒擱在澳。且船身高大，一應出哨，俱用不及。置之風吹日晒，再過一年，又欲題明派銀再修，可爲長歎息者此也！余即於庚辰年（康熙三十九年，一七　　）具奏條陳一本，請以大鳥舡改造趕繒船，庶一船得備一船之用。隨奉旨：依議。從此閩省百姓永除修船科派之累矣。

五一、教子幸捷秋闈

壬午年（康熙四十一年，一七〇二）八月，[一]禮科給事中許志進、大理寺正索柱奉旨主考福建鄉試。余第三男應鳳以莆田縣學諸生中式五十九名。[二]廿九日，報到廈署。余自念穉年遭亂，讀書不成，學劍立功。茲際昇平，暇時訓子，倖獲成名，克振書香，爲之一快。惟願吾兒竿頭再進，忠敬慎勤，馳驅皇路，以報聖主之恩於萬一云爾。

五二、御賜作萬人敵

癸未年（康熙四十二年，一七〇三）二月十七日，[三]皇上在杭州行宮御筆親書『作萬人敵』之匾額賜予，仍賜五爪綠龍袍、貂帽外套、又賜人參、棉羊、哈密瓜、乳子酒並各種食物。十八日，送駕二十一日，到蘇州，蒙皇太子親書七言詩以贈云：

菜公昔日鎮天雄，鎖鑰關門百二重；
北使也諳人物論，樓臺無地仰高風。

予回署日敬將匾額、詩章高建御書樓崇奉，宸翰世世寶藏。復摹倣刻石，懸掛於泉郡牌坊之上，以

[一] 原文为『壬午科』。
[二] 乾隆廖必琦：《興化府莆田縣誌》卷十三『選舉志·國朝鄉舉進士』記載乾隆四十一年壬午科莆田縣共有七人中舉，其中『吳應鳳，字文藪，英子，江南廬鳳道』。
[三] 原文『癸未』下無『年』字。

尊瞻焉。[一]

五三、蔡嶺別一洞天

余任四川提督時，聞堪輿爲擇一樂丘於莆之溪上山，稱爲將相之地。及余丁丑年調任泉州提督，順途冒雨，偕次兒應龍往觀之。喜其形勢甚佳，但所取之穴，偏在左畔。余遂步中山，見有真穴在焉。次兒言：左右之山俱已購置，惟此處乃明朝張指揮之地，尚未向買。余因到任日迫，回謂蔡夫人曰：汝家中所買溪上之地，四山皆土石，俱無用也。昨日我在中山見有一大幹龍，天成其穴，未曾向買，須遣人求之。若買得來，後代兒孫之福也。蔡夫人隨令家人王裕謀之張家，依價購得，差人報知。余喜出望外，今日若非轉任梓里，安能得此佳〔城〕域？後余因公到興，親點其穴。甲申年（康熙四十三年，一七〇四）七月，[二]蔡夫人歸世。十一月，開築壽域。余囑堪輿仔細經營，不可打破太極。及開穴壙，果然四圍皆石，中央天成一太極圈，深闊丈二，其土美如蜀錦，五色鮮明，暖氣氤氳。造築三壙，中央之處有生氣五物，形如蛙，而五爪色黃綠而牽金，倏忽不見。乃將蔡夫人安葬在左壙。此皆上天之所賜，非人力所能求也。墓道坊匾顏曰『一洞天』，以誌其美云。[三]

[一] 御書『作萬人敵』石刻牌匾，現存莆田市荔城區黃石鎮定莊吳姓後裔家中。

[二] 原文『甲申』下無『年』字。

[三] 乾隆《興化府莆田縣誌》卷四載：『將軍提督吳英墓，在安樂里溪上，康熙五十三年賜葬。』

五四、御賜燕翼詒謀

乙酉年（康熙四十四年，一七〇五）二月間，聖駕閲河，巡幸江浙。予到江南迎接，蒙聖恩疊賜古文淵鑑法帖、皇輿表、寶石、大小硯、玻璃各樣玩器、寶墨、棉羊、乳酒諸色品物。並賜予祖宗祠堂匾額，御書『燕翼詒謀』四字、又字聯一對『但使虎貔常赫濯，不教山海有煙塵』、七言詩一幅、五言詩金扇一握。隨至杭州，皇上親臨教場，命各提鎮射箭。予連中二箭，天顏大喜，溫旨垂問。隨至蘇州，再賜八團龍袍、褂、暖帽、靴襪、頂戴孔雀翎焉。

五五、御賜世錦堂匾

聖駕丁亥年（康熙四十六年，一七〇七）巡閲河工，南幸江浙。正月□八日，[一]余自廈門前赴江南恭迎。三月初六日，[二]隨駕江寧。初八日，皇上親臨教場，問余年歲、鬚髮有何得養以及戰傷。余回奏：臣蒙皇上天威，水陸身經百戰，從不帶傷。上曰：我們滿洲當年亦有一將，各處衝鋒，總不帶傷。人問他如何不帶傷？他說我若帶傷，天下的賊就沒有人殺了。像你一樣，都是自己帶來的造化。不然，你一人經過許多征戰，豈有不帶傷之理？余奏：臣受皇恩特用提鎮三十餘年，今臣年已七十一歲，恐筋力漸衰，有悞海疆。去年具疏乞休，蒙皇上天恩加獎。臣雖粉身碎骨，亦難圖報。上曰：你是久經歷練

[一] 原文『八日』前空一格。
[二] 原文爲『正月初六日』，顯係錯誤，今據《行間紀遇》改。

老將，正要用你，怎麼辭得？如今不用你身子出力，只用你心與口指揮調度就是了，何必告辭！

初九日，余會總督梁奏請漁船〔惟〕准以雙篷越省採捕。奉旨准行。

四月初二日，隨至杭州。初四日，蒙賜人參一觔，綠端石硯一匣、硯盂、玉匙各一、寶墨一匣，並諸般食物。又賜御馬一匹、貂帽一頂、八團五爪龍袍一件、八團五爪龍褂一件、靴襪各一雙、黃辨珍珠壽字、松兒石結荷包一對、[一]御書『世錦堂』匾額一幅、對聯一副，內書『國恩優渥褒成績，臣職勤勞勉後昆』。隨在行宮謝恩焉。

五六、加授威略將軍

四月十五日，余自杭州隨駕到蘇州。十七日下午，宣進垂問海上情形，及當年山海各處征戰，余一一具奏。天顏喜悅。十九日，對中堂大臣發旨意：提督吳英行間效力四十餘年，身經許多戰陣，九死一生。所奏言語，狠通文理。好個老提督，天下〔那〕哪裏有？這是狠靠得的人，邊海是離他不得的。即發上諭與兵部，加授余將軍，傳大學士議封號。二十日早，賜御書詩畫金扇一枝。大學士在行宮先宣上諭，諭兵部：國家綏緝兵民，乂安海嶠，必資威望素重之臣，以畀干城之寄。有能久鎮巖疆，實彰勞績者，則錫命酬庸，宜加顯秩。福建水師提督吳英當王師初定八閩，[二]即親履行陣，自偏〔俾〕裨以至大將，〔剔〕敭歷四十餘年。比任提閫以來，益殫壯謀，克修軍紀，目前諸將中明習水性，訓練舟師者，罕與媲倫。是用特渙殊恩，俾膺異數，着授爲□□將軍，仍管水師提督事務，以示朕優眷勞臣至

[一]《行間紀遇》为『松兒石結子荷包一對』。

[二] 原文『提督吳』下空缺『英』字，今據《行間紀遇》補上。

意。爾部即遵諭行。特諭。

廿一日，[一]傳旨宣進。余跪奏：臣蒙天恩，加授將軍，捐軀亦難圖報。念臣自甲寅（康熙十三年，一六七四）起至甲子年（康熙二十三年，一六八四）平臺回師繳卸甲。凡到處臨陣，總是前無敵人後無家，竭盡一身，以報國恩，怎敢料有今日安享四海昇平之福。

上曰：你是有年紀老功臣，坐着說。

回奏：不敢。

斯時天顏和霽，問及家事妻兒。余將生平水陸血戰廷對無遺。如此寵遇，誠千載一時也。

皇上次日回鑾，余乃回廈。七月初九日，准兵部奉上諭：吳英著授『威略將軍』，[二]仍管水師提督事務。

九月十二日，恭迎勅印，謝恩。余念昔時隻身飄蕩，今日得此遭逢，亘古未有。撫心自問，何能圖報也。

五七、賑濟興郡饑荒

予于四川提督任內題請奉旨入籍興化府莆田縣。丙子年（康熙三十五年，一六九六），興郡饑荒，家中盡力賑濟。越年丁丑（康熙三十六年，一六九七），興郡又饑。時余奉旨調任福建陸路提督，見百姓流離，目覩心傷。隨捐俸貲，極力賑濟，全活男婦老幼至三萬餘人。

[一]　原文爲『念一日』。

[二]　原文『吳』下空缺『英』字，今據《行間紀遇》補上。

戊寅年（康熙三十七年，一六九八），奉旨調任水師。丁亥年（康熙四十六年，一七〇七），莆、仙二縣歲荒，百姓饑餓。予迎駕歸來，目擊慘情，傾竭倉粟，逐名散給。不敷則市價以益之，全活窮民無數。予非市德也，蓋盡余心焉爾。

五八、改建定庄府第

予曩者駐劄興化，已將先人墳塋〔還〕遷葬福清，念欲就近擇一陽居聚族，不致隔離墳塋。因於興屬之地，靡不遍尋。庚申年（康熙十九年，一六八〇），尋得一地於莆之定庄，乃林姓祖居，經六七百年，世出科甲，在興郡稱爲名地。賴上蒼之庇，方得購買。辛酉年（康熙康熙二十年，一六八一）興工建宇。未幾，余任四川提督，疏請立籍於興。但所建府第，予因遠隔，未及指點。起蓋二三十載，經費數萬餘金。至丁丑年（康熙三十六年，一六九七），余轉任本省陸路提督，往宅後觀來龍與坐向，俱不相合，始知從前之謬。乃於己丑年（康熙四十八年，一七〇九）一盡〔折〕拆卸，改向進，擇日重新起蓋府第五座。當豎樑之時，眾見中府一連三夜，毫光炳燦，俱皆稱異。又建家廟在府第之東。按此地從仙游發祖，逶迤而來，開窩列帳，三十六坑之水歸會，明堂砂護，重重包裹。更有壺公尖秀，上入雲霄，在辛方常倒影於門前，堪稱至美。是皆天恩所賜，後代兒孫之福也。

五九、薦子隨標圖報

余於丙〔戊〕戌年（康熙四十五年，一七〇六），以年屆七十，具疏乞休，蒙皇上恩着坐鎮，但念海疆任重，當資臂指。乃於庚寅年（康熙四十九年，一七一〇）二月間，題爲籲懇格外天恩改授武職以便效力海疆事。

臣一介庸愚，疊受皇恩，即捐軀碎骨，未足云酬。微臣於康熙四十六年迎扈聖駕至江寧地方，又蒙我皇上面諭不必告老，而今不用臣之力，只用臣之心與口。聖諭深切，臣何敢再爲乞休。但臣今年七十有四，目下雖可勉力支持，而筋力衰邁，誠恐精神不周，益滋負。近伏讀上諭：福建、廣東二省武進士、舉人、生監，或兵民人等有熟諳水性，練習水師事宜，願於出洋巡哨船隻隨官兵效力者，如果能擒殺賊眾，立有功績，着督、撫保題具奏。欽此。仰見我皇上慎重海疆，作養人才，無所不用其心。

臣有第四子吳應鵬，乃係候補行人司司副，但觀其舉動、形象，可從武途。所以數年來臣俱隨帶營中，令其習學戎馬、操練水務。前在虎丘行宮，微臣亦經面奏，以臣所得阿達哈哈番世職日後付與承襲。今練習有年，頗堪任使。因思臣標五營歷任提督皆有挑設內標兵丁六百名，俱係委令領旗管領巡防。臣任內更加挑練精壯，以成勁旅。不揣仰懇天恩，因才器使，將臣子吳應鵬行人司司副賜改一偏裨武職，俾有束兵之責，得以帶領前項標兵出洋哨捕，總不須添設兵船，略如江南奇兵、遊兵之營。一則臣力已衰，得資臂指；二則臣子乘此壯年，可效犬馬之勞。茲令臣子吳應鵬赴京叩見天顏。如蒙恩准，得以改職報效，臣父子感戴皇恩，當永矢於生生世世矣。

即遣應鵬賫本赴京。四月陛見，考射弓馬，皇上大悅，不發部議，准以遊擊管理內標，遇提標五營缺出補用。辛卯年（康熙五十年，一七一一）七月內，奉部文，以吳應鵬授水師提標前營遊擊，隨於八月十八日到任視事。[二]伏念皇恩優渥，敢不鞠躬盡瘁，日以勤勞勉後昆焉。

[一]《福建通志》卷四十二『選舉·興化府』載：『吳應鵬，以父英廕行人司，改授福建水師前營遊擊。』

六〇、五子報捷秋闈

余自得四子之後，十有二年在四川任內，庚午年（康熙二十九年，一六九〇）復舉第五子應鯤。當其在娠之時，余屢得奇夢，眼見種種瑞異。及長成之日，朝夕誦讀，頗覺勤靜。辛卯（康熙五十年，一七一一）科以莆學廩生鄉試中式第五十七名。[一]余自念一草野武人，出離鄉井，深沐皇恩，寵榮備至。壬午（康熙四十一年，一七〇二）科三子應鳳得領鄉薦，已出望外。今第五子復捷秋闈，上天之賜，祖宗之庇，喜慰何極？自揣何德何能，受此浩大之恩，惟囑諸子身當有爲之時，思念父訓『敬畏上天，遵守國法，體貼人情，謙忍行仁』。此十六字乃是爲人之本，庶幾俯仰天人，可以無愧於萬一云爾。

六一、再建界鄉府第

余於楓亭陡門先年購置一田庄，[二]又置惠安界鄉、秀溪二庄山地田產，[三]年間三庄計收租粟三千餘石。余思既已立籍莆陽，而三庄遠隔，似難照及，必須就近擇一陽居，於諸子之中分房就業居住，以便掌管。屢年遍尋，未得其地。昨因公務省行，住宿界鄉，見其地土色如硃，諸山環抱，勢有可觀。遂步

[一] 乾隆《興化府莆田縣誌》卷十三『選舉志·國朝鄉舉進士』記載，乾隆五十年辛卯科莆田縣共有九人中舉，其中『吳應鯤，字振千，英子，府學，灌陽知縣』。

[二] 楓亭，即楓亭鎮，在仙遊縣南部，與惠安縣交界。『陡門』又称『徒門』。

[三] 界鄉，即界山鎮，在惠安縣北部，與仙遊縣交界。

後山，按龍一望，形若飛鳳落洋，案對九峰，如九龍獻珠之象。山朝水聚，唇圓枕厚，誠一大地也。余乃親定分金向首。因山前俱是佃居小屋，命管事之人照屋估給價資，另擇左邊港西一帶基地與其遷蓋。正在議估之間，此地有一古倭寨忽然自動，有如地震，居人懼，將家中物方爾移出，不覺傾倒。眾皆駭異，以爲此地當屬將軍起建，遂欣欣領資，移蓋別地。余乃於辛卯年（康熙五十年，一七一一）起蓋府第三座，分與四、七、十三子居住。雖與定庄相隔，而往來不過六十里之途，表裏之勢，互相連續，皆天恩所賜，後代兒孫之福也。

附錄

南天禪寺碑記

岱山石佛巖去城五十里，泉之晉江名勝也。宋嘉定丙子（嘉定九年，一二一六）一庵淨師過此，夜見峭壁燦光三道，知是山萃眾嶽之靈，遂募鐫彌陀、觀音、勢至三尊，建造殿宇，因就石佛爲號。後郡守王梅溪愛其山川之麗，勒『泉南佛國』四字，以紀勝遊。[一]迨元戊寅（至元四年，一三三八），有廢，崇會新之。至明季永樂甲辰（永樂二十二年，一四二四），殿宇丘墟。成化乙酉（成化元年，一四六五），都綱迪庵師仿見香氣如雲，知廢必興。未幾，而南林顏公率諸善施請迪庵主厥事而更新焉。經始於乙酉，竣工於丙戌（成化二年，一四六六）。殿廡崢嶸，榱題輪奐，瞻禮焚修，均有其所。

歲次壬辰（順治九年，一六五二），余甫髫齡，[二]從贈太夫人自鷺島渡海[三]，欲就祖家大浯塘葬親。經其處，因亂世途阻，正在危急，遇一叟，素衣跣足，手持卷書，示余從小徑而前，當有相引者。言畢不見。行不數武，[四]果見一人引余，遂得身安。太夫人曰：適見左側有佛寺，斯必佛脱我於厄，汝歸盍往拜謝。越日，余詣寺頂禮，其西畔一佛，慈容素體，手持卷書，如昨所遇，則知慈航默渡若此，

[一] 梅溪即王十鵬，字龜齡，號梅溪，南宋溫州樂清人。初在梅溪鄉間講學，紹興二十七年進士第一。累官至龍圖閣學士，著有《梅溪集》。乾道四年（一一六八）出知泉州。『泉南佛國』題款時間爲『乾道乙酉七月乙未』（一一六五），據此，『泉南佛國』題刻的時間應在嘉定丙子南天禪寺建寺之前。

[二] 髫，古時小孩下垂的頭髮。髫齡，指童年。

[三] 鷺島，即廈門。

[四] 武，古時以六尺爲步，半步爲武。

其異也。嗣而辛丑（順治十八年，一六六一）播遷，[一]寺亦委之蔓草者三十餘春秋矣。余念佛恩未酬，在昔開節銀同，[二]思所以振興之。其如時值軍興，倥傯戎馬。及建牙蘭水，[三]席未暖而統師跨海，進克澎、臺。越歲言旋，又內召入覲，移鎮舟山。下車三月，忽奉提督西川之命，在蠶叢者一十餘載。報賽心誠，久而莫遂。丁丑（康熙三十六年，一六九七）仲春，適奉璽書，提督全閩陸師軍務。間從閫政之餘，躬歷山陬，經營相度，庀材重建，延僧實哲和尚以董乃事。不周載，而招提僧舍，靡不畢具。厥工將竣，余又奉特簡移旌鷺島，統制水師。再過瞻光，已非復昔之舊矣。爰更其額曰『南天禪寺』，亦猶之乎『泉南佛國』之意云爾。

夫佛光顯化，無處無之，而佛力昭灼於斯爲最。故由宋迄今，三經塵劫，余起而復興之，此皆如來顯著預徵於四十六年之前，食報於四十六年之後，大非偶然也。遂爲之鐫石，以志不朽云。

康熙三十八年歲次己卯（一六九九）六月穀旦

晉水吳英敬書

——録自粘良圖編：《晉江碑刻選》，五，寺觀宮廟，廈門大學出版社，二〇〇二年

[一] 播遷，順治末康熙初，清廷爲了斷絕鄭成功抗清力量的接濟，實行遷界。下令上自遼東，下至廣東將沿海居民內遷三十里，築短牆，立界碑，界外村社田宅，悉皆焚棄，並撥兵戍守，出界者死，百姓流離失業者以億萬計。

[二] 銀同，指同安縣；節，指節鉞，古代授予將帥，作爲加重權力的標誌。『在昔開節銀同』，指康熙十八年十二月吳英陞授同安鎮總兵。

[三] 蘭水，即木蘭溪，發源於福建中部的戴雲山脈，流經興化府仙遊、莆田兩縣，注入興化灣，常常作爲興化府或莆田縣的代稱。牙，指牙旗，軍前大旗謂之『牙旗』，出師則有建牙禡牙之事，軍中聽號令必至牙旗之下。《文選・張衡〈東京賦〉》云：『戈矛如林，牙旗繽紛』；劉長卿《獻淮寧軍節度使李相公》詩：『建牙吹角不聞喧，三十登壇衆所尊』。『建牙蘭水』，指康熙二十一年十月吳英調任興化鎮總兵。

令牌

威略將軍兼管福建水師提督事務世襲阿達哈哈番加五等又二級吳　爲廣布皇仁，招徠遠商事。照得本將軍統制閩疆，建牙鷺島，經今一十餘載。凡外域來廈貿易者，本將軍仰體朝廷柔遠德意，無不加意優恤。查近年彝商罕到，或因從前牙行負爾財本，稽爾貨物，以致爾等疑畏不前，亦未可知。今本將軍清厘夙弊，所到彝商，皆選擇殷實行家，公平交易，無有掛欠，俾得乘風返國。在爾彝商，業皆稔悉矣。今爾等船隻返〔掉〕棹，所有彝商，合行給牌招徠。

爲此牌仰該船主遵照事理，即便賫執令牌，廣行招徠。爾等彝商務體本將軍恤遠之懷，招諭各商相率赴廈。一切貿易諸事，本將軍更有加恩優待。着誠實之人，擇行料理，慰爾彝商。慎勿疑阻，致負本將軍一片柔遠之至意可也。須牌。

右牌仰網礁勝庫主霞兒准此。

康熙四十九年十二月廿一日給

威略將軍

定限　　日繳

——轉錄自王慶成編著：《稀見清世史料並考釋》，武漢出版社，一九九八年

威略將軍吳英奏報鄭盡心已獲並地方雨水糧價摺

威略將軍仍管福建水師事務加二級臣吳英謹奏。

竊臣案准兵部咨緝賊首鄭盡心，臣即飛行鎮、協各營，正在嚴行緝捕間，隨接督、撫咨會到臣，內稱鄭盡心已於本年正月初七日在福州省城拏獲，並緝餘黨，現在嚴審，應聽督、撫具題。惟是去歲雨水愆期，偶因米貴，蒙皇上天恩，截留漕米，遣撥戰船前往乍浦載運，萬姓歡呼，兵民感戴。臣思沿海各營戰船既已遣撥運米，誠恐小人乘間飄忽，擾害商船，即遣臣子內標遊擊吳應鵬帶領船隻，扮作商艘，令其無分疆界，內海外洋，嚴行哨捕。業據先後具報擒獲賊船貳艘前來，臣即將賊犯咨解督臣范時崇研審具題外。[一]至於漳、泉、廈門去冬來米價每石止賣壹兩貳叁錢。因冬末春初，青黃不接，米價每石賣壹兩肆伍錢不等。但今歲福建二麥甚是豐登，再遲月餘，俱得收成，米價自可稍平。現在百姓盡皆樂業，所有情形理合具摺奏聞。

康熙伍拾年貳月初玖日

威略將軍仍管福建水師事務加二級臣吳英

硃批：知道了。

——錄自中國第一歷史檔案館編：《康熙朝漢文硃批奏摺彙編》，檔案出版社，一九八五年，第三冊，第二七二—二七四頁

[一]『外』字疑衍。

威略將軍吳英奏報福建雨水田禾情形摺

威略將軍仍管福建水師事務加二級臣吳英謹奏。

今歲閩省雨水調匀，早禾豐收。泉、漳等府米價止賣壹兩上下。萬姓歡呼，海疆寧謐，皆仰賴皇上洪福，四民咸樂天恩於無既也。臣謹具摺奏聞。

康熙伍拾年陸月貳拾捌日

威略將軍仍管福建水師事務加二級臣吳英

硃批：知道了，今歲各處秋成頗好。

——錄自中國第一歷史檔案館編：《康熙朝漢文硃批奏摺彙編》，檔案出版社，一九八五年，第三冊，第六三七頁

詩二首

歲首遊虎溪岩[一]

吳　英

杓斗回寅轉一年，郊遊改換舊山川；
桃開嫩蕊含珠露，柳發新枝舞翠煙。
岐海霞光瞻日近，鷺江風暖占春先；[二]
虎溪形勝沖霄漢，砥柱東南半壁天。

[一] 虎溪岩，一名玉屏山，在原廈門城東二里有奇。明池顯方建刹，名『玉屏』。秣陵將軍胡真卿視師海上，以磴道紆回，大費游屐，砌石亭於腰，枕山瞰海，名『嘯風亭』。吳英任職福建水師提督時曾重建虎溪岩。

[二] 鷺江，指廈門與鼓浪嶼之間的海域，今有鷺江道在焉。『鷺江』、『鷺門』經常作爲廈門島的代稱。

九日遊虎溪詩

吳 英

九日何須戲馬台，鷺門秋色向天開；
東凝紫氣風煙靜，北度祥雲海國來。
峭壁青松垂玉露，層岩黃菊泛金杯；
登高遠盼無窮意，寫盡還當萬里才。

——錄自薛起鳳：《鷺江志》，鷺江出版社，一九九八年，第五十六—五十七頁

威略將軍福建水師提督吳公英墓誌銘（代李安溪）

李紱

公諱英，字爲高，號媿能；[一]世居福建泉州之黃陵，後徙大浯塘。曾祖曰賓吾、祖曰振泉、父曰登，並以公貴，累贈榮祿大夫；妣皆贈一品夫人。

公早孤。值海濱搶攘，用將才起家；隨大師克平金、廈，功授都司僉書，隸浙江提督。歲甲寅，三孽並興，耿精忠遣僞帥出仙霞關，犯金華、衢州，旁入江西；海寇響應，東南震動。官兵進勦，公在行間，或間公閩人，不可信；提督塞公獨深契之，授公左營遊擊。公奮勵，甫視事，三日退寧海梅坑賊；進兵雙門，解台州圍。復破水賊張拱垣於三門港，殲僞帥朱飛熊於毛頭洋，軍氣大振。既，鑲藍旗貝子富公至浙江視師，提督首薦公，即命爲前鋒。公引兵揚言修毛坪路，陰襲凉棚，[二]取之，斬賊帥劉安仁，[三]遂復黃巖；貝子奇之。尋令復太平、樂清等縣，抵上塘，遇賊兵二萬衆，奮擊之，斬數千級。賊將許奇保殘卒據綠帳，隔河而陣；公下令人負草一束，夜乘潮填河而濟，大破之；遂由猴〔孫〕猻嶺奪其堡，引大兵直至青田。僞帥連登雲以十萬衆圍處州逾二載；聞青田破，餉道阻絕，遂夜遁。曾養性者，耿逆之梟將也，擁賊兵數萬據溫州。乘王師初至，分五路夜燒我營。公急白貝子，令諸軍棄營據險，軍以不亂。公自率精兵據大羊山，阻其要道；復請分兵五百，抄伏敵後。是夜賊衝殺數四，公力

[一] 媿能，《廈門志》作『愧能』。
[二] 『凉棚』，據《行間紀遇》應爲『凉坪』。
[三] 劉安仁，應爲『劉邦仁』，請參見《行間紀遇》及《清威略將軍吳英事略》相關內容。

戰達曙，身中數創，士不傷者才五十人。天明，單騎突之，大師繼進，伏兵並起，賊自相踐踏，斬獲無算。公逐賊至溫州城下，銃傷馬顛，復奮起，刃十餘人，奪賊馬以戰，貫其眾由將軍橋以歸。初，貝子收兵，失公所在，大駭；既見公，喜且泣曰：『以一身當數萬眾，戰終夜不殆，神衛汝忠耶！』是役也，曾養性僅以身免，耿氏精銳盡矣。

未幾，還守寧波中軍。適賊船二百餘艘直臨定關，公偵得定關守備方俊受僞劄爲內應，請提督立斬以示賊；賊遽退守象山，公復請兵破之。旋奉檄收捕大嵐山寇，搜斬數百人，餘黨潰散。時耿逆已輸誠，而松陽、遂昌山寇遊魂出沒。貝子駐師石塘，召公捕之。賊首馮公輔屯戴火山，素讋公威名，出就撫。其別魁林惟仁、黃大相等擁眾黃鼻山，左倚懸崖、右臨深潭，以獨木爲橋；山廣袤數十里，莫可蹤跡。前督、撫遣人招之，輒爲所殺。公令諸軍持三日糧，夜腰繩魚貫上，席草而下。至楊梅灘遇賊，破之，降其眾，山寇悉平。而海孽復熾，陷海澄、困泉州，斷洛陽長橋以阻援兵。公以副總兵官從康親王救勦，自仙遊分兵兩路出間道，解泉圍、奪江東橋守之，破砦十有九，遂復海澄。己未秋，擢同安總兵官。明年，率舟師合大軍進攻金門、廈門；賊棄兩島，遁回臺灣。

會靖海侯施公琅來提督海疆事，議進攻澎、臺，引公自助；遂以癸亥六月某日發銅山，取八罩，直抵澎湖。賊勢盛，前軍被圍；公單船拔出之。翌日進攻，殺賊先鋒，燒其船。公所乘船忽爲潮水衝著石上，賊船火烈，將及公；副將詹六奇駕小舟挽公避再三，公以眾軍在船，義不獨存，堅卻之。船忽浮起，士氣益厲，戰彌力。賊大敗，燬賊船百九十餘艘，殲僞官將三百餘員，殺溺賊兵五萬計。俘者皆縱遣使歸，諭以恩信禍福，整眾臨之。賊勢窮，納款舉土降。施侯凱旋，留公鎮撫其地。自海逆負險造亂，四世歷六十年所；[一]公與施侯合謀，七日而舉之。天子嘉公功，眷待與施公埒。

[一] 『所』字疑爲衍。

尋調鎮舟山，海寇洪煥等二千餘人聞風歸命。再擢四川提督，破吳三桂餘黨楊善、〔師〕帥九經等，散其衆。川中洊經兵燹，千村荆杞，伏莽竊發。公嚴塘汛，懸賞購募，獲積盜三百餘人，斃其魁六十三人於杖，盜賊屏息。鎮蜀十有一年。施侯既卒，上念閩海反側，非宿將莫能鎮撫，遂調公福建陸路提督，旋改督水師，凡十餘年。前後如京師、朝行在者再，御書『作萬人敵』四字以賜，加號『威略將軍』，優以世職。請老，不許。

癸巳夏，上於熱河行宮御製七言律詩一章，將以錫公，命諸王以下大學士、扈從諸臣皆屬和，蓋追念元功，所以褒崇之者甚備，而公已於七月二十四日終於位矣。[一]疏聞，天子軫悼，下部議恤。其孤應龍等將以某年月日葬公於某縣某地之兆，狀公事績、官階，乞余銘其幽隧。吾聞攻毒之餌，恆出於瘴癘之區。亂之興也，其受亂之地必有人焉，足以還自救也。閩之亂亟矣，莫甚於耿與鄭。耿之平也，公既

[一]　康熙皇帝《賜將軍吳英》七言律詩收在《聖祖仁皇帝御制文》第四集卷三十二（見《景印文淵閣四庫全書》，臺灣商務印書館，一九八六年，第一二九九冊第六〇八頁），詩云：『水陸封疆六十年，曾經百戰駕輕船；蓬臺遠涉鯨鯢浪，島嶼全消烽火煙；將老偏宜立志壯，宸襟每注施恩延；波濤有作須先靖，黽勉防微計未然。』至於隨扈諸臣屬和之作，目前所見有兩首。一是康熙第十七子胤禮的《恭和聖制賜將軍吳英七言律詩》，該詩收在胤禮《靜遠齋詩集》壬辰詩集中（見《四庫未收書輯刊》，北京出版社，二〇〇〇年，捌輯二十九冊，第六七七頁），其詩云：『英風猶似斷蛟年，閩海分符操戰船；萬里丹心常向日，一時島國盡消煙；聖恩特賜龍章重，家慶相傳世代延；秖爲酬功多勝事，三軍蹈舞共欣然。』另一首是康熙重臣明珠次子納蘭揆敘的《恭和御制賜將軍吳英詩》，該詩收在《益戒堂詩後集》第六卷，詩云：『水戰勳名憶昔年，奮身摧敵泛樓船；滄溟夜轉千帆月，碧落晴消萬里煙；島熄鯨波歌永靖，籌添鶴算願長延；老臣特荷奎章錫，獎賞前功勗未然。』（見《四庫未收書輯刊》，北京出版社，二〇〇〇年，捌輯二十冊，第六七二頁）又，《國朝耆獻類徵初編》、乾隆《莆田縣誌》等均記載吳英卒於康熙五十一年，即壬辰年；另《清聖祖實錄》康熙五十一年秋九月十七日（丁酉）載：『調廣東提督施世驃爲福建水師提督。』，證明其時吳英已經去世，康熙皇帝不可能在第二年，即癸巳年賜詩吳英。而且胤禮的《恭和聖制賜將軍吳英七言律詩》，也是收在《靜遠齋壬辰詩集》中。以上種種表明康熙皇帝賜詩吳英，確有其事，但時間應爲康熙五十一年，而非五十二年。所以本處『癸巳夏』應爲『壬辰夏』之誤。

力諸原；海氛之靖，則施侯爲之主，而公實贊之。蓋公所至以功業自顯，而造功於閩爲尤大。余〔於〕與公同爲閩人，又姻好也；知公深，誌其可以辭乎！

公生前丁丑十月初七日，得年七十有六。配夫人蔡氏，前公卒。子男十人：應麟，布政司參議、江西督糧道，亦前卒；應龍，刑部郎中、候補副使道；應鳳，壬午舉人，戶部郎中；應鵬，福建水師提標遊擊；應鵾，[一]辛卯舉人，戶部郎中；應鶴，歲貢生；應樞、應權、應機、應璋，俱幼。應機，余叔父永州總兵公婿也。[二]女五人，皆適名族。孫男十二人、女十三人，曾孫五人。

公持身寬厚謹恪，官於家門，不縱不苛，鄉人久安焉。待族婣朋好，有恩禮。雖勳高爵大，異於古名將怙侈驕暴者；故能以功名終。著《行間紀遇》一編，所錄皆實；余嘗序而行之。茲復誌公之概，而系以銘曰：雲雷之屯，君子經綸；天造草昧，以啓厥勳。敵王所愾，綏我鄉人；保斯土者，人亦保焉。望公松楸，孰敢不尊！千秋萬歲，式固汝原！

——錄自《清碑傳合集》，上海書店影印出版，一九八八年，第一冊第二二六—二二九頁

[一]『應鵾』，《清威略將軍吳英事略》及《興化府莆田縣誌》均作『應鯤』。
[二]永州總兵，即李日煜，福建泉州府安溪縣人，武生出身，康熙二十五年任澎湖水師副總兵；三十年，陞湖廣永州鎮總兵。

平臺記

李欽文

臺灣地極東南，在汪洋大海中，爲鄭氏竊踞，聲教弗及之區也。海上遊魂，每爲江、浙、閩、廣患，聖天子憂之。

康熙二十年，福建總督姚公（公諱啓聖）用反間計，設招來館，厚賞投誠諸人；鄭家主臣，尋相猜忌。迺與同安總兵吳公（公諱英）籌攻臺之策，具疏題請。上命施公(諱琅)爲水師提督，與總督商議進兵。二十一年五月，總督督領官兵戰船會集銅山，暈船不能進。因令暫歸原汛，以待機會。七月，同安鎮奉裁，吳公奉特旨補授興化鎮。

二十二年三月，提督親領水師兵船至廈，諮請總督，以吳總兵節鎮廈島。五月十一日，總督如廈犒師，提督復言於總督曰：『水師官兵，堪以水戰；若到澎、臺陸地，必智勇雙全、水陸熟練如興化鎮吳總兵者，方可以破敵』。〔逐〕遂具疏題明，領兵同往。十九日登舟，二十日，總督親詣舟中，言於總兵曰：『我與貴鎮同歷行間，自浙至閩，百戰百勝，料敵如神。今欲征剿澎、臺，所料事勢如何？』吳公具陳臺灣可破狀。二十二日，隨提督在廈開船，至漳浦將軍澳，南風盛發，不能前進。望空禱告，立轉北風。越日，舟次銅山，吳公商於提督曰：『鄭家負嵎已久，爲讎者多，望報者不少；今日進攻臺灣，全恃天意扶助國家。我等爲國出力、爲民除害，仰體皇上好生之心，一則不可挾私報讎，二則不許殺戮降眾，三則嚴禁搶掠姦淫。』乃以六月朔，會眾誓師，告戒三章，申明賞罰功條。三軍將領，莫不歡騰踴躍。十四日，乘風開船。十五日，到八罩。十六日，提督統兵交戰。僞船多而我船無援，吳公見勢力不敵，駕雙櫓衝入僞船，砲箭齊發，僞船退入內港。提督傷於砲火，諸將傷者甚眾，我舟亦暫退港口。二十一日，會集各鎮，嚴申軍法；分爲六隊，依次進攻。二十二日，整兵再戰，砲聲如雷，煙燄蔽空，山搖海湧，揚帆直進。海壇鎮林公(諱賢)身被箭傷，官兵十去七八，平陽鎮朱公(諱天貴)中砲身亡。吳總兵隨領各營戰船當先殺入，右耳爲銃所傷，奮不顧身，督率眾船齊進。提督統師夾攻，燒僞船一百九十餘隻，澎湖僞師全軍覆沒矣。僞將劉國軒駕小舟逃回臺灣。次日，吳總兵領陸路官兵登岸，分劄營盤。所獲焚傷僞卒數百餘人，命醫調治，撥船送回臺灣。於是臺之兵民咸仰仁恩，望王師速至。鄭氏見人心瓦解，遣員至澎，納款投降。八月十五日，我師進鹿耳門，登岸受降。安撫兵民，雞犬不驚，禮遣降王入朝。捷報至京，龍顏大悅，授提督爲靖海將軍、靖海侯。十一月，將軍回廈，留吳公駐臺彈壓。

二十三年，有密謀不軌者，擒其首林盛，誅之。又有強盜，夜間鄉村行劫。吳公設法擒獲真盜五十餘人，戮其爲首者八人，餘置以法。時有康福、洪碧二賊驍勇過人，公赦其罪，密令打探賊蹤。十月十九夜，福密報賊首蔡機功招集二千餘猛，哨聚小岡山內，分給劄付，各標營兵俱有與謀。公遣家人同往，果領總兵劄付回來。隨於二十九日，督率官兵並土番二千餘人，直搗其穴。十一月初一日，賊眾出山迎敵，官兵及土番前後夾攻，賊大敗。梟賊首五百餘級，餘黨四散，陸續就擒，臺地用以安寧。十四日，楊公（諱文魁）奉命授臺灣總兵至臺，吳公以十七日率領官兵渡海歸汛。將軍敘功上公首庸，特陞四川提督。旋調福建陸路提督，改授水師提督，晉威略將軍。

姚總督當臺灣甫平之時，竟以病終，惜夫！

——錄自臺灣文獻叢刊第一〇三種《臺灣縣誌》卷十藝文志

《清耆獻類徵選編》吳英傳

吳英，福建莆田人。幼爲海賊掠置島中，更姓王。康熙二年九月，赴泉州投誠，給守備劄。三年，提督王進功征海賊鄭錦，[一]拔銅山城；敘功，加都司僉書銜。尋授浙江提標都司。

十三年，逆藩耿精忠叛，僞帥曾養性連結叛鎮祖宏勳陷溫州，分犯寧波、紹興；英隨提督塞白理擊敗賊兵，招降僞總兵李榮春等，遷提標左營遊擊。十四年四月，提督常進功領水師至毛頭洋，我軍先進者爲賊所困；英乘船奮進，用砲擊死賊將朱飛熊，賊驚遁。七月，曾養性、祖宏勳率賊十餘萬犯台州；英獻計塞白理，佯修茅坪山徑，潛引兵從仙居縣涼棚小道襲賊後。[二]賊據黃巖縣半山嶺以拒，英同遊擊曾承等冒矢石前進，陣斬僞都督劉邦仁、邱天陞等及賊兵二千餘；尋復黃巖縣城。九月，遷提標中軍參將。十五年二月，貝子傅喇塔規復溫州，曾養性、祖宏勳率賊三萬餘用木馬拒阻，乘夜焚劫我營，矢集如蝟，英所乘馬中砲斃；即斬賊，奪馬力戰，衝破木馬。賊返走，追斬及溺水死者無算。六月，隨提督石調聲援象山。賊屯踞石（開）門、西溪二嶺，英同遊擊侯奇、副將汪國祥、參將饒承德分兵三路，前抵黃溪，擊沈賊船，殲殪甚衆；遂復象山縣。九日，康親王傑書進征福建，耿精忠降，檄曾養性、祖宏勳率衆還閩，溫州平；僞總兵馮公輔猶盤踞松陽山中，英入山，招之出降。其黨林惟仁等屯處州之柱溪、周公源口及黃皮山、楊梅灘諸處，英相機勦撫，斬賊五百餘，降惟仁及弁丁千餘名。

十七年五月，海賊鄭錦犯泉州，康親王檄提督石調聲赴援；英率兵隨征。僞帥劉國軒據洛陽橋，英

[一] 鄭錦，又作鄭經，鄭成功之子。

[二] 據《行間紀遇》『茅坪』應爲『毛坪』，『涼棚』應爲『涼坪』。

從上游陳山壩渡江，以奇兵出賊後，乘賊返顧，遂造浮橋濟師；前後夾攻，斬賊六百餘級。九月，遷福建督標中軍副將。尋爲先鋒，赴援漳州。偵知江東橋爲賊所焚燬，賊眾分踞山寨；英直前勦殺，破其營壘。轉戰至江邊，用砲擊沈賊船，督造浮橋以通漳、泉路。十八年四月，劉國軒復引賊萬餘屯郭塘、歐溪頭，謀奪江東浮橋；英率本標兵擊走之。十二月，擢同安總兵官。十九年二月，提督萬正色進征海壇，英同寧海將軍拉哈達、巡撫吳興祚由同安港口進攻，破洒洲、潯尾二處賊寨；分兵徑渡，拉哈達由中路、興祚由左、英由右，用砲擊沈賊船，賊大潰；遂克廈門，僞鎭張雄、黃端、吳興隆、吳俊率眾降。是年十一月，英奏復原姓。

二十二年正月，調興化總兵官。六月，同水師提督施琅進取澎湖，英與總兵朱天貴、林賢等由八罩嶼乘風破賊。遊擊藍理陷賊圍，英與施琅衝入，擊傷僞總督林陞，救出藍理。次日，進取虎井嶼；賊右先鋒陳諒、僞鎭鄭仁等拒戰，林賢中傷，朱天貴中砲死。英右耳亦中創，益力戰，大破賊；復乘間躍入賊船，手刃鄭仁，餘賊駭竄，劉國軒旋與鄭克塽乞降。二十四年三月，英入覲；上問『有何欲言？』英奏：『臺灣設兵八千，請半爲鎭守、半爲屯種。』諭曰：『邊地屯田，古有成法。爾具疏奏，朕自酌行。』尋奏：『臺灣地勢，南北延袤三千餘里；四面海，勢絕險。土番止求衣食，素無他願。從來小寇竊發，皆內地奸民下海作祟；陸師搜勦可盡。前議設水師趕繒雙篷船一百號，不特歲修多費，且恐多船泊外洋，或起奸人覬覦之心。請減去十之八，留二十船分撥臺灣、澎湖二處以傳遞文書。其臺灣、澎湖經制官兵一萬員名，前議以鹿皮、白糖通洋助餉，誠爲善策。然恃貨物交易以濟兵食，不能如期給發；而且波濤可虞。臣見臺灣水田頗好，俱係鄭錦親黨及僞鎭將所佔，不在民田之內。今有鄭克塽所遺耕牛甚多，除澎湖二千官兵無田可耕，其防守臺灣之八千官兵，以四千屯田，每兵水田三十畝、牛一頭，令其耕種；閒則操練，則兵有恆產，餉可省半矣。』疏下九卿、詹事、科道議，令督、撫、提、鎭會同酌行。四月，調浙江舟山總兵官。九月，擢四川提督。先是兩敘軍功，由總兵加左都督銜，予雲騎尉世職；至是，敘克澎湖、平臺灣功，晉世職三等輕車都尉。

三十六年，擢福建陸路提督。三十七年，調水師提督。四十四年，上南巡，賜御書『作萬人敵』匾額，[一]並御書『燕翼詒謀』賜其祖祠。四十六年，上南巡，復御書『世錦堂』以賜。上詢英『閩地有海寇否？』英奏言：『海寇斷不至蔓延。若蔓延，則任臣等何用！但海中與城郭不同，城郭有里甲易於稽察；海水汪洋，乘一小舟到處可藏匿，殊難緝獲。然多由商販虧折資本，不得已而劫奪；不可遽謂之海寇也。』上是其言，諭大學士等曰：『朕召吳英入語良久，見其爲人篤實而明達；朕言及海寇，其所奏深得窾要。』尋諭兵部曰：『國家綏輯兵民，乂安海嶠，必資威望素重之臣，以畀干城之寄。有能久鎮巖疆、實彰勞績者，則錫命酬庸，宜加顯秩。福建水師提督吳英，當王師初定八閩，即親履行陣；自偏裨以至大將，（揚）歷四十餘年。比任提督以來，益殫壯猷，克修軍紀。目前諸將中，明習水性、訓練舟師者，罕與比倫。是用特渙殊恩，賚茲異數。著授爲「威略將軍」，仍管水師提督事務，以示優眷勞臣至意。』回鑾後，御製七言詩存問，有『黽勉防微計未然』之句。

五十一年七月，卒於官，年七十有六。詔贈太子少保，賜祭葬如例。遺疏言『次子應龍、第三子應鳳俱官郎中，請以隨標遊擊第四子應鵬襲世職』。下部議，從之。

——錄自臺灣文獻叢刊第二三〇種《清耆獻類徵選編》卷六

[一] 賜御書『作萬人敵』匾額是在康熙四十二年，此處時間有誤。參見《行間紀遇》及《清威略將軍吳英事略》相關內容。

道光《重纂福建通誌》吴英傳

吴英字爲高，號媿能，晉江人，徙居莆田。幼爲海賊掠至島上，更姓王。康熙二年投誠，給守備劄，從提督王進功征海賊鄭錦，拔銅山城，敘功加都司僉書銜，尋授浙江提標都司。耿精忠叛軍出仙霞關，駐金、衢，僞帥曾養性結叛鎮祖宏勳陷溫州，分犯寧波、紹興，又犯台州，浙東震動。或間英閩人，不可信，提督塞白理獨深契之，授英左營遊擊，遂從提督先赴台州。寧海官兵陰持兩端，提督欲從之寧波，衆不可，欲剿之。英諭以禍福，不戮一人，皆就從。進兵雙門，解台州圍。復破水賊張拱垣於三門港，殲僞帥朱飛熊於毛頭洋，軍聲大振。既貝子傅喇嗒視師，問諸將『誰可大任者？』提督以英對。遂以英爲前鋒。英揚言修毛坪山徑，潛引兵從仙居縣凉棚小道襲賊後，[一]斬賊帥劉邦仁，遂復黄巖；遷參將。進復太平、樂清縣，僞帥許奇率衆二萬走上塘。英要擊之，斬首數千級。賊保殘卒隔河而陣。英令人負草一束，夜乘潮填河而濟，大破之。遂引大兵直至青田，僞將連登雲以十萬衆圍處州逾二載，聞青田破，餉道絶，遂夜遁。時曾養性擁兵三萬餘據溫州，用木馬阻拒，乘我師初至，分五路夜燒我營。英急白貝子，令諸軍棄營據險，軍以不亂。英請分兵五百抄伏賊後，而自率精兵據大羊山阻其要道。夜遇賊，殊死戰，達曙，身中數創。復單騎突之。大師繼進，伏兵並起。賊自相踐踏，斬獲無算。英遂北至溫州城下，砲傷馬顛，復奮起刃十餘人，奪賊馬以戰，潰其衆，由將軍橋以歸。初，貝子收兵，失英所在，大駭，既見英，喜且泣曰：『以一身當數萬衆，戰終夜不息，殆神助耶！』是役也，曾養性僅以身免，耿氏精鋭盡矣。還守寧波，賊船二百餘艘直臨定關。英偵得定關守備方俊受僞劄爲内

[一] 據《行間紀遇》，『凉棚』應爲『凉坪』。

應，請提督立斬以示賊。賊退據象山。

英復請兵分三路前抵黃溪，擊沉賊船，遂復象山。是時耿逆已納款康親王軍前，檄曾養性、祖宏勳帥眾還閩，溫州平。而僞總兵馮公輔猶據松陽山下。貝子駐師石塘，命英招之。公輔素讐英名，出就撫。其別魁林惟仁、黃大相等擁眾黃鼻山，左倚懸崖，右臨深潭，以獨木爲橋，莫可蹤跡。前督撫遣人招之，輒爲所殺。英令諸軍持三日糧，夜緣城魚貫而上，席草而下，至楊海灘遇賊，破之，降其眾。山寇悉平。而海孽復熾。

十七年，鄭逆陷海澄，圍泉州，斷洛陽橋以阻援兵。英從康親王自陳山壩渡江，以奇兵出賊後，乘賊反顧，遂造浮橋濟師，解泉州圍。遷副將。帥師援漳州。賊分據山砦，焚江東橋以遏我師。英破砦十九，轉戰至江口，以砲擊沈賊船。督造浮橋以通漳泉路，遂復海澄。明年，賊擁眾數萬，謀奪江東橋，復擊走之。擢同安總兵。十九年，與寧海將軍拉哈達、巡撫吳興祚由同安港口分兵進克廈門，賊遁歸臺灣。時沿海州郡饑，英請於總督，以便宜許百姓出界採捕，全活甚眾。英奏復原姓。明年，移鎮興化，遂籍莆田。[一]

會靖海侯施琅督海疆，議攻澎、臺，引英自助。英謂琅曰：『公與海上有父子弟姪之仇，今日之事，爲國靖難，不挾怨殺降，英敢不惟命。』琅從之，遂以二十二年六月發銅山，取八罩，直抵澎湖。前軍藍理被圍，英單船拔出之。翼日，進攻虎井嶼。賊先鋒陳諒、僞鎮鄭仁拒戰，砲傷英耳。英躍上賊船，手刃鄭仁，餘黨駭竄。而英所乘船忽爲潮水衝著石上。賊復以火攻，將及，副將詹六奇駕小舟挽英避。英以眾軍在，義不獨存，不肯去。船忽浮起，士氣益厲，戰彌力。賊大敗，燬賊船百九十餘，殲僞官將三百餘，溺兵五萬計。澎湖既克，僞鎮將請舉事擒渠魁以獻，琅將從之，英曰：『曩已誓而背之，

[一] 吳英奉旨入籍莆田是在其四川提督任上，時間應爲康熙二十四年五月之後，此處時間有誤。參見《行間紀遇》卷之六。

是欺天也；不可。』克塽遂納款於靖海侯，事詳施琅傳。凱旋，留英鎮其地。二十四年入覲，因奏：『臺灣四面皆海，土番止求衣食，不爲患。自來小寇竊發，皆內地奸民，陸師搜捕易盡。前議設趕繒、雙篷船一百號，過多，請減十之八，留二十船分澎湖、臺灣二處遞文書。其臺灣、澎湖經制官兵一萬，前議以鹿皮、白糖通洋助餉，不能如期給，不便。臣見臺灣民田之外別有水田，皆鄭氏親黨及僞鎮將所據，所遺耕牛亦多。今除澎湖二千官兵無田可耕，其防守臺灣官兵，請以四千屯田，每兵給水田三十畝、牛一頭，令其耕種，農隙操練，無事力田，有事出戰。則兵有恆產，餉可省半矣。』下部及督撫提鎮議行。尋移鎮舟山，海寇洪煥等二千餘人聞風歸命。擢四川提督，散吳三桂餘黨。川中洊經兵燹，寇屢竊發，英嚴塘汛，懸賞購募獲積盜三百餘人，斃其魁六十三人，盜賊屏息。

先是敘軍功加左都督，給雲騎尉世職，至是敘平澎、臺功，加世職三等輕車都尉。三十六年，調福建陸路提督，旋改水師（並詳宦績）。上南巡，迎駕者再。御書『作萬人敵』額以賜，尋加『威略將軍』。請老，不許。御制七言律詩賜之。未幾卒，年七十有六。贈太子少保，祭奠如例。子十人。應麟，布政使司參議，江西督糧道。應龍，刑部郎中。應鳳，康熙壬午舉人，戶部郎中，江南廬鳳道。應鵬，福建水師提標遊擊。應鵰，康熙辛巳舉人[一]，廣西灌陽知縣。應鵬襲世職。英持身寬厚謹恪，敦族睦鄰，置義田饑饉，修興泉學宮，無怙侈驕暴氣，故能以功名終。曾孫元桂字馨治，襲世職，授廣東雷州參將。雷地肥饒，耕不用糞，出粟多，商人運粟皆由赤嵌隘口出入，例金日增，元桂立碑禁革，商人德之。

——錄自道光《重纂福建通誌》卷二百二十七

[一]『應鵰』，《清威略將軍吳英事略》及《興化府莆田縣誌》俱作『應鯤』，另據《清威略將軍吳英事略》『康熙辛巳』應爲『康熙辛卯』。

《莆田縣誌》吳英傳

吳英，字爲高，先世居泉之黃龍。康熙二十二年奉旨入籍，遂家於莆之定莊。[一]英瑰傑負大志，康熙二年以平金、廈功，授都司。甲寅（康熙十三年，一六七四），耿變。英爲浙提左軍遊擊，屢建異績。會寧海將軍貝子富喇嗒視師兩浙，詢諸將堪膺鉅任者，提督塞白理首以英對，遂授爲先鋒。前後克服黃巖、太平、樂清、青田、象山等縣，解處州圍，破僞帥曾養性於溫州。殲海寇張拱垣、朱飛熊于毛頭洋。復收捕遂昌、松陽等山寇。水陸數十戰，英皆有功。戊午（康熙十七年，一六七八），擢副戎，任閩制府中權。時海氛未靖，屢犯下游諸郡。英數出奇兵，敗賊於三壩、觀音山、江東橋，所向望風披靡。次年，特旨擢英同安總戎，率舟師復平金、廈。壬〔戌〕戌（康熙二十一年，一六八二），移鎮興郡。適提督施烺疏平澎、臺，以英統陸師爲副。英遂誓眾登舟，先取八罩，佔上風，奮勇直前，遂克澎湖。凱旋入覲，溫旨褒獎，賜鞍馬衣袍，調鎮舟山。甫閱月，擢四川提督。鎮蜀〔九〕凡十一年，威德並著，酋蠻懾服，全蜀賴以安堵。丙子（康熙三十五年，一六九六），遷福建陸師提〔師〕帥，未幾，復調水師。殫心經畫，束兵弭盜，凡有關於海疆戎務，無不悉力舉行。癸未（康熙四十二年，一七〇三）春，上閱視河工，英接駕，時年六十有七，較射三矢貫札，喜動天顏。賜御書『作萬人敵』匾額。乙酉（康熙四十四年，一七〇五）、丁亥（康熙四十六年，一七〇七），兩迎駕，英以年老乞休。上再三慰留，賜御書匾聯，加授『威略將軍』。壬辰（康熙五十一年，一七一二）夏，復賜詩存問：

[一] 吳英奉旨入籍莆田是在其四川提督任上，時間應爲康熙二十四年五月之後，此處時間有誤。參見《行間紀遇》卷之六。

水陸封疆六十年，曾經百戰駕輕船，
蓬臺遠涉鯨鯤浪，[一]島嶼平開烽火煙；[二]
將老偏宜立壯志，[三]宸襟每注施恩延，
波濤有作須先靖，黽勉防微截未然。[四]

是秋，卒於官舍，年七十有六。聖心軫惻，勅部議恤，贈太子少保，給與全葬。英仕封疆四十年，事上誠，御下恕。賞罰必信，喜怒不形，人臣之道無缺焉。至敦族睦鄰，置義田，賑凶荒，修興、泉文廟，造熙寧、寧海二橋，其居鄉之善，又有足稱者。

——錄自中國方志叢書第八一號宮兆麟修《莆田縣誌》，光緒五年潘文鳳補刊本，民國十五年重印本卷二十九『人物志』

[一]『鯨鯤浪』，《聖祖仁皇帝御制文》作『鯨鯢浪』。
[二]『平開烽火煙』，《聖祖仁皇帝御制文》作『全消烽火煙』。
[三]『立壯志』，《聖祖仁皇帝御制文》作『立志壯』。
[四]『截未然』，《聖祖仁皇帝御制文》作『計未然』。

康熙朝威略將軍福建水師提督吳英招徠外商令牌

王慶成

此篇『令牌』原件藏英國劍橋大學圖書館，一九八四年我在該館未編號箱中發現。原件高約九十厘米，寬約六十五厘米，紙質堅厚，周邊刻印四爪龍戲珠圖案，『令牌』二字、『威略將軍管福建水師提督事務世襲阿達哈哈番加五等又加二級吳　爲』一行、『右牌仰』、『准此』、『康熙　年　月　日給』及篇末『威略將軍』、『定限　日繳』均刻印。正文墨書，有朱點。『令牌』字樣處和年月處均鈐滿漢文合璧『威略將軍印』。

『令牌』發於康熙四十九年（一七一〇）十二月二十一日，發給『網礁勝庫主霞兒』。基本內容是：近年彝（夷）商來貿易者甚少，今乘『網礁勝庫主霞兒』返棹之機，特給令牌，廣爲招徠夷商來廈門貿易，定當給予加恩優待。

這是關於清前期中國對外貿易的罕見文獻。

康熙二十三年統一臺灣後，開放海禁，在一定程度上允許沿海各省民人海上貿易；外國來華貿易亦有放寬，除免税朝貢貿易外，准許私人貿易，照例收税。康熙五十六年一度禁止去南洋貿易，但外國船仍照舊准來通商，而且不到十年，至雍正五年就取消了前禁。『令牌』說明了清代中國在十八世紀初葉對外貿易的若干實況。

『令牌』發給者署姓吳，應是吳英。吳英，字爲高，福建〔蒲〕莆田人。『幼爲海賊掠置島中』，康熙二年赴泉州投誠，以武功起家。康熙十九年，參與進克廈門，二十二年，從施琅統一澎湖、臺灣，進三等阿達哈哈番世職（阿達哈哈番，後來漢文作輕車都尉）。歷授總兵、提督，至康熙三十七年（一六九八）任福建水師提督，後加威略將軍，五十一年卒於任上。著有《行間紀遇》一編[一]。福建水師提督，康熙元年設置，原駐海澄，十九年後移駐廈門。康熙間，將軍爲提督之進階，勞績卓著者得授將軍[二]。康熙朝六十年直省提督加將軍封號者不十人，皆被稱爲一時之異數。吳英以水師提督于康熙四十六年五月晉威略將軍[三]。『令牌』中說，『本將軍……建牙鷺島，經今一十餘載。』鷺島，廈門島之別名，吳英康熙三十七年任，至四十九年已十二年，與『令牌』所說完全符合。

康熙開放海禁，在江、浙、粤、閩四省設立海關，廈門曾爲閩海關所在地。據研究，在乾隆二十二年廣州一口通商以前的四港通商時期，廈門的對外貿易量占第二位[四]。道光《廈門志》卷七『關賦稱：開禁後，『各省洋船載貨入口，倚行貿易，並准呂宋等夷船入口交易，故貨物聚集，關課充盈』。根據英國東印度公司的統計也可以看到，自康熙二十三年至三十九年（一六八四—一七〇〇）的十七年中，英國東印度公司來華商船十五艘四二六〇噸，到廈門者占十艘二三七〇噸；但從此後到康熙四十九年（一七一〇）吳英發出『令牌』的十年間，東印度公司來華商船二十九艘八七八一噸，到廈門者只七艘二四四八噸，而到廣州者達十一艘三三六〇噸。以後廣州更漸占絕對優勢[五]。『令牌』表明，康熙四十九年即一七一〇年時，廈門『彝商罕到』，已有衰落之象，所以吳英希望加以挽回和補救。

『令牌』的受主是『網礁勝庫主霞兒』。『庫主』在『令牌』正文中亦作『船主』，可知是一商

[一]　《清史稿》本傳；錢儀吉：《碑傳集》卷十五，墓誌銘。
[二]　吳振棫：《養吉齋叢錄》卷三，北京古籍出版社，一九八三年點校本，第四十頁。
[三]　朱壽彭：《舊典備徵》，中華書局，一九八二年點校本，第二二—二三頁。
[四]　彭澤益：《清初四榷關地點和貿易量的考察》，見《社會科學戰線》一九八四年第三期。
[五]　據 H.B.Morse: *The Chronicles of the East India Company Trading to China* 第三〇七—三一〇頁推算。

人。『網礁勝』當今何地？清初陳倫炯《海國聞見錄》『小西洋記』：自麻喇甲、暹羅而西爲白頭番國，有小白頭、包社大白頭兩國，『小白頭南於入海之地曰戈什嗒，東西南三面皆臨大海，外懸一島曰西侖』；戈什嗒沿海之東有『網礁臘』，係『英圭黎埔頭』[一]。今之學者以爲『網礁臘』即今之孟加拉（Bengal）[二]。《海國聞見錄》所描述的地理形勢，如三面臨海，外懸一島西侖，與今孟加拉灣、錫蘭島悉相符合。十七世紀前半期，莫臥兒帝國允許英國人在孟加拉貿易，英國東印度公司在印度半島東部海岸及孟加拉灣一帶建立了貿易居留地[三]。這與《海國聞見錄》所說有『英圭黎埔頭』也一致。『勝』、『臘』形音俱近，『網礁勝』應即是網礁臘，即孟加拉，可無疑義。由於這裡有英國埠頭，可以推想這艘商船可能是英國船。

『令牌』透露了當時的外貿制度以及問題。『令牌』中說：『查近年彝商罕到，或因從前牙行負爾財本、稽爾貨物，以致爾等疑畏不前，亦未可知。』又說：『今本將軍清厘積弊，所到彝商皆選擇殷實行家，公平交易，無有掛欠』。可以看出，這時外商來華，是要通過牙行交易，而牙行則經由官府選定。乾隆二十二年定廣州一口通商，實行的是行商——公行制度，外國商船到廣州，納稅、售貨、購貨均由行商代理。對此項制度，英商曾表示不滿，具稟聲稱：『夷人與唐人交易，得個實價實貨，得回本錢。如有公行交易，貨低價高，任公行主意，不到我夷人講話。』嗣乾隆皇帝諭廣東調查『外洋夷商到廣，現在該行商等有無貨已銷售不即交價』、『代銷售物蹉跌其價且拖欠不還』、『代買貨物攙低搭假』等問題[四]，與『令牌』透露的當時廈門外商『疑畏』的問題相似。中國商人與外商交易的情況，

[一] 見《藝海珠塵》石集。

[二] 見陳佳榮、謝方、陸峻嶺：《古代南海地名匯釋》，中華書局，一九八六年，第三四三頁。

[三] 儲安平：《英國與印度》，科學社，一九四三年。

[四] 許地山編：《達衷集》，商務印書館，一九三五年，第一三九、一五四等頁。

開禁以後曾有一些變化。據英國的記載，一六八四年『Delight』號商船到廈門，中國商人們出價都一致，英國人以爲是壟斷，向衙門抱怨，於是官員叫他們去找一位叫Limia的人，他後來是主持對英貿易的商人協會會長。至一七〇二年七月，英船Chambers號等船到廈門，與它們簽約貿易的是一位名叫安官（Anqua）的商人；其時獨佔與外商貿易的，有安官、林官（Linqua）、海少（Hemshaw）三人。但到一七〇三年十一月，安官已因負債而離開了廈門港。次年廈門成立了由八至十名商人組成的公會，專與外商交易。據認爲這就是廣州公行的先驅[一]。由此可知，十八世紀初年廈門的外貿組織，是與後來廣州的行商——公行制度相似的，因而可能産生的問題也相似。

吳英所説『從前牙行負爾財本、稽爾貨物』之弊，記録中也確有其事。如上述安官在一七〇二年與英船CHAMBERS的交易，一年多以後仍欠對方銀六萬兩，對其他商船也多有掛欠。吳英要『清厘積弊』，大約也因這類事情而發。但外商的抱怨不只在於牙行，更在於海關等衙門的苛索，其中包括了提督衙門。提督衙門在十七、十八世紀英國對廈門貿易的記録中多次出現。一六八四年英國商船DELIGHT號首次到廈門，就是與提督打交道。其時施琅任提督。以後又有商人須在提督衙門和海關二處奔走、八至十名商人組成的外貿商會的決議係經提督和海關批准等記載[二]。提督兼管外貿，史所罕見。廈門原爲鄭成功的重要外貿基地，康熙統一廈門、臺灣後，功臣施琅以及吳英等先後任水師提督，他們本人就經營對外貿易。可能由於這樣的歷史原因，還由於海防與海上貿易有密切關係，所以水師提督成了外貿的主管。據雍正初年的官方報道，對外商船隻，督撫提鎮衙門及以下之文武員弁，都有各種需索[三]，這當然不利於正常的貿易開展。

[一] H.B.Morse: *The Chronicles of the East India Company Trading to China*, pp.56, 102, 124, 132.

[二] H.B.Morse: *The Chronicles of the East India Company Trading to China*, pp.66, 132, 221.

[三] 見陳希育：《清代前期的廈門海關與海外貿易》，《廈門大學學報》（哲社版）一九九一年第三期。

《廈門志》卷五『船政』稱雍正五年開南洋禁後始有販洋之船，商民出洋貿易由『洋行』保結；洋行對官府有採辦貢獻之責，其充承進退由將軍批准。但沒有提及『洋行』同外商的關係。該卷記外國商船來廈，所舉出只有乾隆四十六年以後的事。卷八『番市』記與廈門通商的國家、港口，其中有『網巾礁腦』，稱雍正七年後廈門與『網巾礁腦』通商。『網巾礁腦』爲一海島，地當今菲律賓棉蘭老島南部哥達巴都（Cotabato）一帶[一]。而該卷並未提到早在雍正七年以前就已來廈門通商的『網礁勝』和英國記載中的其他許多事例。這些事實都顯示出修志時康熙朝檔案已有佚失，故記事缺漏。『令牌』可以幫助我們從一個局部而推知清前期中國同外國的關係，恢復部分的歷史面貌。

——錄自王慶成編著：《稀見清世史料並考釋》，武漢出版社，一九九八年，第三—九頁

[一] 中山大學東南亞歷史研究所編：《中國古籍中有關菲律賓資料彙編》，中華書局，一九八〇年，第二六頁。

《清威略將軍吳英事略》研究

——版本、內容與問題

李祖基

引　言

吳英，字爲高，號媿能。其先泉州人，後入籍莆田。康熙二年以平金、廈功授都司。康熙十三年，耿精忠叛，英爲浙江提標左營遊擊，參與平亂。水陸數十戰，身先士卒，戰功卓著，累遷提標中軍參將、處州副將。十七年，統兵入閩援剿，屢出奇兵，敗明鄭軍隊於陳三壩、觀音山、江東橋，所向披靡。十八年，擢同安總兵，隨率師復平金、廈，尋移鎮興化。二十二年，施琅率師平臺，英統陸師爲副，誓眾登舟，在澎湖海戰中，立下赫赫戰功。鄭氏既降，施琅班師，吳英留台鎮守一年有餘，平定明鄭殘餘勢力動亂，爲臺灣順利收歸大清版圖作出了貢獻。次年，凱旋入覲，康熙皇帝溫旨褒嘉，賜鞍馬衣袍，調任浙江舟山。甫閱月，擢四川提督，凡十一年。三十五年，又以閩海巖疆，非宿將莫能鎮壓，調英任福建陸路提督，旋改水師提督。殫力經畫，凡關國計民生者無不悉力舉行。在任期間，康熙皇帝閱視河工，數度南巡，吳英三赴江南接駕隨扈。康熙帝御書『作萬人敵』匾額以賜，復加授『威略將軍』，優以世職。請老，不許。五十一年，卒于任，贈太子少保。

從上所述可以看出，吳英是清初福建地方一位赫赫有名的歷史人物，其經歷與施琅頗爲相似。所不同的是，迄今爲止，學術界對施琅的研究極多，其成果可用汗牛充棟來形容。而吳英由於《行間紀遇》久遭湮沒，缺少資料，相關的研究極少。[一]二〇一〇年泉州市舉辦『吳英研究學術研討會』，與會學者竟無一人看過《行間紀遇》一書。在《行間紀遇》難得一見的情況下，廈門市圖書館所藏《清威略將軍吳英事略》一書引起了學術界的關注。二〇一三年廈門市圖書館助理館員曾舒怡在《福建圖書館理論與實踐》第三期上發表了《〈清威略將軍吳英事略〉版本考》一文，對《清威略將軍吳英事略》一書的內容與版本作了介紹，並將《清威略將軍吳英事略》與吳英所著《行間紀遇》的若干史料進行比較，揭示了《清威略將軍吳英事略》的價值。[二]

不過，曾舒怡在其文章中對於《清威略將軍吳英事略》（以下簡稱《吳英事略》）內容及版本的介紹十分簡略，且其所介紹的某些內容與實際情況還有若干出入。更主要的是曾舒怡並未見到過《行間紀遇》，其所據以比較的僅是李鴻彬教授《施琅與吳英——兼論澎湖海戰》一文中所引用的《施琅進攻臺灣事》的部分文字，難免有管中窺豹之嫌，無法厘清《吳英事略》與《行間紀遇》的關係，無法說明兩者之間的差異，當然也就無法正確揭示《吳英事略》一書的實際價值。

筆者因從事臺灣歷史研究的緣故，對吳英本人及其所著《行間紀遇》關注已久，經過一段時間的尋覓，最近終於找到了湮沒多年的《行間紀遇》一書。所不同的是，筆者看到的是《行間紀遇》的刻本，而非上世紀九十年代李鴻彬教授看到的手抄本（關於刻本《行間紀遇》，筆者將另文介紹，於茲不

[一]　之前，只有中國人民大學清史研究所已故教授李鴻彬看到吳英所著《行間紀遇》的手抄本，並根據其中一篇《施琅進攻臺灣事》，撰寫了《施琅與吳英——兼論澎湖海戰》的論文，見論文集編委會編：《商鴻逵教授逝世十周年紀念論文集》，北京大學出版社，一九九五年。

[二]　曾舒怡：《〈清威略將軍吳英事略〉版本考》，《福建圖書館理論與實踐》，二〇一三年第三期。

贅）。本文在將廈門市圖書館所藏《吳英事略》與《行間紀遇》進行比較的基礎上，說明兩者之間的關係與異同，並對《吳英事略》的版本及内容作一比較全面的介紹和考察，揭示其内容的特色與史料價值，並指出《吳英事略》一書存在的若干問題。

一、《吳英事略》之版本

《清威略將軍吳英事略》爲抄本，白紙抄寫，一冊，線裝，現藏廈門市圖書館，登錄書名爲《吳英事略》，（清）吳英撰，典藏號：六〇二七〇九四。藍色封面，上題簽『清威畧將軍吳英事略』，扉頁上題『清威畧將軍吳英事畧』，兩者的文字與筆跡略有不同，似非同一人所書。封面及扉頁上均無作者署名。封面右上方及扉頁左下方各鈐有朱色陽文方形章一枚，印章文字爲篆體，豎排三行，模糊不清，經相關專家辨認爲『廈門市文獻委員會圖章』。[一]由於保存不善，該書已有蟲蛀痕跡，所幸尚不影響到閱讀。關於該書抄寫的情況，曾舒怡介紹道：『從筆跡上看，一部分筆跡飄逸流暢，另一部分筆跡則較爲樸實凝重，更有一部分用正楷抄寫，筆跡端正工整』。[二]實際上，筆者閱讀全書後發現，該抄本共有四種不同的筆跡，應爲四人合作共同抄寫完成。如將各種筆跡出現先後順序分爲甲、乙、丙、丁，則各人所抄寫的篇數爲二十比五比十六比二十。在抄寫中遇到『皇上』、『聖駕』、『御書』、『奉旨』

[一] 因該圖章印跡較爲模糊，在辨認過程中得到福建省書法家協會會員、漳州市政法委副書記吳兩同先生（筆者大學同學）及北京相關專家的熱心幫助，謹此致謝。另，經筆者請教廈門市文史專家洪卜仁老先生，獲知『廈門市文獻委員會』大約存在於一九四六年至一九四八年間，相當於現在的『方志辦』，其辦公地點就設在廈門市圖書館内，這也許是《吳英事略》爲什麼會蓋上『廈門市文獻委員會圖章』的原因吧。

[二] 曾舒怡：《〈清威略將軍吳英事略〉版本考》，《福建圖書館理論與實踐》二〇一三年第三期。

等，均另起一行，有的還擡頭頂格，有的則僅另起一行，沒有擡頭頂格，視不同的抄寫人而異。甚至文中在提到『先大夫』、『先太夫人』、『慈訓』等時，也要另起一行，或空一格。曾舒怡因而得出結論說『這說明抄本抄自一個清代版本，本身亦可能是一個清代抄本』。[一]對此前半句話，筆者基本上是同意的，但對其後半句話，則不敢苟同。因爲廈門圖書館的工作人員曾於一九三五年將《吳英事略》中有關平臺、平耿精忠的部分内容摘出分三次先後發表在《廈門圖書館聲》第三卷第一、二期合刊，第三卷第三、四期合刊，第三卷第五、六期合刊的《雜俎》欄目中，並加了按語稱：『吳英將軍，爲施琅部下名將，平臺之役，最爲出力，其生平事略，詳載專冊，並無印本，本館特覓抄藏，錄其關於平耿精忠事件，以供歷史文學家之參考』。[二]從按語中可知《吳英事略》一書是由廈門市圖書館『特覓抄藏』的，是一個轉抄本而非最原始的手稿。根據按語的意思，筆者認爲於該書抄寫、入藏於廈門市圖書館的時間，可能在一九三五年之前不久。最早也不會早於一九一九年，因爲廈門市圖書館創辦於一九一九年。所以，該抄本決不可能是『一個清代抄本』。另外，劉曉聰在《清威略將軍吳英年譜考略與其他》一文中曾說廈門市圖書館所藏《清威略將軍吳英事略》，『據說乃上世紀三十年代一華僑所捐贈』，[三]與《廈門圖書館聲》的按語明顯不同，但不知其根據爲何？

[一]　曾舒怡：《〈清威略將軍吳英事略〉版本考》，《福建圖書館理論與實踐》二〇一三年第三期。

[二]　《廈門圖書館聲》一九三五年第三卷第五、六期合刊，第十八頁。

[三]　劉曉聰：《清威略將軍吳英年譜考略與其他》，吳幼雄主編：《吳英研究》，香港風雅圖書出版有限公司，二〇一〇年，第一六三頁。

二、《吳英事略》之內容

筆者看到的《行間紀遇》爲一函四冊，六卷，線裝。第一冊收有文淵閣大學士兼吏部尚書李光地、左春坊左庶子掌坊事兼翰林院侍讀陳遷鶴及泉州府海防同知黃灣所作的三篇序文，正文六卷分裝三冊。卷一之前有吳英自撰的序文一篇。至於《吳英事略》，則不但無題跋序文，亦無卷次頁碼和目錄，全書由六十一篇文章組成。行文簡潔流暢，敘事清晰。除了第三十篇『乘夜到楊梅灘殺賊』的標題爲八字之外，其餘每篇均冠有六字的小標題。各篇文章長短不一，最短的爲第二篇『時值陽春降誕』，僅七十四個字；最長的爲第三十八篇『銅山誓戒三事』，有六百二十七個字。全書在加了標點之後，約有一万九千八百字。之前，人們對《吳英事略》一書內容的介紹與實際情況多有出入。如劉曉聰介紹稱：『《清威略將軍吳英事略》手抄線裝古籍一冊，書中內容爲五十五則小故事組成，……五十五則小故事均有標題。從第一則「夜夢天門授書」，到最後一則「加授威略將軍」，基本涵蓋了吳英將軍的一生』云云。[一]不僅將文章的總篇數算錯，而且最後一篇的標題也不對，可以斷定，劉曉聰實際上並未看到過《吳英事略》。曾舒怡在其文章中也介紹稱：《吳英事略》『此書由五十五則小故事組成，每則故事均有小標題。第一篇爲《夜夢天門授書》，末一篇爲《再建界鄉府第》』。[二]作爲廈門市圖書館古籍室的管理人員，曾舒怡看過《吳英事略》原書，這點應該是無庸置疑的。可是，她卻犯了一個與劉曉聰同樣的錯誤，將全書的篇數誤算爲五十五篇，則實在不應該。爲了論述的方便，現將《吳英事略》各篇文章

[一] 劉曉聰：《清威略將軍吳英年譜考略與其他》，吳幼雄主編：《吳英研究》，香港風雅圖書出版有限公司，二〇一〇年，第一六三頁。

[二] 曾舒怡：《〈清威略將軍吳英事略〉版本考》，《福建圖書館理論與實踐》二〇一三年第三期。

的標題按原來順序摘錄如下：

一、夜夢天門授書　二、時值陽春降誕　三、佛力負逃急難　四、扇蚊神人入夢
五、仙嫗採藥愈疾　六、普庵化示祭禳　七、溺海神人拯起　八、神醫眸子重光
九、鷺門汲水承歡　一〇、石佛化身救難　一一、聞喪悲號陟屺　一二、水頭神燈領路
一三、寄寓安平鬻販　一四、神火焚山點穴　一五、禱神連擲十聖　一六、浙江幸遇塞公
一七、隻身江邊喚賊　一八、全活寧海官兵　一九、追斬雙門賊眾　二〇、寵受貝子王恩
二一、修毛坪取涼坪　二二、破陣取涼坪嶺　二三、乘勝破上塘賊　二四、渡綠帳殺賊眾
二五、駕單船救四船　二六、鏖戰大羊山口　二七、王賜並馬入營　二八、履中軍參將任
二九、蒞處州副將任　三〇、乘夜到楊梅灘殺賊　三一、破石門復象山　三二、復青田解處圍
三三、入閩解泉州圍　三四、奪山破歐溪賊　三五、窑頭殺賊救民　三六、洒洲捷取四島
三七、出界救活萬民　三八、銅山誓戒三事　三九、醫遣俘賊回臺　四〇、沖救前鋒七船
四一、攻克澎湖島嶼　四二、師進臺灣安撫　四三、祭魂風平浪靜　四四、寵賜騎馬入宮
四五、剿平楊帥二賊　四六、蒞泉撫賊寧民　四七、劍石瑞雲恩雨　四八、蔡嶺別一洞天
四九、帶理水師獲逆　五〇、應期天賜六郎　五一、省費改造戰艦　五二、教子幸捷秋闈
五三、御賜世錦堂匾　五四、御賜作萬人敵　五五、御賜燕翼詒謀　五六、賑濟興郡饑荒
五七、改建定庄府第　五八、薦子隨標圖報　五九、加授威略將軍　六〇、五子報捷秋闈
六一、再建界鄉府第

又《吳英事略》與《行間紀遇》在記載時間所用的方式上明顯不同，前者採用干支紀年，而後者則全部採用康熙年號紀年。另外，《吳英事略》與《行間紀遇》雖然都是吳英自己撰寫的，但在《行間紀遇》中，均以第三人稱『英』稱呼吳英自己，如『英曰：「……」』、『英即束裝起行』等等；而《吳

英事略》則全部以第一人稱的『余』或『予』來稱呼吳英自己，甚至同一篇文章中，『余』、『予』同時並用，這是兩書的另一差異。

《行間紀遇》，顧名思義，爲吳英軍旅生涯的回憶録。[一]記載吳英自康熙二年以將材領兵，隨大師克平金、廈，功授都司起，至四十七年，接奉諭旨命吳英照舊供職水師提督止，共約四十五年間經歷之事。

《吳英事略》所記的時間，始自吳英出生的明崇禎丁丑年（一六三七），迄至康熙辛卯年（一七一一），也就是吳英去世的前一年，時間跨度達七十四年，比《行間紀遇》一書更長。其内容可以分爲三個部分：

（一）童年及青年時期之回憶。這部分的内容包括『夜夢天門授書』、『寄寓安平鬻販』等十三篇文章。吳英青少年時期的生活有三個特點：

第一，兵荒馬亂，顛沛流離。

吳英童年正值明清更替之際，社會動盪不安，童年的吳英飽受顛沛流離之苦。

（甲）吳英原世居晉江浯塘，因濱海遭亂，室廬荒廢，賦役難支。雙親見時勢維艱，不可久處，於是星夜束裝，帶着繈褓中的吳英奔移水頭，欲依姑家。[二]

（乙）吳英十一歲時，洋尾墓鄉黄姓謀逆，官兵剿滅，將鄉内三百餘家男殺之，女掠之，房屋焚

[一] 按：《行間紀遇》中的『行』，應讀作『háng』，而不能讀作『xíng』。古代軍隊編制，以五人爲伍，二十五人爲行。『行』即『行伍』之意，《行間紀遇》，所記即行伍、軍旅中之事，也就是吳英一生軍旅生涯的回憶録。康熙皇帝在諭旨中曾多次提到『吳英效力行間年久，沿海水師營務，極其諳練』、吳英『行間宣力四十餘年，所至累建功績』等等，見《行間紀遇》卷之六。

[二] 《清威略將軍吳英事略》，『水頭神燈領路』。

之。獨吳英一家蒙僧夢示，事先走避北山，幸運地逃過官兵的追殺，得以保全性命。[一]

（丙）其時，吳英已到入學年齡，其父親在外告歸，遣其就學。然而，不到數月，又遭變亂，東奔西徙。迨兵燹稍息，寄寓安平。

（丁）辛卯年（一六五一），吳英十五歲，所居安平因鄭氏作亂，海濱不寧。乃移徙白沙，依附中表。

（戊）然而，所居白沙，因鄭鴻逵作難，又無法立足，不得不於第二年（一六五二）再移居到廈門謀生。

（己）到廈不久，吳父去世。癸巳年（一六五三），吳英隨其母回晉江祖家安葬祖父之墓，由廈門雇船，至東石登岸。因未薙髮，遭到駐守大盈千總林增帶兵搜捕，幸遇一僧指引，到一老嫗家草間中躲藏，逃過一劫。

（庚）同年，鄭成功將廈門居民搬空，以避大兵，吳英與其母又移居高浦。

第二，身體欠佳，屢生重病。

（甲）吳英出生之時，異於常人，不會啼哭。『越宿方啼一聲，響若雷鳴』，但雙眼閉合，至七日方才睜開，舉家遂轉憂爲喜。

（乙）吳英十歲時冬月，小濡忽破，初不爲意，醫治半月，潰爛僅存纖末，小便由腹邊四出。後經一老嫗告以用紅莖蚶殼草煎湯洗貼而愈。

（丙）十一歲時，往水頭姑家回來，渾身暴熱。次早，左足作痛，忽然彎曲，醫治罔效。至半載血枯氣竭，竟成廢疾。後遇一僧告以祭禳之法而愈。

[一]《清威略將軍吳英事略》，『佛力負逃急難』。

（丁）十六歲時住白沙，忽一日，兩目痛腫，至月餘盡生白翳，醫治罔效，不辨晝夜，扶杖而行。後遇一老者授以偏方，治之半月而愈。

第三，母親的教誨。

少年時期的吳英因其父從戎在外，更多的時間是與母親相伴，母子之間的情感與關係十分密切。《吳英事略》多處提到母親對其教誨之恩。

（甲）如吳英小時，因遭逢變亂，東奔西徙，而輟學。在寄寓安平時，其母令其鬻販。其父曰：稚子未知生理，何必自苦？其母曰：非也，吾非欲此子覓利。因見時值多艱，且移出他鄉，讀書不成。若聽其安閒遊佚，未免涉於放蕩，須令身歷諸艱，磨厲筋骨，知人情物理，俾將來有用，非但爲生理而已。於是，凡挑負之事，無不令吳英爲之。

（乙）吳英移居廈門不久其父即去世，因念慈母在堂，節哀侍養，乃與表姊丈就廈開張小鋪，頗獲利。凡養母之物，晨夕備至。惟日用之水，必令自擔。吳英稟曰：鋪中事繁，一擔二文錢可得，何用乃爾？其母責曰：我豈惜錢耶！顧今世亂，當試諸艱，以備他日之用，豈可惜力，以誤將來？吳英因是凜遵慈訓，雞鳴早起，先挑水，後出鋪，日以爲常云。

（丙）十八歲時，吳母染恙，屢對吳英言說自己當終，並告訴吳英『成器之日，着實爲善，不可妄動。汝母雖在冥冥之中，亦快然矣！』。吳英泣稟曰：母若不幸，兒當死隨。其母又告誡曰：是何言也。汝宗族衰替至此，幸祖宗積德，生汝一身，汝母受盡艱辛，撫養汝得成人，全望將來做一場事業，顯祖耀宗。汝出此言，可謂不孝。

從以上記載可以看出，吳母是一位十分賢德的婦女，其對吳英的教誨和要求也是十分嚴格的。吳英日後能盡心報國，成就一番事業，與其母親的教誨可以說是密不可分的。[一]而吳英對其母親的感情也極爲深重，曾繪圖以作紀念，甚至每一念及生養教誨之恩，就『不禁涕零』。[二]

這些關於吳英童年與青年時期的記載，以前基本上無人看到。已有的論著中關於吳英從軍之前青少年時期的經歷，胡編亂造者居多。

（二）記敘自己的軍旅生涯。這部分的內容包括『浙江幸遇塞公』、『加授威略將軍』等三十七篇文章，佔了《吳英事略》一書的大部分篇幅。其軍旅生涯又可分爲三個時期。

第一，浙江平耿精忠之亂。康熙二年，吳英以平金、廈功，授都司。九年，分入浙江寧波府提標效力。十三年，靖南王耿精忠叛踞福建，遣曾養性等進犯浙江，連結溫州叛鎮祖宏勳陷溫州，分犯寧波、紹興。吳英隨提督塞白理擊敗叛軍，於八月遷提標左營遊擊。九月，曾養性破黃岩，圍台州。吳英隨塞白理等往援，進兵雙門，解台州圍。十四年，復破張拱垣於三門港，殲僞帥朱飛熊於毛頭洋，軍氣大振。其時寧海將軍鑲藍旗貝子富喇嗒視師浙江，經提督首薦，即命英爲先鋒。吳英獻策明修毛坪路，陰襲涼坪取之，敗敵帥劉邦仁，恢復黃巖。貝子奇之，稱此戰爲浙江戰功第一。復令吳英爲先鋒，恢復太平、樂清等縣。抵上塘，遇敵兵二萬眾；奮力擊之，斬數千級。敵將許奇保領兵萬餘據守綠帳，隔河而陣；吳英令兵人負草一束，乘潮落填河而過，大破之；並由猴猻嶺奪其堡，收復青田，解處州之圍。十五年，官兵圍溫州，日久不下。二月，曾養性率兵數萬連夜前來燒營。吳英急白貝子王，令諸軍棄營據險，軍以不亂。吳英自率精兵據大羊山，阻其要道；復請分兵五百，抄伏敵後。是夜殺至三更，英身中四槍，幸不透甲，士不傷者才五十人。延至天明，吳英單騎率兵，破開木馬，大師繼進，伏兵並起，

[一] 乾隆《泉州府志》卷五十六，『勳績・國朝勳績』載：『英少孤，家極貧。母有賢德，訓之至嚴』，可與此相互印證。
[二] 《清威略將軍吳英事略》，『夜夢天門授書』。

斬敵無算；曾養性僅以身免，脫走入城。吴英追至溫州城下，所乘之馬，爲大炮打斷後腿，奪敵馬以歸。十五年十月，吴英補提標中軍參將。適敵船二百餘艘直臨定關，吴英偵知定海營守備方俊受耿精忠總兵之職，欲爲內應，請提督立斬以示賊；敵知敗露南回，攻破象山縣。吴英又領兵攻破石門敵營，恢復象山。十六年七月，吴英獲補處州副將。到任後，剿平景寧等縣山寇。此時，耿精忠已降，其將馮公輔猶踞松陽，英入山招之降。其党林惟仁等屯處州，吴英在楊梅灘破之，剿撫兼用，降惟仁及兵千餘，浙江山寇悉平。

第二，入閩援剿及參與平臺之役。耿精忠雖降，而鄭經仍佔據閩南一帶。吴英受命随石提督統兵入閩援剿。其時劉國軒率兵圍困泉州，燒斷洛陽橋，以阻援兵。吴英獻策分兵二路自仙遊出永春到南安會合，自領先鋒由惠安正路攻洛陽橋。鄭軍聞訊，連夜逃遁，泉州之圍遂解。尋爲先鋒，赴援漳州。十八年四月，劉國軒復引兵萬餘列陣江東歐溪頭。英率本標兵擊走之。十二月，擢同安總兵官。十九年二月，水師提督萬正色進軍海壇，吴英受命由同安港進兵，連取浉洲、潯尾二寨，分兵徑渡，取高崎，克服廈門。鄭經勢窮，遁回臺灣。同年四月，閩省沿海列郡大饑，英馳請總督姚啓聖出示，許沿海百姓出界採捕，全活百萬，尋移鎮興化。二十二年，提督施琅受命專征臺灣，請吴英統陸師爲副。英與施琅在銅山率眾當天立誓：『不挾報私仇，不殺降，不搶掠』。六月十四日，兵發銅山，取八罩，直抵澎湖。前軍藍理被圍，英單船拔出之。二十二日，施琅率水師發起總攻，海壇鎮林賢中傷，平陽鎮朱天貴中炮死。吴英右耳亦中創，忍痛奮力攻燒。忽吴英所所乘船擱淺礁上，敵船火烈將及；英以眾軍在船，義不獨存，再三不肯下船躲避。危急之際，船忽浮起，士氣益厲，大獲全勝。鄭氏歸順，施琅班師，吴英在臺鎮守，挫敗鄭氏殘餘不軌圖謀。凱旋後，於二十四年入京陛見，奉溫旨褒嘉，賜鞍馬衣袍。尋調補舟山。

第三，川、閩提督任上。康熙二十五年，吴英擢四川提督，鎮蜀凡十一年，破吴三桂餘黨楊善、帥九經等，散其眾。三十五年，奉調福建陸路提督，革除漳、泉地方貨物歸行抽稅之例，萬民歡樂。並招撫江孝、賴立等漳州地方多年積匪，民獲安寧。旋改水師提督，殫心經畫，束兵弭盜，凡有關於海疆戎務，無不悉力舉行。四十二年，康熙皇帝閱視河工，吳英在杭州行宮接駕。康熙帝親書『作萬人敵』匾額以賜。四十四年、四十六年，康熙帝兩度南巡，吳英兩赴江南接駕隨扈，以年老乞休。康熙帝再三慰留，賜御書匾聯，復加授『威略將軍』。

從文字上看，《吳英事略》此一部分的內容實際上就是《行間紀遇》全書內容的縮寫，所不同的是，前者簡略，而後者詳細。顯然，前者是改寫自後者的。在之前《行間紀遇》湮沒無聞，難以尋覓的時候，此部分內容對於吳英的研究自有重要的參考價值，但如今，《行間紀遇》一書的刻本既已被發掘尋獲，且列爲二〇一四年度全國高校古籍整理研究工作委員會直接資助項目，經點校整理，即將交由出版社付梓發行，《吳英事略》此一部分內容的史料價值也就不大了。

（三）除了以上兩部分之外，《吳英事略》還有十篇文章記載了吳英家庭的若干私事。這些家庭私事又可分爲三類：

第一，是修建墳塋。如『神火焚山點穴』，記述康熙四年，吳英在福清漁溪金龜山購地修墳，遷葬雙親及祖父母骸骨之事；『劍石瑞雲恩雨』則記載吳英回閩任陸路提督時，將曾祖考妣之骸從福清漁溪資福寺北之南山遷葬莆田劍石的過程。吳英認爲劍石乃上天所賜吉地，而臨葬又降祥雲甘雨，而且自『遷葬之後，六十三歲至七十，連添五子』，乃風水興發之驗；『蔡嶺別一洞天』則記載吳英在莆田溪上山購地，爲自己及夫人修建墳塋之事。[一]

第二，是子輩中舉及隨標效力。『教子幸捷秋闈』、『五子報捷秋闈』分別記述三子應鳳、五子應

[一] 乾隆《莆田縣誌》卷四載：『將軍提督吳英墓，在安樂里溪上，康熙五十三年賜葬。』

鯤以莆田縣學生員的身份，先後於康熙壬午、辛卯年福建鄉試中舉之事。對比自己『稚年遭亂，讀書不成』的情形，吳英認爲此乃『上天之賜，祖宗之庇』，心中感到十分快慰。並叮嚀諸子身當有爲之時，應當凜遵『敬畏上天，遵守國法，體貼人情，謙忍行仁』之父訓，百尺竿頭再進一步，忠敬慎勤，報效聖恩。『薦子隨標圖報』則是吳英年屆七十四，自感筋力衰邁，上疏向康熙皇帝推薦第四子應鵬，請求改賜武職，隨標效力，領兵出洋哨捕，以助一臂之力。

第三，是起蓋府第，購置田產。『改建定庄府第』、『再建界鄉府第』記述吳英將先人墳塋遷葬福清之後，即選擇在莆田縣定莊購地興建府第，其後又在仙遊縣楓亭陡門、惠安縣界鄉、秀溪等處先後購置田產，三處田產每年可收租粟三千餘石。爲了掌管這些田產，晚年又在惠安縣界鄉地方起蓋三座府第，供第四、第七及第十子居住。『賑濟興郡饑荒』一篇中記載吳英在四川提督任內題請入籍興化府莆田縣。丙子年（一六九六），興郡饑荒，家中盡力賑濟。越年丁丑（一六九七），興郡又饑。其時，吳英已奉調福建陸路提督，見百姓流離，目睹心傷，捐俸資，極力賑濟，全活男婦老幼至三萬餘人。丁亥年（一七〇七），莆、仙二縣饑荒，吳英迎駕歸來，目擊慘情，傾竭倉粟，逐名散給，不敷，則市價以益之，全活窮民無數。對於吳英樂善好施，熱心鄉梓慈善公益事業，地方誌書中也有記載[一]。透過這些內容，我們看到的不僅是一位身先士卒，衝鋒陷陣，『前無敵人後無家』的吳英，而且也是一位有血有肉、有感情的吳英，也讓我們對吳英這位傳奇性的歷史人物有了更全面、更深入的瞭解。

[一] 乾隆《莆田縣誌》卷二十九《人物志》載：『英仕封疆四十年，事上誠，御下恕。賞罰必信，喜怒不形，人臣之道無缺焉。至敦族睦鄰，置義田，賑凶荒，修興、泉文廟，造熙寧、寧海二橋，其居鄉之善，又有足稱者。』

三、《吳英事略》存在之問題

簡單而言，《吳英事略》一書存在兩個比較明顯的問題。

第一個問題是書中有不少神靈怪異的描述，有的甚至達到了荒誕離奇的程度。這類問題主要存在於第一篇至第十五篇吳英對童年及青年時期的回憶之中。如第一篇『夜夢天門授書』記吳英母親於明季崇禎丁丑春正月夜，夢遊浯塘後山埔，『望見西北之間天門忽開，旁列甲士，門內紛紛飄下其物甚多，其母以衣承之，得書一卷』，是月即娠而生吳英。吳英稚年時常聽其母言自己乃仙姑降世，來在吳家。至吳英十八歲能自立時，即欲歸去，云云。且『往往家中吉凶未來之事，無不預知，閭里稱異』。

『仙嫗採藥愈疾』一篇述吳英十歲時，小濡忽破，初不爲意，醫治半月，潰爛僅存纖末，小便由腹邊四出。後一路過老嫗告之以紅莖蚶殼草，煎湯浸洗，又將煮爛草葉貼之，半月全愈。後訪老嫗，已杳乎不知所之。吳英認爲『若非神力，焉能速效如此！』

『普庵化示祭禳』記載吳英十一歲時，往水頭姑家回來，渾身暴熱。次早，左足作痛，忽然彎曲，醫治罔效。至半載血枯氣竭，竟成廢疾。適來一僧謂吳母曰：此病貧僧能醫。囑其夜備羹飯百碗，向東南禳之。明早下藥，可保立愈。是夜，如言禳之。吳母夢一僧執拂，獨立於橋，橋下拘吊多人，喧呼不敢。及天明，吳英睡醒，兩腳忽伸，不見痛楚，細視之，已全愈也。雙親喜出望外，乃往廣福庵尋僧謝之。及登堂，望見祖師佛像，手執棕拂。吳母曰：此如夢中僧人也。始知救苦佛恩，不可思議。

『佛力負逃急難』記吳英足疾才愈三日，其母復夢前僧示之曰：此鄉明日有大難，速往北山避之，叮嚀數次。早飯後，有馬兵數百由大盈過溪而來。其母扶吳英向北山而走。官兵見有人出鄉飛騎來追。正在危急，忽有巨人露頂赤足，渾身白衣而來。吳母曰：爲背吾兒，自當厚謝。其人不發一語，背吳英奔過一山，隱處藏之。吳母追及，喜曰：頃背吾兒者，非凡人也。眼見二丈餘山坑，一躍而過，神跡顯然。事平，詢知洋尾墓鄉黃姓謀逆，官兵剿滅，將鄉內三百餘家男殺之，女掠之，房屋焚之。獨吳英一家賴佛保全，逃過一劫。

又『禱神連擲十聖』記康熙六年吳英住漁溪嶽前，同親友往屋後山上遊玩，見一土地祠，內有磁爐一，竹筊一。吳英戲言禱曰：我將來若能作大都督，與我十聖。擲之，連得十聖。復禱曰：若果有此位，再賜三聖。擲之，又如所言。眾人共異之。

又『浙江幸遇蹇公』記康熙九年吳英分入浙江寧波府提標效力，一行同寅二十餘員，停宿萬壽寺。吳英夜夢步出大殿，見廊間有三人指其而言曰：此乃將軍也。及曉起視之，見神像乃關聖帝、張睢陽及境主三神也。

除了上述之外，『水頭神燈領路』、『扇蚊神人入夢』、『溺海神人拯起』、『神醫睟子重光』、『石佛化身救難』等各篇中也均有類似的神靈怪異描寫。其實，在同一時期福建地方歷史人物鄭成功、施琅等身上，類似的神怪附會傳說，並不少見。[二]此類神靈怪異的傳說，不論是出於巧合附會，還是故

[二]　劉良璧：《重修福建臺灣府志》卷十九載：鄭成功起兵荼毒濱海，民間患之，有問善知識云：『此何孽肆毒若是？』答曰：『乃東海大鯨也。』問：『何時而滅？』曰：『歸東即逝。』凡成功所犯之處，如南京、溫、台並及臺灣，舟至海水爲之暴漲。順治辛丑攻臺灣，紅毛先望見一人冠帶騎鯨，從鹿耳而入；隨後成功將舟由是港進。癸卯成功未疾時，轄下夢見前導稱成功至，視之，乃鯨首冠帶乘馬，由鯤身東入於外海。未幾，成功病卒，正符『歸東即逝』之語。施德馨《襄壯公傳》載施琅『將誕，母太夫人洪有神授寶光之夢，覺而異之，遂生公。……里有神宇曰定光庵，公垂髫詣神稽首，彷佛見神靈隨之拜起，公亦默以自異。』又稱施琅『嘗統偏師入賊巢，而忌者後軍不繼，雖勢極倉皇，公故示鎮定。薄暮，迫賊壘而營，賊畏憚未敢犯，因乘夜從間道旋。師迷失途，彷徨榛莽中，有群虎隨軍行止，委蛇導引，得達于大道，與諸軍合』云云（《靖海紀事》，福建人民出版社，一九八三年，第三二一—三三頁）。周凱《廈門志》卷十六載：『靖海侯施琅，初依鄭成功，以事見忤將索殺之，奔匿草仔垵石穴，復走仙洞。見絕頂二老對弈，鬚眉皓古。一叟曰：「山下有生人氣何？」一叟曰：「金豹逃難耳。」語畢失所在。然則侯固豹精耶？』

意編造，其目的無非是想增加相關人物的神秘色彩，增加人們的敬畏心理。然而，在科學高度發達的今天，這些神靈怪異的描述，只能被視爲荒誕的無稽之談，對《吳英事略》一書史料的真實性、可靠性產生負面影響。

《吳英事略》存在的另一問題就是相當數量的文章之間排序出現錯亂。

如第十二篇『水頭神燈領路』講的是因祖居浯塘，濱海遭亂，雙親見時勢維艱，帶着繈褓中的吳英奔移水頭，投靠姑家。而第四篇『扇蚊神人入夢』開頭講『水頭寄寓，屢更寒暑，時余七歲……』無論從年齡上，還是從敘事的情節上看，第十二篇『水頭神燈領路』都應該排在第四篇『扇蚊神人入夢』之前。

第三篇『佛力負逃急難』記吳英『足疾纔愈三日，先太夫人復夢前僧示之曰：此鄉明日有大難，速往北山避之』。可是第一、第二兩篇文章並無提到吳英患足疾及僧人之事，讀來讓人莫明其妙，摸不着頭腦。仔細檢閱，原來第六篇『普庵化示祭禳』記吳英十一歲時往水頭姑家回來，渾身暴熱。忽患足疾，後經一僧授以祭禳之法而愈。可見『佛力負逃急難』所敘述的乃是發生在『普庵化示祭禳』三天之後的事情，毫無疑問，第三篇『佛力負逃急難』應該排在第六篇『普庵化示祭禳』之後。

《吳英事略》不少篇文章中都有具體的時間記載，如第二十五篇『駕單船救四船』敘述的是乙卯年三四月間發生的事，而第二十一篇『修毛坪取涼坪』講的是乙卯年十月間發生的事。而且，第二十五篇的最後一句爲『見貝子王，溫諭曰：「此遭著實虧汝。」即賜袍帽，令予移守台州東門外蔡嶺，與賊對壘焉。』而第二十一篇的首句爲『予之防守蔡嶺，賊方猖。時衢、處二府對壘二載，我師不能寸進。』所以，無論是從時間上，還是從兩篇文章上下文字的關係上看，第二十一篇『修毛坪取涼坪』應該排在第二十五篇『駕單船救四船』之後。

此外，在平臺之役的諸篇文章中，排序也有明顯的錯誤。如第三十八篇『銅山誓戒三事』講的是施琅與吳英率各將領於康熙二十二年六月初一日在銅山當天立誓之事。而緊接着的第三十九篇『醫遺俘賊回臺』卻說『六月廿三日，余領陸師登岸劄營，與施提督公議，將所獲之賊，醫治給糧，遣回臺灣去後，各賊相傳我師仁德，臺地兵民，皆望王師速至。劉國軒見勢瓦解，遣員到澎湖議降……』而其間施琅的水師在銅山尚未出發，澎湖海戰還沒有開打，何來戰俘？且鄭軍尚未被殲，又何來劉國軒見勢瓦解，遣員到澎湖議降？實際上，在平臺之役諸篇文章中都有十分具體的日期，稍微留心，就會發現這一問題。正確的次序是，第三十九篇『醫遣俘賊回臺』應該排在第四十一篇『攻克澎湖島嶼』之後。值得在此一併指出的是，一九三五年《廈門圖書館聲》在刊出『吳英將軍平臺數則』的內容時，由於編輯人員的疏忽，竟然也未發現這一問題，而按照原來錯誤的排序登載出來。[一]

又，第四十八篇『蔡嶺別一洞天』乃記述吳英在莆田溪上山購買墳地，甲申年（康熙四十三年）吳夫人過世後，修建墳塋安葬之事。按時間順序應排在癸未年（康熙四十二年）『御賜作萬人敵』之後，但書中卻將其排在戊寅年（康熙三十七年）『帶理水師獲逆』之前。

對於《吳英事略》一書各篇文章排序的錯亂，到底是原稿本來就存在的，還是廈門市圖書館在轉抄裝訂時造成的，現在已經難以查考。對於《吳英事略》存在的這一重大問題，曾舒怡完全沒有發現，在文章中竟然稱其內容『大致依時間順序排列』。[二]究其原因，主要是未對全書進行認真的閱讀。實際上，《吳英事略》一書中文章排序錯亂的還有若干處，本文限於篇幅，無法一一枚舉。

[一]《廈門圖書館聲》第三卷，第一、二期合刊。

[二] 曾舒怡：《〈清威略將軍吳英事略〉版本考》，《福建圖書館理論與實踐》二〇一三年第三期。

結語

《吳英事略》是繼《行間紀遇》之後，吳英撰寫的另外一部自傳體著作，《吳英事略》約有一半以上的內容係由《行間紀遇》一書改寫而成，兩者之間既有一定源流關係，也存在明顯的差異。《吳英事略》雖然篇幅不多，但保存了若干《行間紀遇》所沒有的資料，對於瞭解、研究吳英的身世、成長過程以及探尋吳英的相關史跡具有一定的參考價值。

——錄自《臺灣研究集刊》二〇一四年第六期

清威略將軍吳英事略

據廈門市圖書館藏鈔本影印

清威畧將軍吳英事略

清威畧將軍吳英事畧

夜夢天門授書

予稺年時 先太夫人屢與言曰當明季崇禎丁丑春正月夜
汝母夢遊浯塘後山埔望見西北之間天門忽開旁列甲士門
內紛紛飄下其物甚多汝母以衣承之得書一卷是月即娠
至十月初七卯時而生汝既應天書吾兒必非凡品想汝
祖宗累世脩德所致但汝母本來乃仙姑降世來在汝家吾兒
十八歲可能自立汝母三十八歲即欲歸去矣其言如此往往
家中吉凶未來之事無不預知閭里稱異至年三十八歲果
即辭世予今每一念及生養教誨不禁涕零繪圖誌此以紀
厥初

時値陽春降誕

嘗聞

先大夫及

先太夫人曰吾兒初生之日越宿方啼一聲響若雷鳴但雙

眼合閉

先王父母甚以為憂至七日忽然而開眼光四顧舉家喜出

望外鄉党談及無不稱為奇異云

水頭神燈領路

余祖居浯塘因濱海遭亂室廬荒廢先王父時已辭世賦役難支余身在襁褓雙親見時勢維艱不可久處遂星夜束裝奔移水頭欲依姑家時道路荊榛夜行徑錯忽見前途隱隱有一燈先太夫人曰可隨此燈而行比及天明燈滅不見而水頭鄉已在望矣因悞夜来領路者乃神燈也

扇蚊神人入梦

水頭寄寓屢更寒暑時余七歲　先大夫　從戎在外　先王母
亦已去世偶一日因下邦鄉堂姑之子合卺我　先太夫人往
賀是晚姑家留宿夜深不見還來時值六月中旬維月明
如晝兩房中寂寞未敢入寢即就門內木欖假寐但暑夜
蚊多欲眠未穩纔交睫不覺清風拂面朦朧之際忽見身旁
立一老叟扇風驅蚊余孑然而恐閉目而思即開戶趨告鄰
嫗適逢未睡到家伴宿天明　母還以事白之　母曰此神
人也我夜間亦夢老叟言汝家中不安故辭汝姑而歸爾

寄寓安平鬻販

曩時　先大夫在外告歸遣余就學不數月適遭變亂東奔西
徙迨兵燹稍息寄寓安平　先太夫人令余鬻販
先大夫曰稚子未知生理何必自苦　母曰非也吾非欲此子
覓利因見時值多艱且移出他鄉讀書不成若聽其安閒游佚
未免習(涉)於蕩(放)須令身歷諸艱磨厲筋骨知人情物理俾將来有
用非但為生而(理)已於是凡挑負之事無不令余為之

仙嫗採藥愈疾

予十歲時冬月而小濡忽破初不爲意醫治半月潰爛僅存纖末小便由腹邊四出　先大夫見安平醫治無效將負予往水頭姑家再延一醫言瘡毒難治議曰今已無用將毒藥爛去纖微草管以作閹人免小子痛楚也醫生即敷毒藥夜深疼痛難當昏迷數次至天明抱棄門外忽有路過老嫗向余細視患處曰此乃熱毒小子爲有瘡毒既粘毒藥須以草藥煎湯浸去每日温洗又將煮爛草葉貼之數日小便可歸正道半月復原　先大夫問曰有此靈藥是何草名老嫗隨喚同往山中摘取視之乃紅莖蚶殼草也即將此藥如法洗貼果至半月全愈後訪問老嫗已杳乎不知所之若非神力焉能速效如此

普庵化示祭禳

予十一歲往水頭姑家及歸而渾身暴熱次早左足作痛忽
然彎曲醫治罔效至半載血枯氣竭竟成廢疾適來一僧見
予憔悴詢及其由謂 先太夫人曰此疾貧僧能醫今夜宜備
羹飯百碗向東南禳之明早下藥可保立愈問其住宿僧
曰偶寄廣福庵耳是夜如言禳之 先太夫人夜夢一僧
執拂獨立于橋橋下徇吊多人喧呼不休驚覺謂先大夫曰
我夢若是昨之僧人非凡吾兒之足可愈矣比天明予睡
醒兩腳忽伸不見痛楚細視之已全愈也 雙親喜出望外
乃往廣福庵尋僧謝之祝言此庵從不宿僧及登堂望見
祖師佛像手執棕拂
先太夫人曰此如夢中僧人也始知救苦 佛恩不可思議

遂焚香頂礼焉

佛力負逃急難

余足疾纔愈三日　先太夫人復夢前僧示之曰此鄉明日有大難速
往北山避之叮嚀數次醒謂　先大夫將信將疑晨起裝束應帶之物其
餘開地藏之早飯後鄰人相傳有馬兵數百由大盈過溪而來
先太夫人隨扶予向北山而走官兵見有人出鄉飛騎來追時
先大夫早已負物登山　先太夫人挾予疾趨回顧身後有兵殺人予曰
事危矣可奈何母曰與吾兒同死耳正在危急忽有巨人露頂赤足
渾身白衣而來母曰為背吾兒自當厚謝其人不發一語背予奔過一
山隱處藏之　先太夫人追及喜曰頃背吾兒者非凡人也眼見二丈餘山
坑一躍而過神蹤顯然事平詢知洋尾墓鄉黃姓謀逆官兵剿滅將鄉
內三百餘家男殺之女擄之房屋焚之獨予一家賴佛保全及予鎮同
安修建寺宇築報恩亭鐫一聯予石柱曰半載麾風佛力半宵

全憑一時兵難神扶一刹平安詞雖未工亦足答神庥于不朽云

椗

溺海神人拯起

辛卯年余十五歲所居安平因鄭氏作亂海濱不寧乃移白沙依附中表白沙距安平一潮舟當移居之時正值秋風盛發同行數船盡泊石井海中余 嚴親時已登岸所有行李令余看守余夜在船中不覺風狂浪大不知檣纜何如欲往視之不期足滑忽溺於海舟子熟睡不知也鄰舟女梢呼曰隔船有人溺水可急救之余在水中隱見一人援之以手忽攀一索遂從女梢之船而起是夜寄宿天明述告 嚴親乃謝女梢亦一奇事也

神醫眸子重光

予十六歲時住白沙只一載耳忽一日兩目痛腫至月餘尽生白翳醫治罔效不辨晝夜扶杖而行偶往白沙福德祠靜坐一老人問曰如此少年何為若是余以始末答之老人曰我有一方以廣東、青魚胆竹葉色乾者二枚將井華水泡爛後用古宋錢生綠者二文與葉同浸不論日夜將錢邊輪轉眼睛數日之間白翳自消若兩眸尚有白珠另用穀精草一兩大柿餅一塊安于磁罐水二大碗煎過半清心常柿服之三早其根自除予謹記之因詢里居果好躬謝老人曰我遠方偶來少頃即欲向渡何以謝為予歸告　雙親依老人之言治之半月而兩目全愈　神方之妙若此

鷺門汲水承歡

曩居白沙因鄭鴻逵作難壬辰年移居廈門不幸是年三月初七日
先大夫卒予躃地呼天淚繼以血因念　慈母在堂節哀待養乃與表
姊丈就廈開張小鋪頗獲利凡養母之物晨夕備至惟日用之水必令自
擔予稟曰鋪中事繁一担二文錢可得何用乃尔　先太夫人責曰我豈
惜錢耶顧今世亂當試諸艱以備他日之用豈可惜力以誤將來因
是凜遵
慈訓雞鳴早起先挑水後出鋪日以為常云

石佛化身救難

癸巳年余從　先太夫人往祖家梧塘安葬　祖父之墓遂由廈门僱船東石登岸　母乘轎余策驢至許西坑地方忽有人報曰守大盈千總林增帶兵巡哨見有海上人來即拏去指余曰汝有頭髮當速避之轎夫聞言即解還行李驅驢而去　先太夫人曰速著母衣扮作女兒行李自負之正行間忽見一僧露頂赤足身穿白衣手執書卷忙告曰林增兵馬來矣速避別路答曰別路不識奈何僧曰由田間小路向北而行前途窯邊有人求其引路可也言訖不見　先太夫人曰此處有寺院否須者是佛非僧也余稟曰此去西南不遠有石佛大寺遂行百餘步果見窯邊有一人僱其擔負引導其人欲進向田中路走入田坑鄉實進老嫗家中其人卸擔而去而老嫗乃王姓之母結契之親

舉頭驚問曰我兒何來 先太夫人曰速藏孫子即引余入草間藏之時林增入鄉查尋無跡至晚方去次早令余薙髮母曰我有王母可以伴行汝先回東石等候順途至石佛寺叩謝仰見西邊石佛手中执卷自覺駭異隨即叩禱若將來有發跡之日自當重興寺宇俗數日 先太夫人往祖家營塋畢遂向東石同回廈門云

聞喪悲號陟屺

癸巳年鄭成功將廈門居民搬空以避 大兵遂移居高浦時
先太夫人梁慈謂予曰我年三十八歲嘗經言之屢次矣但自汝生
至今十有八歲歷過許多險難見過許多奇異成器之日看实為
善不可妄動汝母雖在冥冥之中亦快然矣所聘蔡親其女尚幼合
卺之事吾見他日自行之汝母不及見也予泣稟曰 母若不幸見當
死隨 先太夫人誡曰是何言也汝宗族衰替至此幸 祖宗積德生汝
一身汝母受尽艱辛撫養汝得成人全望將來做一場事業顯祖耀
宗汝出此言可謂不孝至七月初旬病稍愈命予曰我前有銀付汝表姊
丈在廈門生理可去取來家用銀有無多寡限汝七日到家予奉命
即于初七起身到廈因銀未便延遲至十二日忽家人米仔來報知
太夫人于十一日仙逝予時肝腸寸裂隨促舟歸家泣血治喪扶柩

暫葬于高浦城東云

神火焚山點穴

甲辰年余以平島軍功　部授都司職銜給食全俸每念　親
骸寄葬他鄉日夜懸掛遂延林姓堪輿往溫溪石鑼頭資福
寺外尋覓風水望見高岡之下有一小山形勢奇異即踏勘之
果有來龍因詢寺僧惟諒并告以欲購之意僧曰君所擇之處
廼此寺之地名金龜山合意自當如命余於是年即遷
親體骸及　祖父母骸擇乙巳年臘月廿三立春日酉時開壙
山上草茂葉已午時點穴因時辰未到暫坐寺中忽見寺外
火發趨視之乃係墳山發火四望無人火燒之處離所點原穴依八
尺許余遂從新定之開壙土色如硃奉骸葬訖墳與回焚山
點穴　天神所賜也且墓以立春日則為丙午年發祥當在寅

午戌相會之歲余細推自安塟後至庚戌甲寅戊午壬戌丙寅庚午等年果然連生男子願我子孫世守勿失受庇無疆云

禱神連擲十聖

丁未年時余住居漁溪嶽前正月朔余同親友數人往屋後山坡遊玩見園內有石數塊架一土地祠無神像磁爐一竹筊一余戲言禱曰我將來若能作大都督與我十聖擲之連得十聖復禱曰若果有此位再賜三聖擲之又如所言眾人共異之余亦自竊自疑也及余鎮同安時即就其地建祠塑像題其扁曰十聖廟以顯神靈用垂不朽

浙江幸遇塞公

庚戌年予分入浙江寧波府提標効用一行同寅二十餘員停宿萬壽寺夜夢步出大殿見廊間有三人指予而言曰此乃將軍也及曉起視之見神像乃

關聖帝　張睢陽及境主三神也竊自驚疑未幾浙提督塞公諱白理新任予往杭州迎之一見大悅恩遇特隆因浙海寇亂屢次命予出海招撫予往舟山金塘撫來數起賊眾船大小數十歸盡入寇平疆歸誠塞公大悅從此解衣推食如魚得水凡自邊海大小事情無不垂問此誠千載知遇不勝感忘也

隻身江邊喚賊

甲寅年六月靖南王耿精忠叛踞福建遣賊帥曾養性等侵犯
浙江破平陽圍瑞安温州鎮急請救兵提督塞公帶兵往援余
隨師至温州江北岸溪竈地方無船可渡塞公曰江上俱是賊
船隔岸信息難通奈何余曰易耳遂隻身到江邊立喚一賊登
岸携之到營問知温州祖總鎮昨日已降明日進兵新橋取樂
清縣塞公謂諸將曰此欲斷我歸路耳不如暫回寧波踞守寧
台以待大兵遂即日回師至台州塞公問余曰前在温州江岸
汝一人如何喚得賊来余曰此時謀叛者多某一人往呼彼必
疑為交通密信所以料其必来也塞公曰今番非汝一人不但
數千官兵遭害浙東大事去矣隨將余前後勞績陳　奏即奉
特旨准以遊擊即用爲

全活寧海官兵

甲寅八月二十日予署理浙江提標左營遊擊任時提督塞公屢聞
飛報寧海官兵陰行反叛廿一日令予領兵到寧海應援又令熊、
參將軍(將)該營眷口移入寧波安插而熊參將以衆言寧死不移
回覆塞公恐其反情是實密諭定海馬參將右營郭遊擊
城守任遊擊及予等督勦寧海官兵回報衆議分界開刀予曰
寧海反情未確不移眷者皆因兵丁土著居多今若妄動閤
係滿城性命尚須斟酌衆曰此乃憲令誰敢有違予曰將在外君
命有所不受在憲臺亦不過封疆起見豈肯樂害生靈諸公少
待我往說之如不悟再作區處予遂見熊將曰君守邊海孤
城水陸寇盜相侵致有紛紛之論今憲令搬眷正恐遲得白之秋
君故速之倘上憲稍有疑忌君之全家危矣熊跪且哭曰願公教

之予曰君為營主着屬先行誰敢不從遂引然將會諸公傳伊營兵撤着衆曰將主夫人既往某等安敢落後即日各絡繹出城塞公聞之大悅此予初理軍務一日而寧海滿城之命只予一言救活而出全焉

追斬雙門賊衆

甲寅九月曾養性攻破黃巖總兵阿爾泰降賊臨台州時隨征福建提督段應擧領滿漢官兵於浮橋頭失利退守台城急請救兵提督塞公率中營洪起元前營胡鑣城守營任惟我偕予兵四營往援至雙門地方離台八十里許令予領官兵防守雙門時曾養性賊衆十餘萬連營數十里雙門乃寧台運糧之道自忖三百之兵何能踞守隨在各山頭壘立木柵營盤夜盡撤出各處埋伏附近鄉村俱有賊寇催追糧米予常夜帶精兵假扮賊裝潛入其境屢次擒斬賊聞風遁去台城以東數十里民獲安堵

寵受貝子王恩
甲寅十月貝子王富喇喀到台州提督塞公引余進見余王曰好
一將官是那裡人塞公曰此將乃福建人王默然不語塞公曰
此將之心提督敢保此將之才提督不如凡單旅大事必與之
謀所言必中所向必克王喜曰有此將官我所深幸遂賜袍帽
弓箭嗣後言聽計從待余腹心感恩知己可謂兼矣

駕專船救四船

乙卯年三月水師提督常進功統兵出海見賊船眾多求請益兵
王檄予同前營游擊胡鑣領兵三百名往聽配船我船大小四十餘號泊
寧波三門港四月初十日偽水師張拱垣等船二百餘號直衝毛頭洋我
船與之交鋒因官兵多不諳水性且在下風被賊所陷常提督見眾寡
不敵收回兵船余見賊艘之後四船是我師帆號予即駕專船直衝入賊
艅當有賊艘數隻遂來夾攻予親抱火桶攻燒砲箭發偽將軍中砲
身亡賊遂敗退救出千總崔武周文進等四船予船守後護眾船歸入
定關見
貝子王温諭曰此遭看實虧汝即賜袍帽令予移守台州東
門外蔡嶺與賊對壘焉

偷毛坪取涼坪

予之防守桑嶺賊方猖時衢處二府對壘二載我師不能寸進又聞賊人欲斷我糧道賊船欲入錢塘江取我杭州余思滿漢官兵在外恐杭州城池有失江浙危矣隨令人細探台州毛坪後有小路可通黃巖繪圖進獻　貝子王請先鋒出奇兵往取黃巖以抄賊後　王見圖內高山險峻遲疑未決越日聞象山副將羅萬里叛賊台寧糧道截斷天台一路皆賊我師困守孤城戰守無策予復切言●進啓　王遂命都統吳申吧鬼魯等帶領八旗滿兵千餘予為先鋒率同松江京口黃巖官兵三千餘衆臨行謂寧提督日昇職起身後每日文當令城河小船數十隻撥官兵樓東移西假作渡江之勢賊必加意防備毛坪萬山險峻彼疑我進兵乃虛張聲勢輕不為備但延半月我功成矣予手已

卯年七月十五日由台州進兵十七日到仙居縣一路山高路險日行
二三十里予因此次行兵賊知虛實吳都統曰汝意若何余曰此
去三十里有毛坪山賊踞此山之頂我兵若到山下則營每日假修
毛坪欲作進取之狀予帶精兵數百星夜由烏巖到涼坪踞
奪險要開山修路俾大兵可道以行直攻其無備自無不破遂
將此議報王依予之議而行焉

破陣取涼坪嶺

予領兵假修毛坪山路每夜擒斬守塘之賊絕其消息曾養性
果防家兵渡江後又添賊固守毛坪既聞家兵進取涼坪遂斷家後路
予獨領兵急進八月初二日已到直路吳李二都統從初四日賊師
劉邦仁統賊萬衆踞涼坪半嶺予謂二都統曰前山已被賊踞
可將右營綠旗官兵分作三路而進大兵隨後架吳先得右邊高
山方能破賊都統依言予遂選精兵三百餘人身先士卒直取
右山單騎衝入賊陣親冒火炮連斬十餘賊家奮力攻擊賊衆
大敗衆見賊敗滿漢官兵齊進斬殺五千餘衆劉邦仁逃入涼
坪口踞險固守予請二都統領兵從正路攻取予由兩邊山
分三道路而下約先到賊營者為首功予遂領官兵從右邊深
林殺下賊衆敗遁劉邦仁逃見曾養性言家師數十萬勢不當

界牲知涼坪已失賊衆十餘萬棄甲逃遁溫州　貝子王爺渡
江撫手回收明修毛坪暗取涼坪與古修棧道暗取陳倉相
合此為浙江戰功第一

乘勝破上塘賊

涼坪之役賊衆破胆　貝子王撫予曰塞提督言汝才能智勇諸將莫及果然不差予當初一見就知汝是一個好漢今後有奇計長策當盡言之予無不聽也復令予為先鋒恢復太平樂清縣兵至上塘時賊衆二萬餘前來迎敵于同滿漢官兵衝殺賊陣淹死者一萬餘衆嘗脊性復令賊師許奇〔欽〕賊兵萬餘踞守綠幌地方與予師只隔一河

貝子王問予曰此地一邊高山一邊大江賊已踞險予師如何得進予曰賊餘殘寇破之不難某看此河潮來水滿潮退水乾可令綠旗官兵明晨各執草一綑潮退之時拋草河内可以徒涉山邊上流水淺滿州馬兵從彼而過上下夾攻賊無不敗矣

渡綠帳殺賊衆
貝子王依允渡河之議次日予領先鋒值潮水正退綠旗官兵丟單
填河一擁而過滿州馬兵從上流而過分頭攻殺陣斬淹溺者不
可勝計衆賊大敗逃走上船　王即到綠帳地方劉營謂予曰衆
都統屢對衆言前途險阻不進兵但衆已上本欲到青田不得
不進令前面全在汝相機後面衆自接應應行應止須時時具
報衆自依汝言而行亦不由衆人也

復青田解處圍

予訪青田之路于鄉民曰此去三十里乃猴猻嶺有賊守必由此嶺經過方得到青田予遂帶精兵二百名扮作鄉民星夜登山天明到嶺擒斬守山口賊衆大兵陸續俱到江中賊船不敢上山次日到韓埠山嶺崎嶇兵馬難行提督都統各領兵官俱無怨詈於予言未畢　貝子王亟催促官兵下山遂到小荆地方賊人逃入溫溪山路盡被掘斷只有鄭山一路賊人築堡堵守予領先鋒身冒矢石攻擊至晚賊棄堡遁去天明大兵齊至予首先下山攻破賊營斬殺賊衆不計其數江中賊船盡行逃遁我兵即劄溫溪離青田四十里●予奉　主命九月十九日午時到青田縣賊見予兵至隨棄城逃走予領兵追趕斬賊有休衆生擒數十人解赴　貝子王時賊首連登雲連營數十里圍困處州

二載閩家兵已破青田溫州糧草不繼二十一日亦棄營遁石壞
處州之圍遂解 王乃再議取溫州焉

鏖戰大羊山口

丙辰年家師圍溫州城日久不下二月十七日初更時候賊首曾养
性等率賊數萬攻燒家營余急見　貝子王曰右營俱是草房賊
用火攻正中其計但生地宜守死地宜戰汝令右營兵馬撤出營踞險
拒敵賊見家兵不亂昏夜之中不敢輕進候至天明方可破之　王隨
付令箭與予便宜主意余即傳附近右營未燒之者撤出賊見是
空營遂攻上大羊山予遂隨率官兵數百當頭迎敵二更時
候家兵傷失甚多余謂都統曰賊用木馬夜間難以前進可
將滿州兵馬撤上高山只留馬兵二百餘騎離家二百步為援此
處予獨領本營官兵擋當令賊出城過五里而登山須發五百、
騎埋伏于左邊山下候至天明伏兵齊起前後夾攻包管賊衆片
甲不歸遂將此議啓　王依計召撥予領五百餘衆在大羊口擋

往救萬賊兵殺至三更官兵俱皆帶傷不傷者只五十餘人予叱
曰今夜生死就在此各兵捨命相隨予身被四鎗幸未透甲坐馬
亦傷四鎗未致命延至天明余單騎率兵數十人破開下馬殺
入賊陣手斬賊數十人時眾兵齊進伏兵盡起奮力夾攻賊
眾大敗計斬殺數千淹死者二萬二千餘萬眾偽鎮死者三
百餘員曾養性脫走入城予復單騎追殺焉

王賜並馬入營

方予追曾養性也至近城四顧並無我兵所乘之馬忽被温州三角門
大砲打斷後腿予下馬步行急迫之際一賊帶盔無甲騎馬奔來予一
刀刺下奪馬騎回時　見予王收集滿漢官兵不見予在詢問予衆有
隨予滿州兵禀曰吳將官一夜單騎穿白甲騎白馬領兵當頭抵敵至
天明見他又是穿青甲騎青馬帶兵破開木馬衝入賊陣此時不知何
處去矣　王倉皇尋覓予從城邊過將軍橋飛騎到山邊下馬趨
見　王王當衆抱予曰真好漢真好漢　王即回營命予同行携手並馬
直至行營涼棚前下馬撫予曰汝一人之身獨當數萬之鎗砲一夜殺至
天明不但我未見其人即古書上亦未聞其有且汝青甲青馬往來衆人
見汝穿白甲騎白馬皆上天見汝焉
國赤心神靈護庇此遭大功疏內書之不盡容俟我回

朝白奏之日方得明白高爵厚祿皆汝分內所當有也

履中軍參將任

丙辰年十月塞提督將予　題補提標中軍參將十一月塞提督在寧波病故時有提督石調聲新任越明年三月　貝子王諭予曰汝所領之兵因汝一人忠心為　國處處衝鋒勞苦可憫日後石提督具報寧波山海有賊擾擾今暫令汝假回與石提督商酌劃平另將中營精壯兵馬整頓候調四月初九日予辭　王王曰汝去速來隨親手賜烟言曰我專望汝一人掃平賊寇如食此烟一片心熱騰騰的予即束裝到寧履中軍參將任整頓兵馬五月初十日忽有賊船二百餘號直臨定關港口石提督會道府擬撥兵民守城予曰遣撥百姓守城恐遠近人心徬徨可先撥將官一員帶馬步兵一千沿江兩行探賊處所分路要口安設馬塘如有情形時刻飛報但賊寇至此非無因須要察訪次日果有吳得功首報定海營守備方僕受賊精忠總兵之職欲作內應獻定關予隨回明提督單騎扮作差官星

夜到定關兵常提督設計擒方俊併同黨正法　題報焉

破石門復象山

定聞賊船知予後敗露遂全艅南回攻破象山縣石提督同予率各營
官兵前去恢復兵劄黃墩地方是日余告石提督曰此去二十里乃石門嶺
現有賊守大路掘斷其今夜領兵一千從兩邊山路而上另兵一千撥六百
名交將官侯奇埋伏兩邊山樹林之內撥四百名交將官張靖假由大路
進兵賊如大駭全來即傳砲爲號憲臺督兵前進某所領之兵即躡賊
下山必由我埋伏之處某由兩邊衝擊伏兵齊起前後夾攻敗之必矣如無而
敵某領兵到嶺攻堡奪得此嶺象山唾手可得提督依計六月十一夜予遂
進兵十二早東方微明余率官兵從兩邊山直上開砲夾攻賊衆敗遁死於鎗
砲者甚多我師佔踞石門本日進兵下山攻擊賊營賊棄營登舟予率官
兵沿海追殺死者不可勝計賊遂遁外洋十三日恢復象山交副將汪國祥防
守十六日班師焉

陞處州副將任

丁巳年七月　康親王諭李總督將予・題補處州副將寧波百姓聞知遍
城罷市會全營兵齊赴提督轅門懇留提督見兵民懇切遂繕疏保留疏
内有云吳某之在邊疆非僅臣標之臂指實係沿海之耳目今兵民聞知陞
去營伍相率泣籲請留有若吳某之不可一日離沿海而沿海之不可一日無吳
某者願請以副將新銜仍管臣標条將後照副將轉陞等語時
貝子王聞知遂差官到寧波諭提督併催予帶領提標兵前赴處州遂即起
行于八月廿三日到處上任剿平景寧等縣賊寇焉

乘夜到楊梅灘殺賊

兵到陽松縣賊首馮公輔率衆投降尚有賊首

丁巳

林惟七等聚賊三千餘衆在遂昌縣黃沙地方害民抗撫予率官兵前去剿滅聞知賊衆逃遁到福建界楊梅灘予計山路遠近具報李總督定于十二月廿三日卯辰二時破賊幕客書吏告曰雪霜寒路險只可報進兵日期破賊之日尚未可定豈可定以時辰余曰但以我言具報可也遂一齊撥官兵埋伏山口又令守備劉學文領兵一千併付囊中密計到龍泉縣七都地方開折次日予督官兵披藤附葛冒雪爬山至廿二晚到　坑根米只支一日予曰令與賊相隔一山可將一日之糧盡炊作飯衆兵一飽乘夜持山天明出其不意破賊各兵官兵依令纏繩連貫上山未及更次天黑繩斷峭壁難行予令三人一火把撥雪割草得藉微光天明看到楊梅灘即圍

將官馬伏秀帶兵二百名埋伏賊營山後時正卯辰之交予領兵進攻賊營斬殺數百餘衆賊走前山余曰前面有劉學文埋伏靜聽捷音不料賊人將到學文官兵聞炮攻擊賊奔兩邊高山即拿學文保泰因各官求懇寬釋時賊五千餘衆被斬過半逃散滿山余將陣擒之賊釋放付以傳單令守口官兵放開一路餘賊聽其前往衢州投誠壽州之賊遂平

入閩解泉州圍

戊午年五月予同石提督統兵入閩援勦六月到福州知海澄縣被海逆所陷又偵知劉國軒率賊衆數萬圍困泉州燒斷洛陽橋我師進剿興化巡撫吳同楊石二提督傳各路將官問曰賊衆我寡欲解泉圍諸將有何妙策予曰賊衆雖多我兵用之得法可不戰而自走也巡撫曰劉國軒海上亦算得一個豈可輕視予曰算得一個須走得快若走遲全軍覆矣予隨繪圖進策曰劉國軒烏合之衆意在擄掠不在得城今橋已斷正路難進必須分兵三路一進仙遊白鴿嶺出永春到南安會齊一進仙遊廣橋出河市會合南安一由惠安正路攻洛陽各處守口之賊見我[illegible]兵分道而進必求援於劉國軒海賊根本倚重在船豈敢分兵應援深山勢必逃走稍若遲疑三路齊至泉城滿漢兵馬四面夾攻賊衆不得生還矣巡撫聞策喜曰如此何用多兵即于二十日分兵巡撫進白鴿嶺楊石二提督進廣橋予領先鋒進惠安二十五日

守泉將軍楊遣人從山路來報劉國軒聞我師分路進兵已於二十三日連夜解圍逃遁只有賊船數十隻踞洛陽橋予由上流攻破陳三壩斬賊六百餘眾餘賊逃散泉州之圍遂解

奪山破歐溪賊

己未年四月十七日劉國軒等率賊萬餘到江東歐溪頭沿山排隊時賴將軍姚總督楊石二提督同各鎮營齊到江東見對峙高山上有涼棚馬匹賴將軍曰此必劉國軒親在其間誰奪此山即為首功余應願往即領本標移擊張旺薛受益等官兵二千餘予當先衝陣賊棄山走遂分三路前來迎敵予陣亦分三股下山予先入賊陣手斬數賊江東副將詹六奇領兵夾攻賊眾大敗計斬千餘人劉國軒遂登舟遁去

窑頭殺賊救民

已未五月十七日姚總督檄予前往同安縣躧看情形十九夜二更時候聞城外東北角號砲聲喧同安馬總兵曰此必海賊臨城已調兵嚴守矣予曰非也號砲東北聲喧必在西南搶掠但賊由海來當往海邊尋攻伊船斷其歸路汝守城池我出殺賊遂領隨從李全信趙邦試等出西門至窑頭天尚未明月影下望見許多賊船倚岸待渡予伏兵以待少頃見賊二千餘衆紛紛到岸所掠人口正欲上船我官兵分股截攻賊遂四散斬殺淹死者一千餘衆生擒廿餘人斬賊首五員擒一員計救回男婦千餘口云

丙洲捷取四島

己未臘月余奉

特旨授同安總兵庚申二月十八日姚總督楊將軍到同安東埔欲築高浦砲城予往見曰此時賊勢已搖須速取觀音海澄何必作此緩圖也今我水師提鎮戰船二百餘號在閩安擬乘北風南下賊巢在廈勢必退守又聞賊船百餘號分泊海壇崇武在廈多是空船但賊有上下二策若出下策劉國軒聞我舟師南下必棄觀音山退守廈門我師乘巨艦佔上風沿海各澳陸師踞守賊船不得取水澳泊必敗之道也若出上策海壇賊艘見我舟師一到退避外洋我船乘風而下隨尾我復反佔上風劉國軒棄觀音山回廈配兵空船駕出金門以會崇武賊艘候我船到彼退圍頭我若追至圍頭前有迎敵後有牽兵中有劉國軒若能取勝全賴

朝廷洪福也姚公曰以公所料觀音山海澄有可取之機乎予曰如憲意猶豫請

領精兵二千管此數日奪來姚公日浙江同事素所深服看得觀音山是大
之功也即傳築砲城回漳撤手整兵以待隨聞萬提督從閩安開船海壇
賊艘退回崇武合䑸果從下策廿三日余方起身赴漳忽姚總督公文言劉
國軒于廿一日撤回廈門我官兵乘勢連破十九寨吞海澄止予不用往漳速從
同安港進兵恢復廈門廿五日余即取丙洲廿六日取潯尾廿七日渡海取高崎
進攻廈門賊見我師已到衆叛親離鄭經勢窮遁回臺灣廿八日姚總督吳
巡撫到廈招撫餘寇出示安民會疏報捷焉

出界救活萬民

庚申年四月沿海各府大饑每石米價湧五六金百姓流離飢死載道予鎮同安星
夜往潭見姚總督曰憲臺生民之主今百萬生靈危在呼吸之間看指望買粟悉
賑濟有限惟有權准百姓出界採取薯根魚蝦以一月為限一月後早禾登場
民可得生總督曰未曾奉
旨開界何敢擅放予曰今歲已半名為界外實官兵行走之界內權准出界一舉勝於
百萬賑濟倘有罪責某願受之總督喜曰謹奉教隨星夜出示飛傳沿海各
府百姓歡天喜地扶老攜幼盡出界外取食濟飢沿海百萬生靈盡得生全焉

銅山誓戒三事

壬戌年提督施公與總督姚公意見不和　題請專征遊移一載時施公親到同安請予同征予見督提不和未敢許允癸亥三月施公啓姚公欲予彈壓廈門進退可以接應予奉令統兵到廈施公會予曰進攻澎臺非公不可再三固懇予曰公若傾心降氣與姚公和衷求其許我同征破臺俱在我也施公曰既荷許諾大事濟矣五月姚公到廈犒師施公與言曰水師只宜水戰若到澎臺陸地須才能總兵統領陸師方能破敵茲有興化鎮智勇兼全能勝其任姚公曰彼未奉

旨恐未肯行施公曰吳總兵素懷忠心貴部院若先行文言　國家大事令其統師隨後　題明彼無不同心圖報也姚公許諾照會到予隨調水陸諸將選兵齊備于五月十九日登舟姚公親到予船問曰此行料敵如何予曰臺澎不破斷不生還也但賊有上中下三策若行上策盡撤澎湖之衆退守臺灣

只留快船數十隻在澎偵我船到彼處出我師之後擾我沿海絕我糧運臺
灣處處皆險可登岸者只有一二處賊堵守百日易矣我師船泊大海十天難
必須先踞澎湖進剿沿海賊艘多積糧草待時而動功難速成也其中策
者賊船合䑸在澎以待我師敗則遁臺灣不敗則踞守我須重兵相持乘
南風進臺之北山上渼水鼓勵士番且進且止以分賊勢方可破之其下策者
盡臺灣之衆以作張汪分水陸守澎湖我主兵者身先士卒用破釜沉舟之法
澎湖若破臺灣不攻而定矣乃于廿三晚到銅山廿八日予告施公曰公與海上
有父弟子侄之仇但鄭家負嵎已久為仇甚多今日進剿須為
國出力為民除害一則不可挾報私讐二則不許投降三則嚴禁擄掠擇日傳
齊各鎮大小將弁以此三事告天則海宴以（共戴）仁慈功可成也施公依言會集各鎮
協營大小將領就于六月初一日在銅山當天立誓三軍將領莫不歡騰踴躍
焉

衝救前鋒七船

我師戰船會集銅山候風于六月十四日開駕十五日到八罩十六日進澎湖見賊船二百餘號兩邊山煩砲甚多未敢前進只有前鋒七船進入港內被賊圍困無援予見危急即卑船駕雙櫓衝入賊綜傷水師總督林陞見予一船衝入重圍遂棄七船統率賊船前來夾攻余親督官兵砲箭齊發賊船死傷甚多林陞亦斷左腿各船賊兵不敢擡頭敗退入港余以卑船前後無援姑退出港見我眾船俱向西行即坐小船趕至西嶼頭外海到施公船上施公曰我見前鋒被圍公駕卑船救出又復深入賊陣時呼各船應援俱不向前幸公死殺出重圍攻敗賊眾今日出力獨公一人我回去當奏寫本餘人聽其自辦我惟請罪而已予曰我　國家數十年為此海寇所費兵馬錢糧何啻千萬不滅此賊沿海生靈永無寧靜之日矣今日非容易到此即死此處亦分所宜依我愚見若不破賊親任其罪其我殺入重圍見賊船雖

多當頭者只有二三十隻果是兇猛其餘遂陣而已我師皆因船多彼此觀望須明早收回八罩依賞罰之例將不向前將領盡行綁綑欲以軍法從事我會各鎮保領各立軍令狀以功贖罪將我船四百餘號選出大船四五十隻餘船隨後探望挑選好漢官兵每船止得二百人者艍底舟伏二百人死傷更換合兵盡把火桶火礶伏在舨邊衝入賊䑸二三船攻燒一船賊之大船燒盡其餘無不就擒矣施公曰衆人之心不似爾我若如前不齊致有損兵折將誰任其罪予曰今各船帆上大書姓名各鎮當先諸將不敢不進如此若不破賊我頭自取也施公曰既如此破賊之任全在於公我船隨收回八罩次日即行賞罰條例各將俱立軍令狀以奏膚功焉

攻克澎湖島嶼

六月廿一日施提督會集各鎮商議招關分疊進兵時海壇鎮林賢第一平陽鎮朱天貴第二予第三銅山鎮陳昌第四金門鎮陳龍第五廈門鎮楊嘉瑞第六分派已定廿二日巳時我船五十餘綜排列進港餘船隨後架梁港內賊船衝出火炮沸海煙霧蔽天林賢先衝賊船被傷退出朱天貴總進中炮身亡船亦退出予見勢急嚴督殺入燒賊大船予右耳被銃傷裂忍痛率船奮力攻燒又燒殺賊鎮陳啓明大船一隻我兵只顧鈎搭余舡連賊船隨攔在上賊船着火將近副將詹六奇親出杉板勸予速下小船余曰我船四百餘衆同心血戰生死與共豈肯獨生衆人求勸余再三不肯下船危急之際余船忽浮水自開數箭之遠此皆賴

朝廷洪福鬼神呵護所致是役也賊衆盡沒矣計燒燬及獲賊船一百九十餘隻燒死投降偽官三百餘員賊兵斬殺投降者萬餘衆是晚收入澎湖灣泊焉

醫遣俘賊回臺
六月廿三日余領陸師登岸劉營與施提督公議將所獲之賊
醫治給糧遣回臺灣去後各賊相傳我師仁德臺地兵民皆望
王師速至劉國軒見勢瓦解遣員到澎湖議降施提督請余密
商言臺灣鎮將二百餘員自請舉事擒獻巨魁不用我師費力
余曰臺灣餘寇旦夕可定前已當天立誓陣擒尚且不殺若輕
聽妄動殘害生靈是欺天也且風聲一動漏鄭氏一家飄遁別國
何處追尋縱得臺灣亦難班師矣即不允其請惟准其投降遂
題本報捷焉

師進臺灣安撫
余以澎湖蕩平臺灣投順可以不用陸師即欲辭回施提督曰
此行賴公大展智畧三日登舟一月成功掃除數十年海外之
巨寇不世之勲也但臺灣雖降必須同往商酌遣發降弁渡海
共收全功遂於八月十三日齊進臺灣安撫兵不血刃民獲安
堵即發偽首領渡海入京十月内施提督班師回廈造報功冊
余在臺灣彈壓焉

祭魂風平浪靜

甲子四月間臺地偽鎮營協謀不軌隨擒爲首數名梟示餘釋不究以
安衆心五月間各鄉屢报強盜夜行刦掠隨設法獲真盜五十餘人將爲
首八名梟示餘各重責內有康福洪碧莊勇可用各給衣食留爲偵探
十月十九夜福报賊首蔡機功領二千餘衆在小岡山同謀造反逆有六七
千人在各標營俱有領其劄付約作內應議二十四日會集偽弁鬪顕家
十一月初一日舉事燒營扳復臺灣予恐禍詐令家人同去入夥果領偽
總兵之劄贈給器械攜去以信賊心又恐漏泄日夜隄防托事点兵內有
同謀者不敢離伍賊知事露逃入小岡山予隨令副將詹六奇追擊李傳
信領兵弁土番攻勦斬賊首五百餘級臺地安寧十一月十四日新陞總兵
楊文魁到臺予將地方交付本月十七日領官兵登舟回廈晚到澎湖狂風
巨浪旬日不息予思澎湖血戰我官兵用命死者數百餘人數十年巨冤

一旦四濵没浮屍滿海盡歸魚腹雖邀

天威命在有數皆是為我一人而死目擊情形甚可悲惻魂魄無依與風鼓

浪理或有之遂全備品致祭海邊次早風平浪靜是晚即到廈門十二

月十六日回興化來省

陛見焉

一寵賜騎馬入宮

乙丑年三月十五日予到京

陛見廿二日蒙　賜鞍馬一匹到景山

賜宴詢問臺灣情形予逐條陳官兵屯田減少船隻二事

皇上大悅薄暮回宮命內大臣馬武吳達禪二大人引予騎馬由神武門入二大人曰此宮

內諸大臣走也不敢不但騎馬

旨意說汝是有功的大臣賜騎馬命我引汝進宮賜汝東西這是從來沒有的予隨

二大人乘騎由神武門入至乾清宮景運門亭前下馬蒙

賜金蟒紗朝服一件寸金蟒掛一件大御馬一匹鍍金鞍轡一副復蒙

賜茶予隨扣頭謝　恩二大人命予穿朝衣蟒掛騎馬出東安門廿四日隨上條

陳一本四月初五日詔補舟山總兵隨即回閩交代六月由興化起程八月廿五日抵舟

山任十月廿日蒙　陞四川提督馬

剿平楊師二賊

丙寅年四月初六日予到四川提督任六日後聞重慶鎮王度冲報梁山縣賊首楊春聚衆數千自稱年號破長壽縣川北鎮馬子雲報廣安州賊首師九經領賊數千攻巨縣各請救兵予會商姚總撫知此衆乃譚宏吳三桂餘黨遂選各營馬步精兵三千令衛參將統領前去剿殺擒賊兵官兵交鋒三次楊陣亡九經投水斬賊甚多只有餘黨八百餘人逃入廣安州名曰旱山三日無水予令各官兵以筒貯水自負行糧追入深山賊見官兵追急自殺妻子只剩三百餘名俱被官兵擒殺解回賊將軍尤德亮等五十三人獲器械印劄無數遂

題請正法焉、

蒞泉撫賊寧民

丙子年七月予奉

特旨調任福建陸路提督十月初八日自成都起程丁丑二月初一日蒞任泉州予在川中聞前任提督將漳泉二府設立十三行凡民間諸項貨物俱歸行抽稅民甚苦之予到任數日盡行革除萬民樂歡又聞漳屬地方有賊匪頼嘯聚刼掠其最著者頼立江蔡盤踞山中已二三年予赴省會督撫謂此小寇撫之不敢來剿之無定所若不設法掃除終為民害計惟寬免此輩從前過犯准其自新查伊等各有親屬給與免罪印牌令具尋出康免擾害督撫曰如此萬分妥當但此輩若以前抗玩則如之何予曰若復不來予自有剿除之法予隨回泉喚親屬往撫時江蔡頼立李服等聞風一面之經出山歸伏黨羽分散民

復以寧

劍石瑞雲恩雨

余祖晋江浯塘少遭變亂自
雙親去世即被擄赴海從戎至
癸卯年歸誠駐劄興化回視祖家室廬盡廢族人流散無存幸
歷代墳塋無恙多有可觀惟
曾祖墳及　祖墳并暫寄高浦之
親墳見其有傷遂延形家
同尋吉穴興屬福清深山僻壤無不歷遍雖嚴寒酷暑不憚其
勞乙巳年得一穴於福清資福寺之金龜山因穴場結束不堪
多附遷祖骸親骸擇丙午春塟爲越年丁未移駐浙江以
曾祖考妣未得其地時囑族叔同堪輿擇地以塟辛亥年堪輿
爲擇資福寺北之南山就田中一堆土名曰出水蓮花余隔遠
不及商酌家中遂爾安塟越甲寅余出仕浙江至戊午年隨石
提督援勦福建往觀南山之地氣脉俱無訝其穴中有水決意

重遷但時當軍興日無暇刻未幾鎮同安調興化出師平台勦勞
王事奚暇祖墳隨而轉調舟山陞任四川提督請籍莆陽即令
兒輩亟尋吉地時有陳堪輿擇一穴於莆之溪上又有呂堪輿
擇一穴於莆之劍石二師屢次致書俱以此地非比等閒而族
衆及来川之人皆云二地點無真穴俱以南山為佳遲疑久之
及丁丑年余調任陸路提督到興往觀劍石之地乃是一大幹
龍但所定之穴乃在左足向首亦差余遂指定退後坐深吊向
六字授堪輿乃遷南山之骸果然瓦棺皆水群服余言遂擇丁
丑冬就劍石奉骸安塟開壙八尺皆是金黃之土左右前後皆
沙石方塟之時青天炎陽忽有瑞雲騰蓋此山塟畢有雨數點
此乃
上天先賜吉地而臨塟又降祥雲甘雨鄉黨諸親莫不稱為奇

異余思年已六十餘其心已定自遷塋後六十三歲至七十連

添五子豈非風水興發之驗乎

帶理水師獲逆

丁丑年冬水師提督張旺上密本以水師提督非余不可戊寅
年四月提督張進京
陞見郭總督咨余帶理廿二日到廈至六月間密訪得漳州奸
徒楊俊陳敬蔣欽洪輅等偽造印劄各處招黨余即令親信數
人投入領有印劄又據差員張國密報賊黨數千人約七月十
六夜破漳州府復有賊首在石碼海澄約坐小船數十隻是夜
到廈門劫船余即遣親丁扮作鄉人同張國往漳十六早在漳
州東門外葱園地方擒蔣欽洪輅陳敬楊俊等搜出牌劄數百
隨咨督撫委甘海道會審據各供招謀反實情欲究黨羽恐其
扳累遂將四逆首處死示衆焉

應期天賜六郎

戊寅年八月余實授水師提督前任提督張改調廣西十一月
余側室楊張氏有娠已卯閏七月內當分娩之期是月初九日余
與星士談論命理問此月若得男子當以何日何時為佳星士
即按日推詳答曰惟此月廿三日巳時乃是貴命余遂焚香告
天賜一福人以應吉課至廿三日巳時三刻果然降生是為第
六子取名應星此子將來是未可知余思此事千古所未有深
感天恩其昌有極

省費改造戰艦

澎湖平定之後奉

旨將大鳥船十隻留守臺澎例皆三年一修五年再修每當修船之期通省百姓俱受科派計銀三十餘萬項刻難緩富者猶能完納貧者遲緩即行鞭撻甚至破衣敝被變鬻交縣余耳聞目見實切痛心念此修船一事與天同久貧民之苦何時得休此等船隻一年修竣駕至廈門閒擱在澳且船身高大一應出哨俱用不及置之風吹日晒再過一年又欲

題明派銀再修可為長嘆息者此也余即於庚辰年具奏條陳一本請以大鳥舡改造趕繒船庶一船得備一船之用隨奉

旨依議從此閩省百姓永除修船科派之累矣

教子幸捷秋闈

壬午科八月禮科給事中許志進大理寺正索柱奉
旨主考福建鄉試余第三男應鳳以莆田縣學諸生中式五十
九名廿九日報到廈署余自念穉年遭亂讀書不成學劍立功
茲際昇平暇時訓子俾獲成名克振書香為之一快惟願吾兒
竿頭再進忠敬慎勤馳驅皇路以報
聖主之恩於萬一云爾

御賜作萬人敵
癸未六月十七日
皇上在杭州行宮
御筆親書作萬人敵之扁額
賜予仍
賜五爪綠龍袍貂帽外套又
賜人參棉羊哈密瓜乳子酒并各種食物十八日送
駕二十一日到蘇州蒙
皇太子親書七言詩以賜云萊公昔日鎮天雄鎖鑰關門百二
重北使也諳人物論樓臺無地仰高風予因署曰敬將扁
額詩章高建 一
御書樓崇奉

宸翰世世寶藏復摹倣刻石懸掛于泉郡牌坊之上以尊瞻焉

蔡嶺別一洞天

余任四川提督時聞堪輿為擇一樂丘於莆之溪上山稱為將相之地及余丁丑年調任泉州提督順途冒雨偕次兒應龍往觀之喜其形勢甚佳但所取之穴偏在左畔余遂步中山見有真穴在焉次兒言左右之山俱已購置惟此處乃明朝張指揮之地尚未向買余因到任日迫回謂蔡夫人曰汝家中所買溪上之地四山皆土石俱無用也昨日我在中山見有一大幹龍天成其穴未曾向買須遣人求之若買得來後代兒孫之福也蔡夫人隨令家人王裕謀之張家依價購得差人報知余喜出望外今日若非蔡夫人任梓里安能得此佳域後余因公到興親點其穴甲申七月蔡夫人歸世十一月開葬壽域余囑堪輿仔細經營不可打破太極及開穴壙果然四圍皆石中央天成一太

極圜深潔潤丈二其土美如蜀錦五色鮮明暖氣氤氳造築三壙
中央之處有生氣五物形如蛙而五爪色黃綠而牽金倏忽不
見乃將蔡夫人安塟左壙此皆
上天之所賜而非人力所能求也墓道坊匾顏曰一洞天以誌
其美云

御賜燕翼詒謀

乙酉年二月間

聖駕閱河巡幸江浙予到江南迎接蒙

聖恩疊賜古文淵鑑法帖皇輿表寶石大小硯玻璃各樣玩器寶墨

棉羊乳酒諸色品物并

賜予祖宗祠堂扁額

御書燕翼詒謀四字又字聯一對但使虎貔常赫濯不教山海有煙

塵七言詩一幅五言詩金扇一握隨至杭州

皇上親臨教場命各提鎮射箭予連中二箭

天顔大喜

溫旨垂問隨至蘇州再

賜八團龍袍褂暖帽靴韈一頂戴孔雀翎焉

御賜世錦堂匾

聖駕丁亥年巡閱河工南幸江浙正月八日余自厦门前

赴江南恭迎正月初六日隨

駕江寧初八日

皇上親臨教場問余年歲鬚鬢有何將券以及戰傷余回

奏臣蒙

皇上天威水陸身經百戰從不帶傷

上曰我们滿洲當年亦有一將名雾衝鋒總不帶傷人問

他如何不帶傷他説我若帶傷天下的賊就沒有人殺了像

你一樣都是自己帶來的造化不然你一人經過許多征戰豈

有不帶傷之理余奏臣妥

皇恩特用提鎮三十餘年今臣年已七十一歲恐以筋力漸衰
有悞海疆去年具疏乞休蒙
皇上天恩加獎臣雖粉身碎骨亦難啚報
上回你是久經歷練老將正要用你怎麽辭得如今不用你
身子出力只要用你心與口指揮調度就是了何必告辭印
九日余會浙督梁奏請漁船惟以雙篷趕罾採捕奉
旨准行四月初二日隨至杭州初四日蒙
賜人參一觔綠端石硯一匣硯盒玉匙各一寶墨一匣並諸般
食物又
賜御馬一疋貂帽一頂八團五爪龍袍一件八團五爪龍褂一
件靴襪各一雙黃辮珍珠壽字松兒石結荷包一對

御書世錦堂匾額一幅對聯一副內書　恩周恩優渥褒
成績臣職勤勞勉附昆隨在
行宮謝
恩焉

加授威畧將軍

四月十五日余自杭州隨

駕到蘇州十七日下午宣進

垂問海上情形及當年山海各處征戰余一一具奏

天顏喜悅十九日對中堂大臣發

旨意提督吳　行間効力四十餘年身經許多戰陣九死一生

所奏言語狠通文理好個老提督天下那裏有這是狠靠得的

人邊海是離他不得的即發

上諭與兵部加授余將軍傳大學士議封號二十日早

賜御書詩畫金扇一枚大學士在　行宮先宣

上諭諭兵部國家綏緝兵民乂安海嶠必資威望素重之臣以

畀干城之寄有能久鎮嚴疆實彰勞績者則錫命酬庸宜加顯

秩福建水師提督吳　當王師初定八閩即親履行陣自偏俾
以至大將剔歷四十餘年比任提閫以来益殫壯謀克修軍紀
目前諸將中明習水性訓練舟師者罕與媲倫是用特渙殊恩
俾膺異數着授為　將軍仍管水師提督事務以示朕優眷
勞臣至意爾部即遵諭行特諭念一日傳
旨宣進余跪奏臣蒙
天恩加授將軍捐軀亦難圖報念臣自甲寅起至甲子年平台
回師總卸甲凡到處臨陣總是前無敵人後無家竭盡一身以
報　國恩怎敢料有今日安享四海昇平之福
上曰你是有年紀老功臣坐着說回奏不敢斯時
天顏和霽問及家事妻兒余將生平水陸血戰　廷對無遺如
此　寵遇誠千載一時也

皇上次日回鑾余乃回厦七月初九日准　兵部奉
上諭吳　着授威畧將軍仍管水師提督事務九月十二日恭迎
勅印謝
恩余念昔時隻身飄蕩今日得此遭逢亘古未有撫心自問何
能圖報也

賑濟興郡饑荒

予于四川提督任內 題請奉

旨入籍興化府莆田縣丙子年興化郡饑荒家中盡力賑濟越年丁丑

興郡又饑時余奉

旨調任福建陸路提督見百姓流離目覩心傷隨捐俸資極力賑濟

全活男婦老幼至三萬餘人戊寅年奉

旨調任水師丁亥年莆仙二縣歲荒百姓饑餓予迎

駕歸來目擊慘情傾竭倉粟逐名散給不敷則市價以益之全活窮

民無數予非市德也盡余心焉爾

改建定庄府第

予曩者駐劄興化已得先人墳塋遷葬福清念欲近就擇一陽居聚族不致隔離墳塋因于興属之地靡不遍尋庚申年尋得一地于莆之定庄乃林姓祖居經六七百年世出科甲在興郡稱爲名地賴

上蒼之庇方得購買辛酉年興工建宇未幾余任四門提督疏

請立籍于興但所建府第予因遠隔未及指點起蓋二十載經費數萬餘金至丁丑年予轉任本省提督陸路提督往宅後觀來龍與坐向俱不相合始知從前之謬乃于己丑年一盡拆卸改向進擇日重新起蓋府第五座當監樑之時衆見府中一連三夜毫光炳燦俱皆稱異又建家廟在府第之東按此地從仙遊發祖遠遠而來閩窩列帳亭六坑之水歸會明堂砂護重重包裹更有壺公尖秀上入雲霄在辛方常倒影于門前堪稱至美是皆

天恩所賜後世子代兒孫之福也

薦子隨標圖報

余於丙戌年以年屆七十具疏乞休蒙
皇上恩着坐鎮但念海疆任重當資臂指乃於庚寅年二月間
題為籲懇格外
天恩改授武職以便効力海疆事臣一介庸愚疊受
皇恩即捐軀碎骨未足云酬微臣於康熙四十六年迎鑾
聖駕至江寧地方又蒙我
皇上面諭不必告老而今不用臣之力只用臣之心與口
聖諭深切臣何敢再為乞休但臣今年七十有四目下雖可勉
力支持而筋力衰邁誠恐精神不周益滋蚕負近伏讀
上諭福建廣東二省武進士舉人生監或兵民人等有熟諳水
性練習水師事宜願於出洋巡哨船隻隨官兵効力者如果有能

擒殺賊衆立有功績着督撫保題具奏欽此仰見我
皇上慎重海疆作養人才無所不用其心臣有第四子吳應鵬
乃係候補行人司司副但觀其舉動形象可從武途所以數年
来臣俱隨帶營中令其習學弓馬操練水務前在虎丘 行宫
徵臣亦經面奏以臣所得阿達哈哈番世職日後付與承襲今
練習有年頗堪任使因思臣標五營歷任提督皆有挑設内標
兵丁六百名俱係領委令領旗營領巡防臣任内更加挑練精壯
以成勁旅不揣仰懇
天恩因才器使將臣子吳應鵬行人司司副 賜改一偏裨武
職俾有束兵之責得以帶領前項標兵出洋哨捕總不須添設
兵船畧如江南奇兵遊兵之營一則臣力已衰得資臂指二則
臣子乘此壯年可効犬馬之勞茲令臣子吳應鵬赴京叩見

天顏如蒙　恩准得以改職報効臣父子感戴
皇恩當永矢於生生世世矣即遣應鵬齎本赴京四月
陛見考射弓馬
皇上大悅不發部議准以遊擊管理內標遇提標五營缺出補
用辛卯年七月內奉部文以吳應鵬授水師提標前營遊擊隨
於八月十八日到任視事伏念
皇恩優渥敢不鞠躬盡瘁日以勤勞勉後昆焉

五子報捷秋闈

余自得四子之後十有二年在四川任内庚午年復舉第五子應鯤當其在娠之時余屢得奇夢眼見種種瑞異及長成之日朝夕誦讀頗覺勤静辛卯科以莆學廪生鄉試中式第五十七名余自念一草野武人出離鄉井深沐皇恩寵榮備至壬午科三子應鳳得領鄉薦已出望外今第五子復捷秋闈

上天之賜　祖宗之庇喜慰何極自揣何德何能叨此浩大之恩惟囑諸子身當有為之時思念父訓敬畏、

上天遵守　國法體貼人情謙忍行仁此十六字乃是為人之本庶幾俯仰天人可以無愧於萬一云爾

再建界鄉府第

余於楓亭陡門先年購置一田庄又置惠安界鄉秀溪二庄山地田產年間三庄計收租粟三千餘石余思既已立籍莆陽而三庄隔遠似難照及必須就近擇一陽居於諸子之中分房就業居住以便掌管屢年遍尋未得其地昨因公務省行住宿界鄉見其地土色如硃諸山環抱勢有可觀遂步後山按龍一望形若飛鳳落洋案對九峯如九龍献珠之象山朝水聚唇圓枕厚誠一大地也余乃親定分金向首因山前俱是佃居小屋命管事之人照屋估給價資另擇左邊港西一帶基地與其遷蓋正在議估之間此地有一古倭寨忽然自動有如地震居人懼將家中物方爾移出不覺傾倒衆皆駭異以為此地當屬將軍起建遂欣欣領資移蓋別地余乃於辛卯年起蓋府第三座分

與四七十三子居住雖與定庄相隔而往来不過六十里之途
表裏之勢互相連續皆
天恩所賜後代兒孫之福也